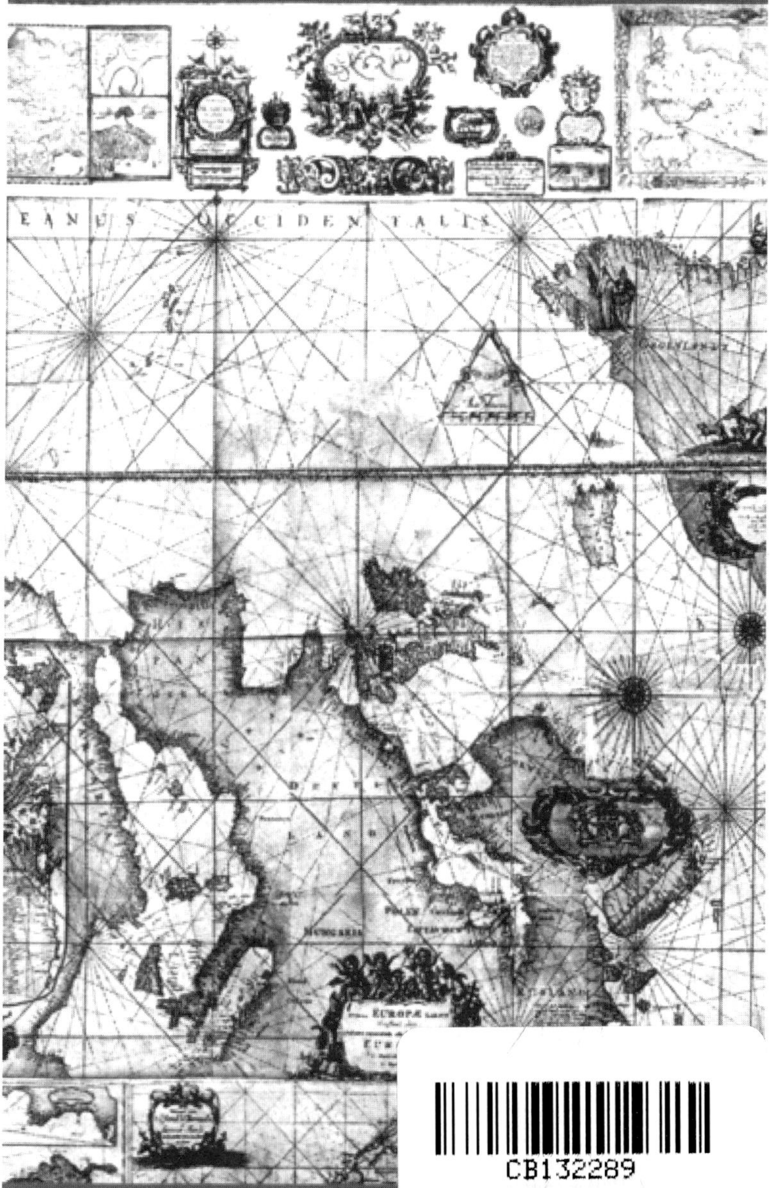
EANUS OCCIDENTALIS
EUROPÆ

Dados Internacionais de Catalogação na Publicação (CIP)
(Câmara Brasileira do Livro, SP, Brasil)

José Antônio (Espírito) .
O fim e o início / pelo espírito José Antônio ; [psicografado por] Ana Cristina Vargas. -- Catanduva, SP : Boa Nova Editora, 2005. -- (Tahuantinsuyo. Série Os quatro cantos do mundo : v. 3)

ISBN 85-86470-34-1

1. Espiritismo 2. Psicografia 3. Romance brasileiro I. Vargas, Ana Cristina. II. Título. III. Série.

04-7418 CDD-133.93

Índices para catálogo sistemático:
1. Mensagens psicografadas : Espiritismo 133.93

Impresso no Brasil/*Presita en Brazilo*

ANA CRISTINA VARGAS

DITADO POR **JOSÉ ANTÔNIO**

O FIM E O INÍCIO

OS QUATRO CANTOS DO MUNDO

TAHUANTINSUYO

boanova

Instituto Beneficente Boa Nova
Entidade coligada à Sociedade Espírita Boa Nova
Av. Porto Ferreira, 1.031 | Caixa Postal 143
Catanduva/SP | CEP 15809-020
www.boanova.net | boanova@boanova.net
Fone: (17) 3531-4444

2ª edição
Do 11º ao 14º milheiro
4.000 exemplares
Setembro/2005

Capa
Direção de arte
Francisco do Espírito Santo Neto
Designer
Cristina Fanhani Meira

Revisão
Sergio Bellinello Soares
Bárbara Heliodora de Oliveira

Editoração eletrônica
feita a partir da digitação
da própria médium por
Cristina Fanhani Meira

O produto da venda desta obra é
destinado à manutenção das atividades
assistenciais da Sociedade de Estudos
Espíritas Vida, de Pelotas, RS, e da
Sociedade Espírita Boa Nova, de
Catanduva, SP.

SUMÁRIO

Apresentação da Série

Os Quatro Cantos do Mundo

Há muitas formas de se escrever um romance.

Ele pode se passar em um dia, em uma semana, em uma vida inteira. O importante é que tenha ação, trama, sabor e conteúdo, que fale à razão e à emoção do leitor, que mexa com sua imaginação e o transporte a uma experiência nova, que o enriqueça de informações e o divirta, ao mesmo tempo. Não pode ser curto demais. Os bons livros devem parar de pé sozinhos.

A série *Os Quatro Cantos do Mundo*, juntando-se às demais obras do mesmo autor, é uma colaboração na tarefa de divulgação doutrinária. História extensa; sabiamente, o autor espiritual a estruturou e ditou em três partes, que chegam às mãos do leitor tal qual nos foram entregues.

Tudo começa com *O Herdeiro* – a primeira obra. Uma grande herança e um único herdeiro, patrimônio cercado de compromissos e ônus. Neste volume, uma grande pergunta acompanha o leitor: até que ponto a ânsia da posse de bens materiais pode levar o homem?

Em *A Virgem do Sol* – segunda obra – tomamos contato com uma civilização antiga, cheia de lendas, rituais, deuses e uma espiritualidade latente, onde se mesclam espíritos de grande evolução, almas antigas habitantes de outras constelações e espíritos ensaiando passos no caminho da evolução na Terra.

Estes dois volumes traçam uma linha paralela entre duas culturas e diferentes formas de lidar com os bens da Terra. Cada um deles tem seu enredo próprio, mas a continuidade da vida dos personagens aparece no terceiro volume – *O Fim e o Início*.

A proposta doutrinária da trilogia é levar o leitor a refletir sobre os temas relacionado à lei de conservação: o medo, a raiva, o supérfluo e o necessário, os bens de fantasia, o que são os bens da Terra, a dor, o prazer, a necessidade de viver, a relatividade dos conceitos conforme a cultura de cada povo e a época – enfim, como estabelecemos nossa relação com este patrimônio divino ofertado para nosso aprendizado. E, especialmente, o último volume aborda o necessário complemento à lei de conservação: a destruição oferecendo temas de reflexão quanto à crueldade, às guerras e flagelos, nos mostrando que na Natureza tudo caminha com e para o equilíbrio, ainda quando nos pareça injusto ou incoerente.

PRÓLOGO

Como estarão os navegadores espanhóis? Chegarão de fato ao Eldorado? Até onde o desejo de possuir os bens da Terra os levará?

E o grande império inca com suas riquezas materiais e espirituais, o que terá acontecido? O que significou a última visão da sacerdotisa? A divisão entre o amor e o dever, a qual terão atendido?

Como lidaram com seus medos e ansiedades todos os integrantes dessa aventura humana vivida nos idos de 1500?

Em *O Fim e o Início*, terceiro volume da série, estão reunidas as experiências da Espanha medieval e do conturbado período de sucessão do império inca. E muitas perguntas e idéias devem surgir para nos fazer pensar.

A grande mola que impulsiona o homem ao progresso não é a ambição, mas o sentimento do prazer e a necessidade de aliviar a dor. É só observar a história da evolução humana, para lá encontrarmos, no fundo de cada um dos protagonistas, a busca do prazer e o anseio por minorar sofrimentos.

Hoje investigamos a possibilidade de vida em outros planetas; ontem, na época das grandes navegações, o homem se lançou em aventuras para conhecer a própria estrela onde habita. Em um e outro tempo, ainda o olhar para fora, para o exterior. Marujos usando lunetas vasculhavam os mares, no afã de descobrir novas terras; agora, cientistas lançam sondas espaciais.

No imaginário das sociedades do passado e do presente, o medo de conhecer o novo, o outro povo, uma outra forma de viver. O inevitável choque cultural, o inevitável contato com a grande diversidade que preenche o universo e de como lidar com os sentimentos que esta vivência desperta.

Diversidade que vem do íntimo para se materializar no exterior, falando das grandes forças que habitam a alma humana e criam tudo o que vemos no mundo das formas. Sentimentos humanos materializados poderia ser também uma definição para o mundo das formas.

Por olhar pouco para dentro de si, por dar pouca atenção ao conhecimento do universo interior, por isso é que o homem ainda manifesta desequilíbrio no exterior, especialmente no contato com o outro, com o novo, com o diferente. Explodem conflitos, guerras, a crueldade se mostra cruamente e há sempre quem pergunte: por quê?

Leis naturais regem a vida. Entre elas, a conservação e a destruição complementam-se na guarda do equilíbrio físico e moral. Luta-se pela existência e para manter junto de nós todas as coisas que "julgamos nos pertencer", desde o corpo material até as mais arraigadas idéias e conceitos. Essas leis operam numa faixa muito próxima dos instintos, promovem a partir deles o desenvolvimento das sensações, das emoções e, por fim, dos sentimentos que seguirão avançando e aperfeiçoando suas próprias formas de expressão. Portanto, dos instintos ramificam-se sentimentos: do instinto de conservação surge o medo, a raiva; do instinto de destruição, manifesta-se a crueldade.

A faculdade superior da razão é dada ao homem para investigar essas forças e equilibrá-las, para lançar suas lunetas e sondas a esse universo da alma e, a partir do equilíbrio interior, manifestar o equilíbrio exterior. Porém, enquanto o despertar pessoal interior é lento, essas leis seguem seu curso, manifestando sua ação no exterior e impulsionando o progresso lentamente, pois, após o sofrimento decorrente do medo, da raiva, da crueldade que geram desastres pessoais ou coletivos, por fim o homem começa a cansar-se e a ansiar por meios de evitá-los; assim é que todos caminhamos da investigação do mundo das formas para o conhecimento do mundo da alma.

O Fim e o Início nos ajuda a ler essas leis e humanos sentimentos operando no curso da vida, sempre nos lembrando que cada fim é, em verdade, um novo início.

INTRODUÇÃO

O fim e o início. O início e o fim, elos indissolúveis da cadeia de evolução individual e social que marca a trajetória da humanidade.

Nunca o fim corresponde ao término, ao apagar das luzes. A ele sempre se sucede um novo início, uma outra história, que se faz sobre cinzas e pó, sobre monumentos destruídos; com as pedras de um templo, constrói-se outro.

Nas nossas vidas se dá o mesmo. De um fato nasce outro; de um sentimento, de uma experiência nascem outros. Nada jamais se acaba, tudo é uma grande sucessão no universo divino que caminha sob leis harmoniosas, embalado pelo Amor que acompanha cada um de nossos atos na viagem cósmica juntamente com a paciência, a sabedoria e a inteligência de quem confia plenamente na liberdade como forma de crescimento consciente.

Entre os gigantes que habitam as cavernas dos corações humanos, não há um só que não se curve ao Amor, em qualquer canto do mundo.

José Antônio

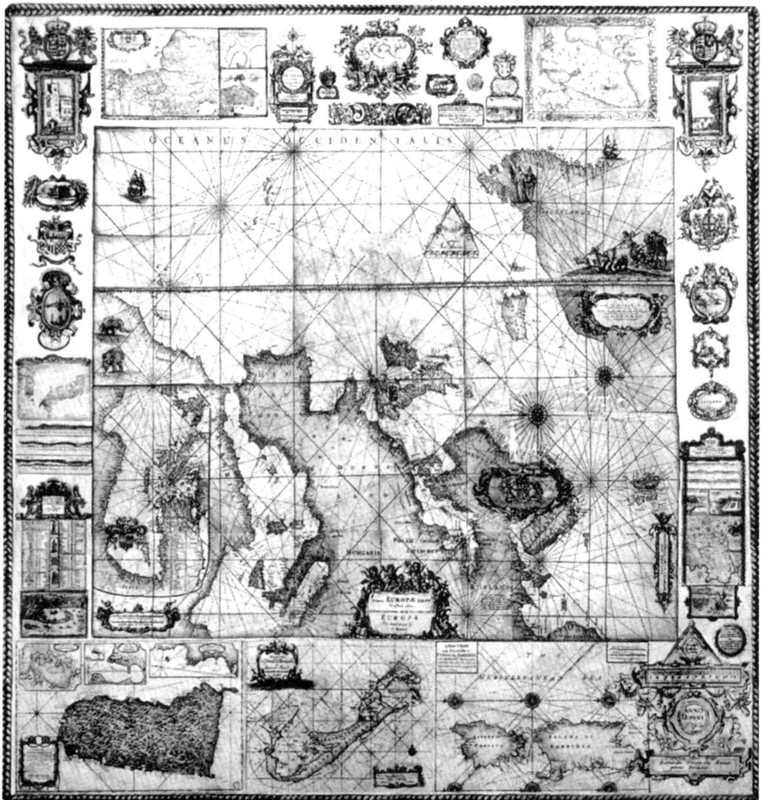

CAPÍTULO I

CHEGANDO AO DESTINO

"Se o homem não fosse excitado ao uso dos bens da Terra, senão pela sua utilidade, sua indiferença poderia comprometer a harmonia do universo: Deus lhe deu o atrativo do prazer que o solicita ao cumprimento dos objetivos da Providência. Mas, por esse mesmo atrativo, Deus quis, por outro lado, experimentá-lo pela tentação que o arrasta para o abuso, do qual sua razão deve defendê-lo."

(Allan Kardec. *O Livro dos Espíritos*, q. 712.)

Mais um dia de sol, forte e brilhante, se anunciava sobre os mares do Pacífico Sul. Envolto nas brumas do amanhecer, o galeão espanhol, ostentando as bandeiras da Coroa e os estandartes da Ordem singrava as ondas, deslizando lenta e majestosamente sobre o verde das águas. Em meio ao tom cinza-prateado das brumas, o branco das velas e o colorido das bandeiras davam-lhe um ar de ousadia, invadindo o domínio plácido da natureza.

Diego, apoiado à mureta, observava a espuma gerada pela passagem da embarcação e respirava o ar úmido e fresco. Intimamente, lutava contra o tédio e o vazio que dominavam sua alma desde os primeiros dias daquela jornada. Enfrentara as dificuldades de ser um legítimo marinheiro de primeira viagem e por muito pouco os enjôos não venceram a ambição de conquistar o Eldorado. Na verdade, poderia-se dizer que só a distância do porto de partida, a ser atingido a nado, alimentou sua hombridade de cavaleiro e o fez resistir. Se vencido ou vencedor, ele próprio não questionou. Adaptou-se ao ambiente.

Nos primeiros dias descobriu encantos na natureza que o cercava, porém fugazes, como eram suas observações. Encantou-se com uma ou outra cena marinha, mas com a mesma rapidez com que se sucediam eram descartadas e esquecidas, sem maiores ilações.

Entre os companheiros de viagem encontrou apenas homens dispostos a enriquecer, a enfrentar aventuras e perigos de toda e qualquer espécie, no afã de possuírem prata, ouro, fortuna. Não havia diversões, apenas trabalho exaustivo e repetitivo. A monotonia logo se instalou, consolidando a solidão a seu redor.

O agudo som das aves marinhas, misturado ao ruído forte da movimentação das águas, ao barulho do vento inflando as vela e às batidas rítmicas das ondas contra a madeira do casco o enlouqueciam. Dia e noite, o mesmo som, com as mesmas modulações.

O cheiro salgado do mar e o balanço do navio ainda causavam-lhe um desagradável mal-estar.

– Não me diga que está enjoado. Já é tempo de acostumar-se

à vida no mar, Diego – comentou o capitão Pizarro. – Desbravadores precisam ser fortes, destemidos, corajosos.

– E crê não haver coragem em suportar os dissabores dessa infindável viagem, capitão? – indagou Diego, em tom acrimonioso.

Enfrentava a dificuldade de tolerar o homem que capitaneava a frota. A rudeza e a selvageria dos modos do capitão o incomodavam. Sentia que a rejeição era mútua, pouco conversavam. Diego limitava-se a cumprir suas tarefas, tanto as atinentes ao funcionamento do galeão quanto as que trouxera consigo das terras da Espanha, fazendo valer no navio as leis e normas da Ordem. Pizarro, por sua vez, o considerava uma vergonha para o grupo, frágil, adoentado, e não fazia questão de esconder seu desprezo. Apenas os limites estabelecidos pelos interesses comuns os obrigavam à cordialidade, ainda que falsa.

– Tudo depende do ponto de vista, Sr. Diego. O mar, as lutas, a aventura, para mim, são prazerosos e desafiantes. Não vejo dissabores. Custo mesmo a crer que não seja assim para alguém; meus homens pensam como eu, e entre os membros da Ordem é da mesma forma – retrucou o capitão, sem disfarçar o azedume do humor que o dominava; era possível ver que tinha ganas de lançar o genro de mestre Yusef ao mar e regozijar-se em vê-lo ser tragado pelas águas.

Diego irritava-se com a simples presença do rude capitão, dialogar era um sacrifício. Seu bom e velho personagem de idiota não mais conseguia salvá-lo; como cavaleiro da Ordem, era esperado dele um tipo de comportamento em que não cabia aquela máscara. Estava a duras penas aprendendo a calar. Por isso, ao ouvir a resposta indigesta, baixou a cabeça; seu rosto mantinha-se impassível, salvo o brilho irado do olhar. Respirando e mantendo a atenção focada em si, Diego dominou o desejo de responder-lhe à altura da provocação lançada, mas esse não era o seu padrão de comportamento, sua forma de agir.

"Estarei me tornando tão rude e grosseiro quanto esses homens do mar?" – indagava-se Diego mentalmente. "Não. É impossível que o contato com eles tenha me modificado a tal ponto. Não hei de ter perdido a razão e a inteligência. O tempo de convivência forçada é relativamente curto. Preciso lembrar os propósitos que me conduziram ao meio desse oceano. Não posso esquecê-los um só minuto."

Imbuído dessas idéias, encarou o capitão, disfarçou a animosidade na voz e, inconscientemente, apagou o brilho do olhar, recalcando a ira em seu íntimo. Aparentando uma serenidade que estava muito longe de sentir, comentou:

– É o hábito de julgar os outros por si mesmo. O senhor já limpou peixes?

O capitão franziu o cenho e, não conseguindo entender qual a relação entre as fragilidades – no seu entender, bobagens – de Diego e a limpeza de peixes, olhou desconfiado, enquanto pensava:

"É difícil conversar com esta criatura. É pior que sabão molhado, tem umas falas escorregadias." Cuidadoso, respondeu:

– Vivendo boa parte dos meus dias no mar, é certo que limpei muitos peixes.

Diego sorriu ante a óbvia confusão do experiente marinheiro e disse-lhe:

– Notou que eles não são iguais uns aos outros, que há diferentes espécies e cada uma sua forma peculiar de ser limpa e preparada.

– Isso é a primeira coisa que se aprende a bordo de um barco quando se começa, jovem! Sei disso desde quando meus pés ainda cresciam – retrucou, irritado, Pizarro.

– Pois devia ter dado a mesma atenção que deu aos peixes aos homens que vivem sob seu comando. Teria percebido que muitos secam os barris de vinho antes do término da viagem por estarem entediados, cansados de ficarem presos a esse barco; outros, para suportar os desconfortos do mar. Não bebem por estar alegres, mas porque se viciaram, escondendo um sentimento de desagrado e desconforto. Tal como os peixes, não somos todos homens do mesmo tipo. Se o capitão tivesse necessidades maiores que as da barriga, saberia disso, teria visto e seria capaz de acreditar que nem todos são como o senhor. Com sua licença – disse Diego, erguendo educadamente o chapéu, feliz por ver o vermelho incendiando as faces do capitão enfurecido. Somente para fazê-lo sentir o que era ter que calar uma ofensa, completou, evocando a lembrança do distante sócio e também financiador da expedição: – Preciso reportar os acontecimentos do dia de ontem ao diário da expedição que enviarei ao mestre Yusef.

Saboreando o gosto da vitória, ainda que reconhecendo a pobreza intelectual de seu adversário, Diego afastou-se sorridente, caminhando a passos rápidos e seguros sobre o piso de madeira, ignorando o balanço da embarcação.

Sentado na sala de capitania do navio, Diego tomou a pena, o tinteiro e o grosso diário de bordo que repousava em meio a mapas, cartas marítimas e lunetas. Observou a gasta encadernação do volume, puxou a fita negra que marcava as páginas e o abriu, lançando a data na página em branco; fez os apontamentos referentes ao dia anterior. Encerrando-os, folheou as páginas escritas anteriormente, relembrando os diversos episódios que nelas grafara.

Desde o distante dia em que deixara o porto da Espanha e se lançara ao mar até aquela manhã nevoenta, quantos episódios se haviam sucedido. Ninguém jamais conseguiria imaginá-los! O herdeiro de D. André estampava, ao recordar o passado recente, na própria face, a surpresa pelos fatos que vivera e vivia.

As relações entre os homens a bordo iam de mal a pior. Pizarro não era o que se poderia chamar um líder carismático; bem ao contrário, era rabugento, temperamental, grosseiro, tratava mal seus subordinados e conseguia, assim, ser detestado pela maioria. Somente os mais ambiciosos ignoravam as constantes rusgas decorrentes das atitudes do capitão; suas mentes voltavam-se inteiramente às notícias que enchiam Portugal e Espanha sobre o fabuloso tesouro do rei branco.

Pizarro lançava-se à empreitada de chegar a este reino pela segunda vez, tinha experiência, sabia onde estava pisando. Três anos antes, comandara a primeira expedição. "Que importam necessidades de alguns dias, desavenças por ninharias, se graças à experiência dele em breve poderemos ser todos muito ricos, cheios de prata" – costumava lembrar o capitão Estêvão, sempre disposto a apaziguar os ânimos mais exaltados. A ambição os fazia calar e aceitar as rudezas e necessidades.

A comida armazenada nos porões estava racionada há alguns dias. Em decorrência do clima impróprio, a viagem sofrera atrasos e, com isso, as provisões não seriam suficientes para enfrentar o término da viagem. O vento que soprava nos últimos dias não era nada animador, mal inflava as velas, obrigando os homens a remarem.

Trabalho forçado e pouca comida e bebida estavam longe de ser condições propícias à aventura em que se arrojavam. Todos lançavam olhos esperançosos ao horizonte, esperando ver surgir terra. Navegavam em direção conhecida, onde possuíam estratégicos pontos de parada, e alguns fortes espanhóis começavam a marcar a chegada dos conquistadores. Atracar logo era a esperança.

Um ganido preguiçoso retirou Diego de suas divagações. Olhando em direção ao som, um sorriso carinhoso se desenhou no rosto de traços finos; sua melhor e mais fiel herança abria os olhos para mais um dia a seu lado.

– Bom dia, Companheiro – falou o neto de D. André, dirigindo-se ao cão que se espreguiçava no canto da sala, em frente à porta da cabine que ocupava. – Se continuar dorminhoco desse jeito, vou mudar seu nome para Vagabundo. Acordei há muito tempo e você nem viu.

Companheiro, num gesto muito seu, atento, pôs-se a encará-lo docemente; depois, percebendo que o dono batia com a mão na perna, apressou-se para chegar a seu lado e, pondo as grandes patas da frente sobre a coxa do jovem, lambeu-lhe o rosto e o pescoço, faceiro, balançando a cauda peluda, fazendo cócegas que provocaram alegres risadas.

– Você é muito abusado. Dormiu muito e agora vem me bajular com medo de não ter comida – ralhou Diego, às voltas com as patas, orelhas e lambidas do cão.

Como se compreendesse as palavras proferidas, o animal parou de lamber o dono e o olhou, emitindo alguns sons de lamento, como se desejasse dizer:

"Eu sou diferente, não tenho segundas intenções. Demonstro sempre exatamente o que estou sentindo. Não sei fingir ou dissimular. Se quisesse comida, ficaria junto do prato ou iria pedir a quem estivesse comendo. Se o acaricio, é por amizade, nada mais."

O olhar de Companheiro expressou tristeza e Diego notou a súbita mudança do animal, sem dar-se conta do que a havia ocasionado, menos ainda que desejava desculpar-se, mas, agindo por impulso, tocou a cabeça do cão entre as orelhas, à imitação de um cafuné, e pôs-se de pé, segurando com a mão livre as patas, deixando-o sobre as pernas traseiras.

– Vamos, senhor – convidou alegremente –, é meu dever servi-lo.

Notando a alegria que voltava a iluminar os olhos redondos de seu peludo amigo e sua cauda agitar-se, Diego o soltou e avançou para fora da sala, seguido de perto pelo parceiro, alegre e contente, esquecido do desagrado, sem mágoas ou rancor. Simples como o fez a divindade.

Os marinheiros se agitavam, era hora de trocar os remadores, toda a tripulação estava desperta e se revezava no convés do navio, sentindo o vento, pouco mais que uma brisa leve, tentando detectar elementos que reforçassem a esperança de que aquele seria um dia de navegação mais fácil. Em meio à azáfama dos homens, Companheiro circulava com sua natural simpatia, era o mascote, todos o mimavam. O cozinheiro ainda encontrava com que alimentá-lo e não precisava dividir os ratos do porão que caçava sozinho, para alegria dos tripulantes, que tinham verdadeiro horror a eles pela ameaça de contágio da peste em alto-mar. Ele prestava um serviço de saúde pública à tripulação, que, mesmo sendo ignorante, entendia perfeitamente a vantagem de ter o animal a bordo.

Chegado o final do dia, as esperanças do início eram frustradas. Os ventos continuavam fracos, mal insuflando as velas e a fim de dar maior velocidade à embarcação, era imprescindível remar.

***

Não só para os navegadores aqueles dias ofereciam emoções turbulentas e fortes desafios. No império Inca, os mesmos gigantes que dominavam as almas vinculadas à Ordem e à Coroa espanhola cobravam vítimas entre o seu povo.

Athaualpa deixara o acampamento no litoral há alguns meses e, desde então, espalhava violência e revolta no seio do povo.

Várias lutas entre seus rebeldes e as forças do império haviam ocorrido, com mortos e feridos em ambos os lados, fazendo com que não houvesse vitorioso, mas que ambos os lados sentissem o peso e a dor da derrota. Nenhum homem fere a lei de amor impunemente; os atos praticados para a quebra da harmonia da vida atendendo a interesses pessoais, em geral mesquinhas ambições de riqueza e poder, têm preço alto na economia divina. O tribunal da consciência do infrator é implacável e exige não só a recomposição, mas também que se grave no coração, além do amor e da obediência à prática do bem, o horror ao mal. Assim, no futuro, ainda que leis existam proibindo ou autorizando a guerra, ele não a fará, porque, acima das convenções humanas, aprendeu, às próprias custas, o valor da harmonia e da paz, trazendo, conscientemente, tanto a nível emocional como racional, a certeza e a necessidade de desenvolver uma conduta calcada nas leis ditadas pela vida maior.

Entre os guerreiros rebeldes, a sanha das paixões exacerbadas desaguava em atos de barbárie e violência. Diante dos saques e agressões, o exército imperial se revoltava e, por sua vez, não cogitava em ser benevolente, extravasavando toda sua ira e fúria, destroçando o inimigo. Em atos de violência só existe perdedor – perde a raça humana a oportunidade de desenvolver as faculdades superiores e sujeita-se, ainda, ao império dos instintos, às origens do reino animal.

A progressista e bem organizada nação inca chorava a intempança de seus filhos. Em todos os templos, sacerdotes e sacerdotisas pregavam os valores da paz, do trabalho e da honra de pertencer àquele povo, lembravam incessantemente a lenda da cosmogonia e o exemplo dos gigantes decaídos por sua revolta com os deuses, pedindo ao Deus supremo que voltasse a Terra e devolvesse a paz aos seus filhos, dando o trono a Huáscar; mal ou bem, durante os dias que não tivera contestado seu reinado ele governara mantendo a paz e a ordem. O povo orava e pedia o fim das hostilidades, porém, os meses se sucediam sem mudanças, tampouco os deuses chegavam ao Tahuantinsuyo.

Nos campos e ayllus[1] os enfrentamentos eram constantes, ondas de dor e sofrimento varriam os Andes.

Aflição poderia ser o novo nome da soberana inca. Lawra[2] dormia mal e se alimentava por mera consciência de necessidade vital. Dedicava-se à busca de uma solução para o conflito político e, enquanto não a encontrava, empenhava-se em organizar as ações de socorro às populações feridas. Nesse mister, a ação das acclas[3] e sacerdotisas espalhadas pelos quatro cantos da nação tornava-se imprescindível, constituíam-se numa ampla rede de socorristas. Kusisa[4] e Naira[5] conquistaram livre e amplo acesso a Coya[6] e uma amizade sólida se sedimentara entre as três, sustentando um número incontável de almas, mostrando a força e o poder real da amizade.

Recebendo mensageiros de diversas aldeias com pedidos de socorro – ouvindo relatos dos rebeldes que as haviam atacado, in-

[1] Expressão usada para designar as comunidades que eram a base da estrutura administrativa e política do império – nota do autor espiritual.

[2] Lawra: nome quíchua que significa "fervor" – nm.

[3] "Mulher escolhida". Este termo foi traduzido pelos espanhóis para "Virgens do Sol". São as moças dedicadas ao serviço do deus-sol e do Inca – nm.

[4] "Alegre" – nm.

[5] "De olhos grandes" – nm.

[6] "Rainha", sempre uma irmã do inca. O seu filho era o legítimo herdeiro da posição ocupada pelo Sapa Inca (imperador inca) – nm.

cendiando suas provisões, deixando rastros de sangue e gemidos de muitos feridos à sua passagem –, a noite casara-se com o dia sem que as mulheres houvessem percebido. Horas e horas ouvindo a história se repetir nas bocas dos jovens mensageiros, nas informações traçadas nas killpas[7], sempre cenas de fogo, dor, imagens de feridos, carrancas de ira; por fim a figura de Inty[8] e da Coya, lembrando a esperança, a fé do povo no mensageiro de Viracocha[9] e o amor à sua soberana, admirada por sua justiça e bondade.

O sol despontava no céu, colorindo a paisagem de tons amarelo-alaranjados. Naira, massageando a nuca com expressão de indisfarçável cansaço e preocupação, observava o espetáculo da natureza sem, entretanto, deixar-se contagiar pelas belezas do amanhecer.

Seu pensamento queimava na vã tentativa de compreender como poderia alguém, em sã consciência, espalhar tanta dor e sofrimento? Como poderia pensar em ser feliz com a posse de algo obtido dessa forma? Será que, ao deparar-se com os doentes, com os infelizes, poderia se alegrar? Existiria vitória ao final?

Ansiava pelo fim daquele confronto. Queria novamente o cotidiano tranqüilo. Desejava deitar a cabeça e adormecer sabendo que o seu povo tinha comida, saúde, abrigo, que no novo dia trabalhariam felizes, serenos. Que as canções das haitas e das lhameirãs[10] encheriam o ar e imporiam ritmo às atividades.

Sentindo um leve relaxamento dos músculos e nervos, intensificou a massagem, apertando suavemente pontos nevrálgicos; ao cabo de bons minutos, uma expressão aliviada se insinuava por suas feições. Baixando os braços, apoiou-se ao parapeito da janela e respirou profundamente, fechando os olhos. Precisava, desesperadamente, dar-se paz ou sentia que as forças lhe faltariam. Lutando

---

[7] Mensagens escritas utilizadas pelas civilizações andinas antigas – nm.

[8] "Deus sol", a divindade popular mais importante. Era adorado em muitos santuários pelo povo inca, que lhe rendia oferendas de ouro, prata e as chamadas virgens do Sol – nm.

[9] "Deus supremo" das religiões andinas. O criador, pai e mãe do Sol e da Lua – nm.

[10] Meninas que pastoreavam as lhamas – nm.

para serenar o íntimo e integrar-se ao amanhecer, deixando que as forças da vida lhe inundassem o ser, Naira isolou-se, mentalmente, do ambiente que a cercava. Buscou na memória as paisagens da cidade sagrada e, em pensamento, sentou-se novamente nos terraços, observando a montanha, o céu, o verde, ouvindo o canto das meninas e sentindo a segurança da presença de Wanka[11].

Envolvida na meditação, Naira não percebeu as furtivas lágrimas rolando pela face delicada. Elas não feriam nem faziam sofrer, eram marcas sutis de um sentimento muito profundo. Embelezavam-na, tornando radiante seu rosto. Parecia que ao descerem pela face apagavam o cansaço, a preocupação e todas as emoções que lhe consumiam as forças. Há emoções cuja expressão enfeiam um rosto, mas há outras que o tornam sublime. Era o caso.

Nos momentos em que permaneceu naquele paraíso pessoal, conquistado com esforço, sua mente se esvaziara de passado e futuro; apenas estava ali, presente, atenta aos próprios sentidos, interagindo com o ambiente, numa troca normal e equilibrada.

Permanecia com os olhos fechados, mas sentiu-se observada. Não era desagradável quem a examinava; registrava um toque de alegria, suavidade, gratidão, carinho e segurança. Analisando essas vibrações, como o faria ao ter contato com um ser da esfera espiritual, Naira identificou o observador, murmurando:

– Wanka. Onde está você? Eu o sinto tão próximo.

Profundamente concentrada registrou perfeitamente a resposta, repassada de doçura:

"Abra os olhos, minha bela."

Atendendo ao comando, ficou muda ao ver parado no centro do pátio interno do palácio mestre Wanka, com os trajes cobertos de poeira, sorrindo e estendendo-lhe a mão, num convite a que viesse recebê-lo.

– Você está aqui! – gritou Naira alegre, recuperando-se da surpresa e atraindo a atenção de Kusisa e da Coya.

[11] "Pedra grande" – nm.

– Estou – respondeu Wanka em alto e bom som, a fim de não deixar margem à dúvida de sua presença física. – E esperava uma recepção mais alegre; afinal, soube que algumas mulheres que eu aprecio muito precisavam de ajuda. Por isso, aqui estou.

Lawra e Kusisa correram à janela, juntando-se a Naira, relaxando os semblantes num sorriso genuíno.

– Seja bem-vindo, mestre Wanka. – saudou Kusisa – Vamos mandar preparar-lhe um banho e uma boa refeição. Se for em busca de trabalho que vem, chegou ao local certo.

Wanka balançou a cabeça e sorriu. As notícias das desordens haviam chegado à cidade sagrada, mas antes delas pressentira a chegada dos dias difíceis, alertado pelos amigos espirituais. Era a hora de trabalhar para minorar o sofrimento, sabia que a divindade e os espíritos superiores não amavam o sofrimento físico.

– Mama Kusisa, permita-me ir ao encontro de mestre Wanka. – pediu Naira. E notando o olhar de estranheza da amiga, justificou. – Tornamo-nos grandes amigos quando estive na cidade sagrada, aprendi muito com ele. Sou-lhe grata e desejava expressar meus sentimentos.

– Está bem, vá recebê-lo. Conheço Wanka há alguns anos e sei que ele será uma grande ajuda neste momento. – autorizou Kusisa.

Lawra olhava enternecida o amigo parado no centro do pátio e nem percebeu que Naira afastara-se apressadamente da sala onde estavam, correndo pelos corredores do palácio, com um brilho intenso de felicidade no olhar.

– Foi Mama Quilla[12] que o mandou – comentou Lawra, dirigindo-se a Kusisa. – Ela sabia que nossas forças estavam no limite, que os conselheiros estão envolvidos nas lutas, que Manco acompanha Kallpa[13] e sobramos apenas nós para atender ao povo. Va-

[12] Segundo a religião solar professada pelo povo inca, era a mãe lua, esposa e irmã de Inty, mãe do firmamento, adorada por uma seita de sacerdotisas que se localizava principalmente na costa peruana – nota autor espiritual.

[13] "Com força" – nm.

mos agradecer-lhe como convém, Kusisa. Somente ela, com seu olhar feminino e amoroso, teria a sensibilidade de enviar-nos auxílio. Os sentimentos exacerbados da guerra só despertam a ira, o ódio, a revolta. Movidos por eles, os homens gastam o tempo em estratégias de guerra, olham com indiferença para a destruição que realizam, quando não com regozijo por escoar as turbulências que têm dentro de si em ações demolidoras. É a sensibilidade da mulher que é tocada pelos que ficam suportando os dissabores da luta, cuidando dos feridos e reconstruindo o que sobra da sanha devoradora.

– Somos nós, Coya, as mulheres, que ficamos e temos de viver em meio às devastações, a maioria longe das batalhas, mas bem próximas dos feridos deixados pelos exércitos, dos velhos que não podem lutar e das crianças que precisam crescer para garantir o amanhã da Terra – respondeu Kusisa compenetrada, refletindo sobre a manifestação da soberana. – Mama Quilla é feminina, ela também dá a vida. Não só somos capazes de gerar a vida no útero como doarmos nosso corpo e alma aos outros seres humanos para manutenção da existência. Nossas deusas amparam as lavouras para que não nos falte meio de prover a sustentação do povo; regulam nossos corpos e a própria fecundidade da terra e das águas. É por isso, Coya, que me entristece tanto encontrar mulheres como a accla Wayna[14], egoísta, incapaz de ver interesses outros que não os pessoais. As deusas devem se entristecer muito com mulheres desse tipo.

Lawra, olhando o abraço repassado de alegria entre Wanka e Naira, nada respondeu. A notícia da chegada inesperada de mestre Wanka se espalhara rapidamente pelo palácio e antigos trabalhadores acorriam ao pátio para saudá-lo, com expressões amistosas.

* * *

Noite escura, de céu nublado, encobria a região da Espanha onde se localizavam as propriedades de Yusef e de Diego Oliva y Garcez.

---

[14] "Jovem" – nm.

Em meio à mata se ouvia o ciciar das corujas e o ruído dos predadores noturnos. Um ar úmido e frio circulava, tornando a noite triste e desolada.

Abandonada, a cabana de Ephraim sofria a ação do tempo. As aberturas rústicas não haviam sido bem fechadas por Diego – último ser humano a visitar a construção – e tanto bateram ao sabor dos ventos que afrouxaram, apresentando partes quebradas desprendendo-se das estruturas. O interior refletia desolação. Os poucos pertences do antigo habitante rolavam pelo chão. Teias de aranha, pó, folhas e galhos secos infestavam o ambiente, antes sempre asseado.

No pátio, a vegetação crescia livremente, despontando onde antes era retida pela mão do homem. Folhas e rastros de animais marcavam a terra, mas nenhum sinal de calor, de atividade. Transformara-se em um ambiente desprovido de personalidade. Era triste, melancólica. A improvisada sepultura desaparecia, tomada pela floresta.

Até mesmo o caminho não muito distante da entrada da clareira parecia não estar sendo usado ultimamente. A cobertura arenosa estava varrida pelos ventos e nela se viam apenas pegadas de animais pequenos, nenhuma marca de cascos ou de pés humanos.

– Minha família foi embora. comentou Ephraim com Jesaías, mentor espiritual que o assistia desde que despertara no plano espiritual, após o desencarne.

Jesaías sorriu e, colocando a mão sobre o ombro de seu assistido, lembrou:

– É natural que seja assim. Eles precisavam prosseguir vivendo. Não é nada sábio cultivar saudosismo e negar-se a acompanhar a marcha da vida. Os ciclos de nascimento e morte se sucedem individualmente. Os animais seguem os instintos, representação da lei natural conforme ao estágio evolutivo deles. Os homens é que, em alguns casos, teimam em comportamentos contrários ao ritmo da vida e da evolução, criando "tempos" próprios, além ou aquém dos fatos, enredando-se em situações problemáticas ou doentias. Sua "família" agiu sabiamente, mostrando sua confiança no Criador. Prosseguiram e o deixaram prosseguir, livres de amarras. Melhor assim. Você não lembra quantos de nossos amigos sofrem a repercussão das aflições e do desespero a que se entregaram seus familiares, por não assimilarem a separação imposta pela morte física?

– Uma situação bastante triste – concordou Ephraim. – Acredito que eu esteja numa espécie de caminho do meio: não tenho quem sofra desesperadamente a minha passagem e sou livre de afligir-me com essa dor, mas, por outro lado, não há quem por mim reze o kadish[15].

– Cada um de nós desperta nesta vida recolhendo as mesmas condições em que viveu. Conforme o plantio é a colheita; a natureza não tem leis diferentes, ela é geral e homogênea.

– Estou ciente, fui um solitário, não poderia ser de outro modo, os que lembram de mim são poucos.

Olhando ao redor, Jesaías indicou a cabana logo à frente e perguntou:

– Ainda deseja entrar?

– Sim. Por favor, me aguarde. Gostaria de entrar sozinho.

Silenciosamente, Jesaías aquiesceu ao pedido do pupilo, incentivando-o com o olhar a prosseguir sua investigação sobre a antiga morada.

Ephraim adentrou a choupana, observou detidamente os recantos de sua antiga morada; um sorriso ameno, um olhar agradecido surgiram em seu rosto e, falando consigo mesmo, murmurou:

– Foi muito bom ter vivido aqui. Foram anos de muita riqueza, de conquista de propriedades verdadeiras. O Senhor abençoou o meu lar e habitou comigo. Deu-me paz e abrigo, ensinando-me os caminhos da salvação. Sou-lhe grato.

---

[15] No judaísmo, oração ritualística diária das sinagogas e de cerimônias públicas, pranteando a morte de parentes próximos – nm.

Perambulou ainda alguns minutos pelo interior, correu as mãos sobre a cama desarrumada, observou detalhadamente seus antigos pertences espalhados sobre a mesa.

– Que fim terá tido minha caneca? – perguntou-se. Mas, como entendera perfeitamente sua passagem, tendo um despertar sereno e lúcido, sacudiu os ombros como quem diz: isso é coisa sem importância.

Lançou um olhar à tábua onde escrevera suas últimas vontades; depois de recordá-las, observou a mesa onde depositava seus artigos de fé.

– Diego aceitou minha herança. É um bom começo.

Satisfeito, retornou para junto do amigo, relatando sucintamente suas impressões e declarando ao final:

– Vamos, Jesaías, estou pronto. Sei que tens pressa em iniciarmos o trabalho que nos traz de volta a esse local.

– Infelizmente, nem todos compreendem as noções de verdadeira propriedade, como você conquistou. Nossa tarefa é tentar alertá-los, não passamos de mensageiros, caro Ephraim. Não é necessária pressa, mas se estás satisfeito com a visita que havias pedido, podemos ir logo à casa Oliva y Garcez. Já é quase hora da reunião.

Foi a vez de Ephraim gesticular, concordando. Silenciosamente como haviam chegado, retiraram-se.

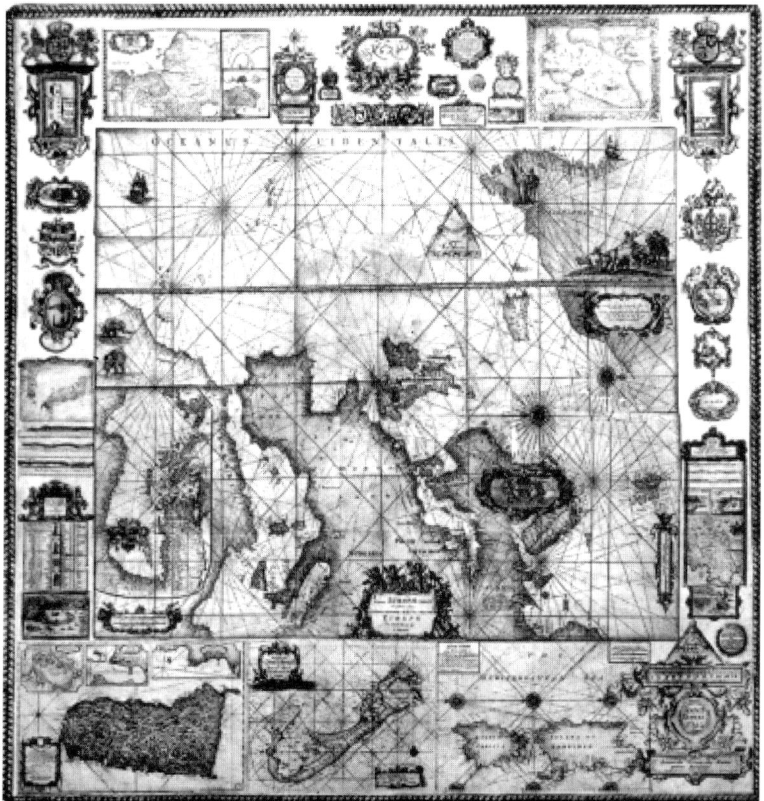

CAPÍTULO II

A UNIÃO DAS DIFERENÇAS

"A flor tem suas harmonias; também ela pode possuí-las todas ou insuladamente e ser diferentemente bela, mas somente será bela quando as harmonias que concorrem para sua criação se acharem harmonicamente fusionadas. Dois tipos de beleza podem produzir, por fusão, um ser híbrido, informe, de aspecto repulsivo. Há então cacofonia! Todas as vibrações, insuladamente, eram harmônicas, mas a diferença de tonalidade entre elas produziu um desacordo, ao encontrarem-se as ondas vibrantes; daí o monstro!"

(Allan Kardec. *Obras Póstumas*, Teoria da Beleza, pág. 171.)

Chinkasqa[1] andava lentamente de retorno a sua habitação; trazia nas mãos um cesto com o produto da pesca do dia. As ondas do mar quebravam mansas sobre seus pés, apagando seus rastros, acariciando-lhe suavemente a pele. Alheio, envolvido em pensamentos de seu passado distante na Espanha, ele nem um mero olhar lançara ao redor, ignorando a atividade das aves marinhas em busca do necessário a seu sustento, nem ao menos percebendo o belo cenário que o Criador lhe oportunizava viver; sua mente servia apenas aos interesses pessoais, materiais em excesso, que ocupavam sua inteligência.

Ele soubera naquela tarde das batalhas envolvendo seu amigo Athaualpa e os guerreiros do império. A afinidade com o nobre rebelde tinha fortes razões de ser – embora cada um a seu modo, ambos queriam a mesma coisa, tinham o mesmo propósito, aspiravam ao poder do Inca.

Chinkasqa tinha ânsias de tocar e apoderar-se dos inimagináveis tesouros incas. Cada vez que ia a ayllus e via as jóias, os objetos de ouro e prata circulando livremente nas mãos de crianças e jovens, a cobiça queimava-o por dentro. Seu preconceito falava alto, julgando-os selvagens e incultos, pura e simplesmente porque eram diferentes, possuíam uma organização social, religiosa e política que ele não compreendia. Não os considerava seus iguais, menos ainda pensava neles como irmãos; não pertenciam à sua Ordem, nem à Igreja ou ao seu país, tampouco se ligavam a sua família; logo, não eram filhos do mesmo Deus que ele professava acreditar.

Certo é que tinham diferenças; assim, naturalmente, se afastavam, mas o distanciamento afetivo e mesmo físico não arrastava consigo o interesse pela fortuna que, segundo a sua concepção, os selvagens incultos possuíam. Cobiçava, invejava, ardia de vontade de reunir aqueles metais, colocá-los em uma caixa e ficar horas e horas observando-os. Acima de tudo, imaginava-se dono e senhor deles.

[1] Foi o apelido dado ao personagem estrangeiro-náufrago. Em quíchua, significa "perdido", "desorientado" – nm.

As notícias que recebera de alguns nativos conhecidos o levavam a pensar que aquele seria o momento ideal para uma invasão e o saque das fortunas, dada a fragilidade na defesa do império. Ocupados com uma guerra interna, seriam vítimas fáceis para o saque pretendido pela Ordem, com o aval da Igreja e da Coroa espanhola.

Continuava a mover-se lentamente, porém, de inopino voltou o rosto ao mar, ao sol que se punha, às marés que avançavam, ao alarido dos pássaros. Nada via, seus olhos percorriam a imensidão esverdeada do pacífico até os limites do horizonte, na esperança – que alimentava diariamente – de ver tremulando as velas de uma embarcação com as insígnias da Ordem. Mais um olhar em vão. Era apenas azul e verde, cortado por alguns pássaros.

"Se ao menos houvesse um meio de me comunicar com o mestre... Os conhecimentos que adquiri nestes anos entre os nativos são valiosos. Conheço o Peabiru[2], as trilhas incas, tenho mapas de como chegar a Cuzco, mas a abundância de prata e ouro é tanta que se recolheria uma fortuna considerável em qualquer vilarejo. Imagino o encantamento dos demais membros da Ordem se ouvissem meus relatos. Um só desses pingentes que esse povo carrega no peito seria prova bastante das riquezas que vejo. Como eles gostariam de saber!", pensava Chinkasqa.

Um suspiro desanimado escapou de seu peito, o olhar nublou, um ar de tristeza abateu-se sobre seu semblante. Chutou displicente a marola que lhe tocava os pés e assim prosseguiu vários metros. A luta para manter acesa a chama da esperança era heróica. A cada novo dia aguardava ver a imagem tão esperada de uma caravela, de um galeão, de uma nau qualquer ostentando as insígnias da Ordem surgir à sua visão; nada acontecia. Ao deitar-se, tecia novamente planos que seu inconsciente reproduzia em forma de sonhos. A vida de um náufrago inconformado era bastante dura em se tratando de sofrimentos morais. Havia mesmo momentos

[2] Antigo caminho, não pavimentado, que ligava os Andes ao rio Paraná, interior do atual estado de São Paulo e litoral do Atlântico em terras brasileiras.

em que sua ânsia por ser resgatado e retornar aos seus para contar sua história era tamanha, que se imiscuíam em seus sonhos e devaneios embarcações com as insígnias da Ordem de Cristo e a bandeira portuguesa. Nessas horas, até elas serviam.

– Un día más se fue, hasta la manãna, hei que esperar! – dizia em voz alta para si mesmo, deliciando-se em ouvir o som da própria voz falando o idioma natal; reforçando as esperanças íntimas, recolheu-se cedo naquela noite.

* * *

Sozinho no templo, Atipaj[3] meditava sobre os acontecimentos daqueles dias conturbados. A luta entre rebeldes e as forças fiéis ao Inca Huáscar recrudesciam aproximando-se da capital.

A população de Cuzco vivera, até então, uma paz relativa; recebia notícias das regiões em conflito, das ayllus saqueadas, e o povo, há muitos anos desacostumado à quebra tão devastadora da harmonia, naturalmente, encontrava-se desassossegado, aflito. Os feridos começavam a chegar a cidade e a visão dos horrores da violência era um choque. Acorriam aos templos clamando aos deuses que retornassem para impor a ordem. Oferendas singelas se avolumavam, nos lugares reservados ao contato com os deuses. No alto das montanhas, muitos sacrifícios de animais eram feitos, misturando sobre os Andes o sangue humano derramado pela violência do homem e o dos animais, lembrando a ingênua fé de outros que pediam paz.

O próprio sacerdote, em momentos de rara solidão no templo, dedicava-se à reflexão e à oração, pedindo pelo império e por si mesmo, uma vez que as forças de superação em algumas ocasiões pareciam escassear em seu ser.

Perante os quadros difíceis relatados pelos mensageiros, nas informações apresentadas pela equipe da Coya, atuante na assistên-

[3] "Vencedor" – nm.

cia aos feridos, aos desabrigados e aos famintos, era-lhe difícil prever um final satisfatório para o conflito. Concentrado em seus pensamentos e orações, Atipaj não percebeu a aproximação de um dos mensageiros do Inca.

O jovem vinha esbaforido, correra desde o palácio até o templo, na máxima velocidade que conseguia desenvolver. Somente quando chegara à porta do templo foi que parou e aguardou alguns minutos para tornar a respiração mais serena; não poderia entrar de chofre e estouvadamente no local sagrado; era necessária atitude de respeito e veneração. Por isso, apesar da urgência, entrara com vagar e se aproximara suavemente do sacerdote.

Notando o distanciamento mental do homem a quem buscava, o rapaz tratou de se colocar em seu raio de visão, bem a sua frente. Encarando a face de Atipaj, constatou que ele tinha os olhos fechados; a expressão do rosto era tensa, a linha dos maxilares rija, as sobrancelhas estavam unidas e havia um fundo vinco entre os olhos, logo acima do nariz até o meio da testa.

"Ele parece nem notar que eu entrei. Acho que não ouviu nada. Que devo fazer? Preciso dar-lhe o recado", indagava-se o moço, mentalmente.

Minutos se passaram até que, certo que o sacerdote demoraria a perceber-lhe a presença, o mensageiro atreveu-se a tocar-lhe o braço, sem muito tato, indelicado, na expectativa de ser atendido.

Assustado, Atipaj prontamente levantou a mão, agarrando o braço do mensageiro com força e afastando-o de si; enquanto abria os olhos, automaticamente relaxou a pressão no membro do mensageiro, ao identificá-lo.

– Pensei que fosse algum ataque rebelde.

O jovem sacudiu a cabeça e sorriu, acariciando o braço, marcado por uma mancha vermelha na pele, denunciando a força empregada por Atipaj.

– Devias ser guerreiro-sacerdote, Atipaj – comentou o mensageiro. – Tens muita força.

Atipaj aproximou-se sorriu condescendente ao ouvir as colocações e, ignorando-as, indagou:

– Quem te mandou à minha procura e o que deseja?

– Venho da parte do Inca Huáscar. Ele diz que precisa de uma reunião com o sacerdote e tem urgência. Precisa evocar os deuses, quer uma orientação.

– Que estranho! Estive no palácio pela manhã e boa parte da tarde; não aconteceu nada, por certo esta mudança de planos é recente – falou Atipaj.

– Não sei responder. Trago ordens de avisá-lo a fim de que se prepare para a noite. Há pressa na resposta. Que devo dizer?

Atipaj aproximou-se da imagem de Inty, como se desejasse que ela lhe falasse.

"Ilumina-me, Inty", pedia o sacerdote em evocação mental. "Que o teu poder penetre o meu ser, fecunde a minha fé e a esperança de um futuro melhor. Dá-me palavras que consolem tanto os trabalhadores como os chefes máximos da nação."

Nenhuma resposta foi registrada, mas, como se alguém dialogasse com ele sugerindo idéias, viu-se concordando com o pedido do soberano, ao dizer:

– Irei ao palácio logo mais, junto com as primeiras estrelas – informou Atipaj. – Volte rapidamente e acalme-os com minha informação.

O jovem sorriu, despediu-se respeitosamente do sacerdote e, com passos moderados e suaves, afastou-se do templo, cuidando para somente dar as costas às imagens quando estivesse a uma distância considerável.

Passando a mão sobre o alto da testa, num gesto típico de preocupação, Atipaj voltou o olhar à contemplação dos deuses; perdeu-se na análise minuciosa das imagens, como se as figuras de pedra fossem seres sensíveis e neles se pudesse perceber nuances delicadas de estado emocional ou estampassem nas faces imperturbáveis os sentimentos, o pensamento, enfim, as energias que governam seu eu real.

Das imagens, além da beleza e a sensibilidade da mão do artista, nada mais se depreendia; porém, um suave torpor invadiu a mente do exausto sacerdote, esparramando-se por seus membros; sem pensar ou sentir, ele repentinamente sentou-se sobre o piso frio, depois pendeu seu tronco lentamente ao chão, com a cabeça apoiada sobre os braços. O entorpecimento era invencível e ia acentuando-se rapidamente, tão logo lhe deu guarida. Jogado ao solo, aos pés dos adorados deuses da nação, adormecido magneticamente, o corpo do sacerdote descansou enquanto, surpreso, se reconhecia, em espírito, emancipado do corpo, cercado de duas entidades espirituais de semblantes amorosos e olhar terno e inteligente.

Tratava-se de um casal idoso, com trajes andinos, comuns às regiões dos lagos. A mulher tinha o cabelo repartido no centro da cabeça com as mechas formando duas grossas tranças; era pequena e robusta, transmitia segurança, paz e confiança. O homem, ligeiramente mais alto, esbelto, a pele de um bronzeado intenso, tinha cabelos grisalhos bastante ralos, amarrados por uma fita atrás da cabeça, e os traços do rosto bem definidos; a boca larga, com lábios finos, tinha um toque de delicadeza e serenidade, como se ele só a usasse para atos repassados de doçura; os olhos arredondados, castanhos-escuros, refletiam sentimentos em total harmonia com a expressão da boca.

Avançando um passo em direção a ele, o velho estendeu a mão, dizendo:

– Aproxime-se, não tema. – E, fazendo um gesto com a mão incluindo a mulher pouco atrás, prosseguiu: – Somos amigos. Você clamava por palavras para consolar o povo; viemos ajudá-lo a encontrá-las.

Vacilante, Atipaj lançou um olhar ao próprio corpo deitado a seus pés. Era estranho saber-se dormindo e ao mesmo tempo ter ciência de que estava agindo, lúcido, consciente, em outra esfera. Lembrando que aquela não era a primeira ocorrência em sua vida desse tipo de fenômeno, fortaleceu em si a confiança e estendeu a mão tocando a entidade, dizendo:

– Agradeço-lhes a atenção.

Um aceno condescendente foi a única resposta que lhe deu o espírito, puxando-o rápida, mas suavemente, para mais próximo, até que a mulher tomou-lhe o outro braço e, juntos, se afastaram do pé das imagens, indo até um canto do espaço religioso, na parede em frente.

– Diga-nos, querido Atipaj, o que o aflige na tarefa que tem em mãos – pediu a entidade masculina.

A figura do velho sábio andino surgira várias vezes à visão mediúnica do sacerdote, em estados de emancipação da alma como o que experimentava no momento. Em seus sonhos, inúmeras ocasiões registrara-lhe a presença, mas continuavam a encantá-lo as emoções que despertavam na sua companhia. Comentara com mestre Wanka esses fatos, descrevendo a agradável entidade, e ele acreditara tratar-se de seu antigo mestre Kuchikuchi[4].

Nos episódios passados construíram uma boa afinidade, permitindo a Atipaj agir com naturalidade e demonstrar surpresa e mesmo incredulidade ante o pedido do mestre Kuchikuchi.

– Como, o que me aflige? – indagou o sacerdote, espantado. – Não é possível que vocês não saibam! O império está sendo devastado por uma guerra interna, como não se vê há anos, muitos anos. Mortos, feridos e destruição por todos os cantos. Choram mulheres, crianças e velhos. Faltam-me palavras para confortá-los. Sacerdotes de diversas partes do império apóiam os pedidos do povo para que os deuses retornem à Terra, retomando a condução do governo. A situação complica-se a cada minuto. E você ainda pergunta o que me aflige?

Mestre Kuchikuchi manteve a expressão serena e confiante, estendeu a mão sobre a testa de Atipaj e, olhando-o nos olhos, mandou-lhe emissão de paz. Seu pensamento repetia incessante-

[4] "Diligente" – nm.

mente a mesma palavra: paz. Ondas de sutil luminosidade envolveram o corpo astral do sacerdote, penetrando todo o seu ser, até atingir o âmago, a essência.

Percebendo seu assistido calmo, harmonizado, o mestre baixou a mão, pousando-a suavemente sobre o ombro esquerdo de Atipaj; depois, fitando-o, respondeu:

– Obviamente, sabemos das ocorrências que menciona. Você também sabia, há algum tempo, que elas iriam suceder. Por que agora se espanta? Você já sabia.

– É diferente, mestre – retrucou Atipaj. – Nos sonhos, nas visões e nos outros contatos que tive com o futuro, nunca me via aconselhando, orientando, consolando essa multidão de vítimas sofredoras. Eu deveria ser metade razão, metade coração, mas a dor das pessoas que me buscam desequilibra essa balança. Há casos em que a raiva é tanta que ajo guiado apenas pelos instintos, tal qual os animais; em outros, sou frio, racional, capaz de conspirar para matar em nome da paz. Algo sem sentido, não é mesmo?

– Nenhum sentimento é desprovido de sentido, de uma razão de ser. Nós é que muitas vezes dificultamos a leitura dessas fontes, criando, exagerando fatos, tentando fugir do hoje – que nem sempre conseguimos vivenciar satisfatoriamente – para o amanhã pintado de tons carregados de desesperança. Geramos um dia cheio de tumultos e sobressaltos pelo estado de ansiedade que despertamos. Experimentamos esse sentimento e, também, a angústia, mas desconhecemos suas causas, por isso a luta é desigual e estamos em clara desvantagem. Só quando aprendermos, de verdade, a investigar quem somos, o que queremos, o que sentimos, o que precisamos, é que poderemos lidar, maduramente, com uma gama variada de emoções – falou Kuchikuchi, tranqüilamente.

– Mas o que fazer, o que dizer? Não tenho mais palavras. Vejo próximo o dia em que me reunirei às forças de Kallpa, porque falecem minhas próprias armas e algo em mim se agita cobrando uma solução. E, se a solução é aniquilar o inimigo para que eu tenha novamente paz, sinto que sou capaz de fazê-lo, e não deveria.

Ao ouvir mais um desabafo angustiado de Atipaj, a mulher que gentilmente os ouvia, calada, acariciou-lhe o braço, meigamente, e um pequeno sorriso, ameno, tranqüilo, marcou rapidamente seus lábios, como se pensasse em tempos muito distantes. Então falou calma e pausadamente:

– É preciso ter calma para conhecer a si mesmo, munasqa[5]. Temos em nosso íntimo todas as noções necessárias à compreensão da vida. Precisamos aprender a buscá-las, estudá-las. Nosso Criador plantou-as todas no recôndito de nosso ser. Deu-nos a inteligência para trabalharmos e desenvolvermos conhecimentos, ampliando nossa visão e entendimento da vida. Deu-nos a capacidade de sentir, para equilibrar o uso dos nossos conhecimentos, fazendo com que não venhamos a causar dores e sofrimentos aos que convivem conosco, justamente por ter as mesmas condições de sentir – experimentar o prazer e a dor – em relação a alguma coisa ou alguém. E, bondosamente, ainda nos permite usufruir dos instintos durante muito tempo de nossa vida na condição humana; eles são como a mão e o olhar do adulto, que amparam e protegem a criança. Mas são, igualmente, as causas de nossos medos e a origem, a fonte profunda da raiva. Ligam-se às necessidades básicas que temos em relação ao corpo que nos serve e vêm das experiências armazenadas ao longo da evolução pelas diversas formas de vida que o Criador nos propicia usufruir para aprendizado e crescimento.

Ela fez uma pausa, notando que Atipaj a ouvia com atenção e Kuchikuhi acompanhava sua explicação com um brilho de incentivo transparecendo no olhar; então prosseguiu:

– Você falou que julga estar no limite de contenção da raiva e próximo da agressão. Está tendo dificuldade de usar o mecanismo de defesa do qual foi dotado pela natureza, equilibrando-o com o uso da razão e dos sentimentos que conquistou. Tem raiva porque se sente atacado, agredido de alguma forma, ela é o impulso de

[5] "Querida", "amada" – nm.

reação, de resposta e defesa. Observe os animais e verá o que lhe digo, são forças que brotam desse passado remoto. São úteis, necessárias mesmo. O medo, da mesma forma, se liga à necessidade de conservação. Quando tememos uma mudança, surge forte o medo; é o instinto de conservação, que vai desde a conservação física até a conservação dos valores e crenças que nos sustentam no âmbito moral.

Era a primeira vez que Atipaj tinha contato com aquela entidade, mas sua voz pausada, serena, ritmada lembrava o som da brisa de verão nas copas folhadas das árvores. Entendia o que ela estava lhe ensinando, encontrando calma na luta que travava consigo mesmo pelo conflito de emoções que experimentava nos últimos dias.

– O que você diz me tranqüiliza – respondeu ele. – Mas não faz desaparecer o que sinto.

– Eu sei. Você está numa etapa da evolução em que está desenvolvendo o aprendizado de lidar com as forças superiores – a inteligência e o sentimento; conforme elas forem despertando e crescendo, irão sobrepujando o puro domínio dos instintos. É uma etapa que exige paciência, calma e disposição do aprendiz para buscar lidar com essa ebulição de forças em seu ser. Não se condene nem se recrimine nesse processo. Cultive a paz com você mesmo, deixando de lado guerras internas que só consumirão seu tempo e força. Investigue-se, descubra-se; é uma tarefa linda, sublime. Canalize suas energias para as tentativas de compreensão, de esclarecimento. Entendendo a si mesmo, será mais fácil entender as dificuldades dos outros. A natureza não possui duas leis; a que serve para você, serve também para seu próximo. Se conseguir usar mais a inteligência e os sentimentos amorosos nos embates que a vida oferece, você estará crescendo, lendo as fontes internas que mestre Kuchikuchi lhe falou. Ou, se quiser, você estará olhando e compreendendo o que faz a mão do Criador, amparando-o nos momentos difíceis, e entenderá as instruções que Ele lhe dá, tal qual a criança amparada pelo adulto. As palavras nascerão da sua compreensão, da sua experiência. Acima de tudo, Atipaj, agradeça ao Deus supremo as oportunidades que recebe.

O sacerdote recolheu as palavras da entidade feminina e aquiesceu com um gesto característico; sentia agora uma necessidade ainda maior de meditar, de pensar, porém, não guerreava intimamente. Estava calmo, aberto, tinha o domínio de suas forças e não se sentia esgotado.

– Vejo que está bem melhor, Atipaj. Medite com proveito no que conversamos. Todos os nossos sentimentos possuem direção, força e sentido. Se você os jogar para fora, em situações destrutivas, o efeito será o de uma veia aberta, escorrendo uma energia vital, deixando-o debilitado, produzindo sofrimento. Entretanto, lembre que são inexauríveis porque brotam do ser imortal. Isso pode levá-lo a viver torturado, mas se, ao contrário, você, com uso da inteligência, direcioná-los para situações construtivas de aprendizado e trabalho, eles serão energias, forças que brotarão e borbulharão à sua volta, tal qual uma nascente profunda que irrompe na superfície, inesgotável e sempre cristalina. Feliz, em total harmonia com a natureza divina que a criou. As opções são sempre nossas. Pense nisso e encontrará as palavras, as consolações e a segurança nesse momento.

– Obrigado, amigos, por virem me acudir – agradeceu Atipaj, sinceramente comovido pela companhia dos antepassados de seu povo. – Quero ser útil à nação.

– Será, meu querido. Confio que será! – incentivou mestre Kuchikuchi. – Observe, pense, medite, aprenda, cultive a fé e trabalhe. Assim, terá uma vida útil. Agora é tempo de retornar a seu corpo e, nós, às outras atividades que nos solicitam atenção. Vá, meu querido, prossiga com coragem sua existência.

Lado a lado, as duas entidades espirituais permaneceram acompanhando com o olhar manso e benevolente o retorno de Atipaj ao corpo adormecido. Observaram-no fazer os primeiros movimentos e aguardaram, cientes de que logo ele buscaria com o olhar o local em que estavam, no intuito de certificar-se de que não estivera sonhando. Poucos segundos transcorreram e o sacerdote moveu a cabeça na direção de mestre Kuchikuchi e sua sorridente acompanhante, que lhe acenaram amistosamente antes de apagarem-se à sua visão, deixando-o perfeitamente desperto.

Idéias e conceitos inicialmente confusos circulavam pelo pensamento de Atipaj até que, se sentando ao pé do altar de Inty, apoiou a cabeça nas mãos, deixando que as lembranças se ordenassem naturalmente, tornando-se consciente dos momentos vividos fora da matéria e das noções que ouvira dos amigos espirituais.

Reconhecendo-se aliviado, agradeceu a Viracocha o contato com os espíritos de seus antepassados.

***

Nos porões úmidos e poeirentos da casa Oliva y Garcez, mais uma reunião da Ordem tinha início sob a regência de mestre Yusef, após os procedimentos de praxe; ele, assentado na cadeira mais alta do entorno da mesa, dava notícias aos presentes das informações recebidas dos viajantes.

– As informações enviadas por D. Diego, cavaleiro da nossa Ordem, são promissoras. Salvo alguns inconvenientes que enfrentaram, referente à falta de ventos, o que retardou a viagem e os obrigou a trabalhos forçados, tudo o mais transcorreu muito bem até agora. Conforme os planos, pararam em um dos portos que controlamos, o mais próximo do destino final, reabasteceram provisões e levaram a bordo os cavalos para a etapa terrestre da expedição.

– Ótimo! – elogiou um dos presentes, tão logo o mestre passou a palavra à assembléia. – Dessa vez chegaremos lá! Não vejo a hora de começarmos a preparar a segunda expedição. Com a graça de Deus, haveremos de fazer muitas, para transportar todo o ouro e prata que conseguirmos carregar daquelas terras.

– É possível imaginar o capitão Pizarro enfurecido com o atraso da viagem – comentou Carlos, alheio ao clima de euforia reinante entre os presentes. – Ele não é exemplo de pessoa cordata, menos ainda de ser amistoso ou espirituoso em dias de crise. O que diz D. Diego quanto ao ânimo dos marinheiros?

Yusef encarou Carlos com falsa candura e fingida paciência ao responder:

– Nada fala, o que me leva a concluir que está muito bom o relacionamento do capitão com seus comandados. Sei que o companheiro Pizarro não é um exemplo de cavalheirismo e boa educação, suas boas maneiras são relíquias, preciosidades no seu comportamento. Isso já o colocou em dificuldades no passado, mas, felizmente, este não está sendo o caso, Sr. Almeida.

– Perdão, se o ofendi ou a outro membro da reunião, de alguma sorte. Desejo apenas ter a exata situação dessa viagem. Está me parecendo tudo tão fácil, que custo a crer nas dificuldades que enfrentamos antes. Há cerca de três anos sofremos sérias perdas naquela mesma região, todos estão lembrados do lamentável naufrágio e da perda do capitão Khalil. E, quanto ao temperamento de Pizarro, por Deus, quem de nós não o conhece o suficiente para saber que boa companhia, numa viagem tão longa e desgastante, ele não é. Assim, é fácil supor que as cartas podem conter omissões e não é de bom alvitre que cultivemos um sentimento de vitória precipitado.

Yusef enfureceu-se, mas notando que o ânimo dos companheiros após a última exposição de argumentos pendia para Carlos, pois muitos, a maioria, balançavam a cabeça e sussurravam com o parceiro ao lado, dando mostras de concordar com o aparte, acabou por respirar profundamente várias vezes, até recuperar o controle, e então propôs:

– Desejam a leitura minuciosa das cartas? Tenho-as em meu poder e poderemos marcar nova reunião para esse fim.

Carlos sorriu ao perceber a capitulação do mestre, encoberta por um gesto de tolerância e transparência. Pura falsidade, pois de antemão sabia que outra reunião para esse fim não ocorreria, o que de fato interessava era que, até o momento, a expedição não registrava prejuízo e caminhava regularmente.

Realmente, outro não foi o desfecho: um após outro, os cavaleiros da Ordem manifestaram-se, brevemente, no sentido de que não havia necessidade da leitura das inúmeras páginas, confiavam na palavra do mestre. Acabaram compondo a discussão em termos sem euforia exagerada nem desconfiança; aguardariam outras notícias e aí, sim, ao que tudo indicava, informando os eventos nas terras da Nova Espanha.

Os demais assuntos versavam sobre a administração do patrimônio e a revolta com a possibilidade de cobrança de dízimos para a Igreja sobre as propriedades da Ordem, tema polêmico que em geral exaltava os ânimos; e, obviamente, a situação política, com as freqüentes tentativas da Coroa de unificar as Ordens sob o comando dos reis.

Parados ao lado da pesada porta de acesso ao porão, Jesaías e Ephraim observavam a reunião, sob um ângulo maior do que os participantes encarnados. No entorno da grande mesa não só os cavaleiros encarnados se reuniam, mas também muitos dos seus antigos mestres e membros de diversos graus. Todos comungando dos mesmos interesses materiais, insuflavam idéias e pareciam exercer um domínio forte e real sobre membros encarnados. Era a perfeita comunhão de interesses, unindo mentes e rompendo as barreiras do tempo. Ali se reuníam, naquela estranha assembléia, desde antigos cruzados, cavaleiros templários, hospitalários, monges beneditinos, seculares e outros, ainda portando as insígnias das Ordens a que pertenceram, as quais, ao longo da história, somente mudavam o nome e a forma de operar os patrimônios saqueados que se avolumavam nas mãos de seus componentes.

Surpreso, Ephraim estampava no rosto um certo horror. Entendia, obviamente, o que estava sob seus olhos.

– Jesaías, o que é isto? Esses cavaleiros cruzados que vejo são desencarnados, é certo. Por que ainda se portam e agem como se fossem membros da Ordem? Não foram atendidos, não receberam amparo quando chegaram ao mundo espiritual? Como pode ser isto? Já se passaram tantos anos!

– Um quadro lamentável. Concordo com você. Venho aqui há muitos anos, entretanto essa situação me surpreende e me choca todas as vezes que a vejo.

Os olhos de Ephraim ainda estampavam a incredulidade e o pedido de respostas e esclarecimentos irradiava de seu ser por todas as formas de comunicação viável sem o uso das palavras, que pareciam lhe morrer no íntimo, Jesaías estendeu o braço sobre os ombros do companheiro e sorriu tristemente; depois, iniciou as primeiras informações:

– Esta é uma longa história, Ephraim. Você se envolveu com eles e, como muitos outros, conseguiu sair ileso da ação desses espíritos, desligou-se do centro do comando e, por conseqüência, se tornou um inútil para eles. Alguns outros lutam bravamente para se libertar; estamos estudando a possibilidade de transformar esses núcleos com a encarnação de novos membros, espíritos mais evoluídos, capazes de exercer uma direção salutar e auxiliar no saneamento desses ambientes. Mas essa é uma tarefa para muitos séculos. Os hábitos arraigados são difíceis de serem modificados e, em grupo, eles também acabam exercendo uma atração sobre pessoas que intimamente se assemelham ao conjunto, fortalecendo-o.

– Foi assim comigo. Reneguei valores que me haviam sido ensinados na infância, cultivados nas tradições familiares, pela ambição que carregava, e foi ela que me levou para a Ordem. Reforcei em mim e nos outros, naqueles tempos, valores que, depois, entendi serem vícios, excessos.

– Além de toda uma gama de afinidades viciosas que eles cultivam, em termos de hipocrisia, jogo de aparências – resquícios fortes de sua grande vinculação com a Igreja Romana –, há o sentimento de seita, de partidarismo, que dificulta o progresso. Naturalmente, a evolução das idéias é fruto de um trabalho lento, paciencioso, mas, em mentes perturbadas pelas noções de sectarismo, ela simplesmente emperra. Param no tempo, cultivando hábitos e tradições ultrapassadas, revivendo, sem o saberem, a experiência de muitos desencarnados que, imbuídos da noção sectária, mantêm-se fiéis, recusando a ajuda de qualquer outro "profano", como eles dizem. É a infeliz visão maniqueísta de um mundo dividido e em luta. Quando a vida é muito diferente disso, regida pela igualdade, pela liberdade e pelo progresso para todos, seguindo sua trajetória em harmonia com o Criador. Nós é que precisamos nos situar no universo e nos adequar às leis divinas, só assim cessará os inconvenientes das equivocadas ações humanas. Mas, meu amigo, a evolução das idéias é lenta e, aprendizes que todos somos, ainda erramos muitas vezes. Porém, o importante é não emperrar o andamento dela, como vemos aqui.

Ephraim, pensativo, analisava o quadro que tinha para observação. O debate político-religioso prosseguia fervoroso, acendendo paixões em ambos os planos da vida. Cavaleiros de dias remotos acompanhavam os acontecimentos da esfera física revoltados, julgando-se injustiçados, incompreendidos, desvalorizados pelos acontecimentos do presente, envolvendo a Ordem. Antigas dores ainda eram choradas e ouviam-se "ais" de todos os tipos, sinalizando que, naquelas criaturas, elas estavam bem vivas. Feridas do amor-próprio, suscetibilidades, arrogâncias e inteligências bélicas humilhadas clamavam o retorno da "honra" aos seus nomes. Ouvindo-os, Ephraim concluiu:

– Eles estão conscientes das suas condições de espíritos libertos da matéria. Entretanto, a compreensão do mundo espiritual não extrapola além dessa visão imediata.

– É a diferença entre os que somente possuem a informação do prosseguimento da vida daqueles que conquistam espiritualidade.

Pensando em seus antepassados, nas inúmeras lutas, narradas no Tora, do homem consigo mesmo, em busca da superação dos limites materiais, das conquistas de valores morais imorredouros, Epraim anuiu, sempre pensativo, falando depois em voz baixa as próprias conclusões:

– Ficam presos a interesses materiais, sinalizando que toda a sua vida interior se resume a eles. Não perceberam que efetivamente não possuímos senão aquilo que trouxemos conosco para este mundo. Devem ter chegado aqui de mãos vazias. Como tudo é proporcional aos nossos méritos, sendo tão vazios interiormente, miseráveis hão de ter sido as condições em que chegaram.

– Lamentáveis. Compararia a um viajante que carrega bagagem errada. Viaja para o inverno levando trajes de verão. Não lhe servem para nada, carregam muitos pesos inúteis – completou Jesaías. – Além do que, são as nossas boas ações, os sentimentos nobres que cultivamos, a nossa moeda de troca aqui. Os locais onde passamos a viver estão relacionados às afinidades que desenvolvemos. Além do mais, eles têm suas mentes presas a interesses materiais. Ainda não dominaram sequer satisfatoriamente a experiência com a matéria, pois não compreendem o elementar: que o homem realmente só possui de seu o que pode levar do mundo material, o restante é empréstimo temporário. Pertence ao mundo das formas físicas e fica com ele. Lógico, ao deixarem o corpo, não se julgaram bem e retornaram para o que os atrai. Iludem-se. São mentes transtornadas, que se recusam a conhecer a verdade.

Ephraim aceitou a explicação dada pelo amigo e, intimamente, abençoou os anos de privação e pobreza que experimentara na choupana, abençoou o velho Torá e as lições de espiritualidade que lhe haviam sido ensinadas na infância. Muitos anos depois, elas serviram de sustentação para que começasse a busca pessoal pelas coisas do espírito.

– Jesaías, o que podemos fazer para ajudá-los?

– Acompanhá-los com fé e paciência, até que mostrem sinais de aborrecimento da vida que estão levando. É sempre o melhor caminho. É quando estão dispostos a nos ouvir.

– Enquanto isso, não fazemos nada?

– Eventualmente, conversamos com um ou outro que se mostre receptivo; procuramos chamar a atenção, mostrando que existem muitas moradas que eles desconhecem.

– E quais assuntos podem ser tratados?

– Qualquer um, desde que os leve a pensar em algo além da matéria, que os faça pensar nas necessidades reais e nos excessos a que nos entregamos sem justificativas, que não o próprio vício, a falta de domínio no uso da matéria.

Um sorriso de contentamento iluminou o rosto de Ephraim.

– Confesso que um certo receio de não estar preparado para auxiliá-lo nesta tarefa me incomodava e nem a você eu contei. Mas agora me sinto capaz. Se é esse o trabalho, tenho anos de experiência.

Jesaías riu da admissão do medo de seu acompanhante e comentou:

– Por que pensa que lhe daríamos uma tarefa que não pudesse executar? A ninguém é pedido o que esteja além de suas forças. Você descobriu suas debilidades e exercitou-se no domínio delas quando estava no corpo físico, granjeou certa autoridade moral para falar do tema. Depois, você pertenceu à Ordem; muitos dos que estão presos a ela o conheceram, será mais fácil abordá-los.

– Esse era o único fato que eu tinha concluído como razão para estar aqui. Agora que descobri que posso dar um pouco mais, sinto-me melhor.

Jesaías o olhou amistosamente e nada falou, acreditava que as conquistas ao longo do trabalho seriam o melhor incentivo ao crescimento de Ephraim. "Que a natureza seguisse seu curso!", pensava ele, mantendo-se silente.

– Seria possível pedir-lhe mais um favor? – perguntou Ephraim.

– Diga-me, se estiver ao meu alcance, será um prazer.

– Gostaria de saber como está o jovem Diego.

– Quer ir encontrá-lo em alto-mar. Não será saudade dos tempos de navegador? – perguntou Jesaías, em tom de brincadeira.

Ephraim, compreendendo a intenção do amigo, sorriu e respondeu no mesmo tom:

– Talvez, mas desejo realmente rever Diego. Afeiçoei-me a ele, além do que é meu herdeiro, tenho que saber o que tem feito com os bens que lhe deixei.

– Promete não fugir de mim se não estiver do seu agrado o cuidado com sua herança?

Uma expressão solene, absolutamente fingida, tomou conta do rosto de Ephraim; o olhar brilhava alegre, denunciando não passar tudo de uma simples brincadeira entre amigos; corpo empertigado, posição de juramento, encarou Jesaías e falou:

– Juro!

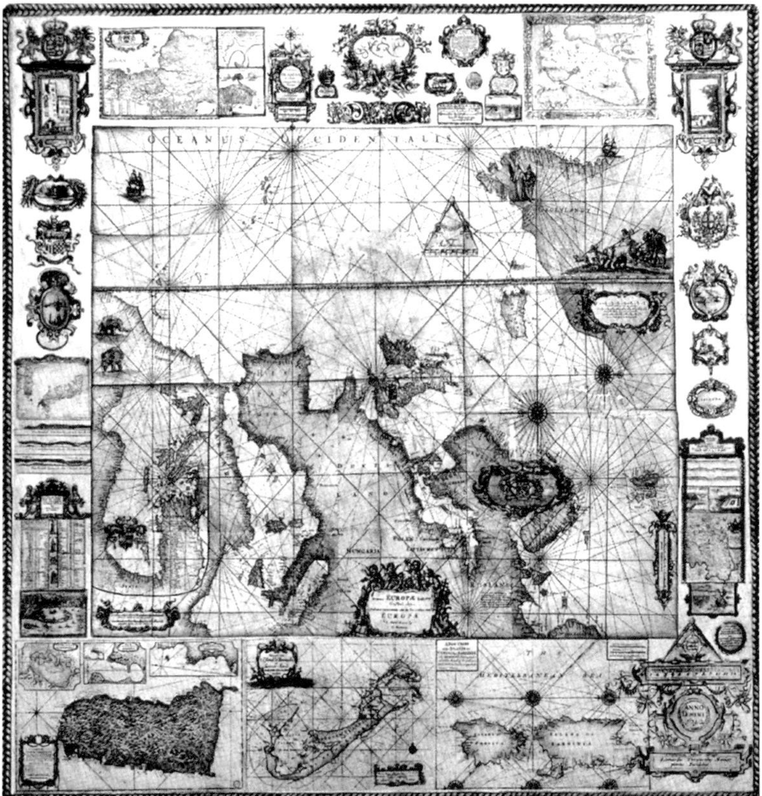

CAPÍTULO III

NOVAS PROFECIAS

"Visto que é útil que o futuro seja desconhecido, por que Deus, algumas vezes, permite a sua revelação? Ele permite quando esse conhecimento prévio deve facilitar a realização da coisa em lugar de dificultá-la, obrigando a agir de modo diverso do que se faria sem esse conhecimento. Aliás, freqüentemente, é uma prova. A perspectiva de um acontecimento pode despertar pensamentos mais ou menos bons; por exemplo, se um homem deve saber que receberá uma herança com a qual não conta, poderá ser solicitado por sentimento de cupidez, pela alegria de aumentar seus gozos terrestres, pelo desejo de possuir mais cedo, talvez desejando a morte daquele que deve deixar-lhe a fortuna. Ou, então, essa perspectiva despertará nele bons sentimentos e pensamentos generosos. Se a predição não se cumpre, é uma outra prova: a da maneira pela qual ele suportará a decepção. Mas não lhe será menor, por isso, o mérito ou o demérito dos pensamentos bons ou maus que a crença no acontecimento fez nele nascer."

(Allan Kardec. *O Livro dos Espíritos*, q. 870.)

Com a mente reorganizada pela intervenção dos amigos espirituais, Atipaj recobrou o ânimo para prosseguir suas atividades naquela tarde. O povo vinha de diversas cidades e ayllus, avolumando-se na capital em busca de abrigo, proteção e alimento. Acorriam ao templo, em grande número, pessoas ansiosas por conforto e esperança.

Após a conversa com Kuchikuchi e a estranha mulher, que lhe era desconhecida, o sacerdote encontrara as palavras que antes lhe faltavam, entendera que era preciso agir tal qual haviam feito com ele: ouvir, mostrar-se interessado em saber o que aflige, auxiliar a pensar de uma maneira mais serena e equilibrada. Gratificado, encerrava aquele dia certo de que conseguira aliviar muitas pessoas e a si mesmo, ainda que ouvindo, espantado, os horrores que as batalhas espalhavam; não sentira o ímpeto guerreiro, agressivo, em si, conseguira manter-se em paz. Não entrara na guerra.

Agora era hora de preparar-se para o encontro solicitado pelo Inca. Não havia como evitar as visitas ao palácio dos soberanos, mesmo que seu coração sofresse em parte e em parte se alegrasse na companhia de Naira, que se tornara muito próxima da Coya. Os desvelos maternais da accla com Loma Tika[1] só o faziam lembrar que ela era uma mulher; a consagração ao serviço de Inty e dos deuses não tinha o poder de transformá-la, nem em essência, nem a seus olhos. Mas as crenças e a organização social do império inca lhe ensinavam obediência às normas, e, depois de muitas madrugadas passadas em claro, fora forçado a reconhecer que dela nunca receberia mais do que uma carinhosa amizade. Lutava para arrancar do íntimo a paixão pela sacerdotisa.

Em seus aposentos, com o auxílio de um jovem aprendiz, preparou-se, trocou as vestes e, tão logo informado que a liteira estava pronta, partiu em direção ao palácio.

Lá, o cansaço era grande e visível em cada rosto, porém, a ati-

[1] "Flor do cerro" – nm.

vidade ainda era intensa. Na sala do trono, desde o acirramento das lutas, o povo era atendido o dia inteiro e não mais só pela manhã; ainda restavam inúmeras pessoas. Naira e Kusisa se revesavam ao lado da Coya, atendendo a população, em sua grande maioria mulheres, trazendo crianças pela mão ou no colo, sujas, feridas, famintas. O choro enchia o ar.

Lawra insistira em dar atenção pessoalmente ao seu povo, e Atipaj podia naquele instante verificar o acerto da medida. Um toque, um olhar, as palavras que dirigia ao povo, mesmo falando através de um intérprete – Naira ou Kusisa –, conforme determinava a tradição, causavam impressionante reação de satisfação, de aceitação nas pessoas. Algo como uma casa em rebuliço, com crianças correndo e chorando, onde o simples som da voz da mãe já faz mudar o tom e, com poucas palavras e alguns gestos de carinho, se acalmam.

A soberana era a grande mãe da nação. Era a filha dileta da deusa. Sua ascendência sobre o povo, que a cada dia a idolatrava mais, era inegável. Uma força humana e política que Athaualpa, em sua arrogância de guerreiro, desconhecia, e Huáscar, em sua cegueira apaixonada e ciumenta, nem sequer percebia. Manco, entretanto, estava atento. Amava a irmã e, tal como o povo, a tinha na conta de uma deusa real. Revoltava-se profundamente com as atitudes de Huáscar; estava se tornando difícil ocultar a oposição pessoal ao governo do irmão.

Chefiando um grupo de guerreiros, passara a dar apoio direto às atividades assistenciais da Coya e à sua segurança. De forma desonesta, os homens de Athaualpa incendiavam tambos, reduzindo os estoques de alimento do povo. Ao se verificarem as primeiras ocorrências dessa prática, Manco abandonara as batalhas, requisitara ao Inca e a Kallpa um grupo de guerreiros e propusera-se a guarnecer as provisões do império. Nessa tarefa, colocara-se lado a lado da irmã, participando ativamente no socorro ao povo. Muitos locais de armazenamento de provisões se transformaram em habitações coletivas; os guerreiros, além de protegerem os meios de subsistência, organizavam mutirões para reconstrução das ayllus e velhos voltavam ao trabalho ao lado das mulheres, contrariando os costumes da nação.

Vendo a um canto do grande salão, analisando um quipus[2] que lhe trazia um servidor do império, Atipaj observou que Manco desabrochara, mostrava toda a sua capacidade de liderança e inteligência administrativa. Graças aos esforços dele, os horrores da fome estavam controlados, o racionamento e os esforços de recuperação davam certa tranqüilidade e garantiam o trabalho da soberana. As queimas de tambos e a destruição do rebanho estavam impedidas; as táticas militares de Manco mostravam-se eficazes. O sacerdote sorriu e correu o olhar pelo salão, deparando-se com Naira ao lado da Coya, expressão cansada, mas um sorriso no rosto e o olhar brilhante. Sentada aos seus pés, a pequena Loma Tika, usando o mesmo penteado e roupas da sua protetora, bocejava dando mostras de cansaço, mas mantinha-se quieta.

A ausência de Huáscar agora tinha justificativa: resolvera partir para visitar os acampamentos do exército na companhia de Kallpa. Kara[3] era o responsável pela guarnição de Cuzco; procurando-o com o olhar, surpreendeu-se ao vê-lo conversando com um amauta[4] alto e forte.

– Mestre Wanka?! – reconheceu Atipaj e, com uma alegria inusitada naqueles dias, dirigiu-se para onde eles se encontravam.

Aproximando-se da dupla, o sacerdote pôde ouvir que falavam sobre a segurança da capital. Wanka, atento, fazia indagações e

---

[2] Livro utilizado para o registro de estatísticas, como os levantamentos censitários. Eram cordões ou bastões com fios de comprimentos e cores variados, nos quais faziam-se nós de diversos tipos. Funcionários chamados de mantenedores dos quipos registravam e "liam" os dados, que incluíam números de base 10, divididos em partes decimais: milhar, centena e dezena. Também eram usados como auxiliares para rememorar as histórias recitadas – nm.

[3] "Pelado" – nm.

[4] "Mestre" – nm.

ponderações que Kara, a julgar por sua expressão, considerava bastante pertinentes e interessantes. Ignorando, contudo, a seriedade do assunto que tratavam, Atipaj acercou-se do amauta e, colocando-se a seu lado, logo lhe tocava o braço, interrompendo o diálogo e chamando a atenção sobre si.

– Atipaj! – exclamou Wanka com o olhar brilhante, ao reconhecer o antigo aprendiz, abraçando-o carinhosamente.

– Mestre Wanka, o que faz na capital em meio a todo esse tumulto? Por que abdicou da paz e do sossego da cidade sagrada?

– Ele não resistiu a permanecer na paz e nas alturas dos picos enquanto aqui há tanto por fazer neste momento – comentou Kara, antecipando-se à resposta do interpelado. – Nosso amauta volta às lutas de Cuzco, sacerdote Atipaj.

– Kara tem razão – concordou Wanka. – Não consegui ficar isolado em nosso refúgio sabendo que, em Cuzco, amigos estão enfrentando dificuldades.

O rosto de Atipaj tornou-se sombrio e grave, lembrando seus longos dias no templo, a atender o povo, e retomando a consciência do local em que se encontrava, das inúmeras mães e esposas em sofrimento que ali se reuniam.

– Tristes e grandes dificuldades, mestre – reforçou Atipaj e, com um gesto, apontou a longa fila à frente da Coya.

Notando o ar de desalento em Atipaj, Wanka sorriu e falou, com entonação esperançosa:

– Confio que todos os problemas são desafios para ampliarmos nossas capacidades. Quando tudo chegar ao fim, seremos seres humanos melhores, teremos nos aperfeiçoado e, por conseqüência, aperfeiçoado nossa organização social. Vamos encarar a dificuldade como uma boa oportunidade de crescimento.

Atipaj retribuiu o sorriso do amauta, ouviu suas palavras recordando a lição dos antepassados. Voltando o olhar para a soberana, o sacerdote comentou:

– Nossa deusa-mulher é maravilhosa, digna da divindade.

Admiro o carinho e a paciência com que executa seu trabalho, o qual, aliás, realiza fora de suas obrigações para com o império.

– Desde menina Lawra demonstrava o bom espírito que é. Era sempre a contemporizadora, a mais interessada, mesmo sabendo que seria rainha, até o último momento antes de unir-se a Ninam; vivia junto e em igualdade de condições com as demais princesas – recordou Wanka. – Neste momento problemático, ela dá mostras da superioridade de seus sentimentos, do quanto pode alguém movido pelo amor.

– Já nosso príncipe rebelde dá mostras do quanto faz alguém que não honra os valores do império – interveio Kara, em tom de tristeza.

– Voltando ao começo – propôs Atipaj dirigindo-se a Wanka e preferindo não incentivar o tema "Athaualpa e suas atrocidades", que lhe tirava a paz a custo adquirida –, quanto tempo ficará conosco? Veio realmente só para apresentar-se ao trabalho do império?

– Ficarei o tempo necessário e, sim, a razão de estar na capital é apenas fornecer mais pés, braços e cabeça a serviço do Tahuantinsuyo.

Atipaj sorriu satisfeito e, envolvendo Kara na conversação, ali permaneceram até a última pessoa ser atendida. Envoltos nas discussões acaloradas daqueles dias, não perceberam o tempo passar; apenas quando, no silêncio do grande salão, ecoou a voz cariciosa de Naira, trocando idéias e informações com a soberana, notaram o fim dos atendimentos.

– Está cansada, Coya? Deseja que mandemos preparar algo especial para a sua refeição?

– Não, Naira, não é preciso. Fome é o que não sinto, nosso povo é que a tem sentido – lamentou Lawra, desanimada.

– É temporário, Coya. Novas colheitas virão, essa luta terá fim. Pachamama, generosa, nos dará fartura novamente. Precisamos ter fé e esperança.

– Passei o dia angustiada, Naira.

– Para nós, que a conhecemos, foi visível que não estava bem – comentou Naira. – Gostaria de contar as razões da sua angústia?

– Falarei na hora oportuna, Naira. Agora, peça que nos tragam chicha, água, frutas. Sinto apenas sede e meu corpo não aceitaria bem alimento mais pesado que frutas. Que tragam para todos que se encontram no salão, quero que compartilhem comigo. Depois os chame para se aproximarem, tenho que lhes falar.

Recostando-se sobre o trono, algumas servidoras correram a abaná-la, compadecidas de sua expressão abatida. Algumas murmuravam frases de incentivo ou preces a Mama Quilla por sua dileta filha. Um sorriso agradecido e débil esboçou-se no rosto da soberana, ao notar a movimentação das servidoras; voltou o olhar para Naira e falou:

– Somente os chame – fez um gesto comedido com a mão, apontando os homens reunidos no canto do salão – depois que chegarem os alimentos e a bebida. Quero ficar só e em silêncio por alguns minutos.

– Devo dispensar as servidoras, Coya?

– Não, Naira, deixe-as. Elas não me incomodam. São boas jovens, preocupam-se comigo. Agora, vá.

Naira, atendendo à ordem da soberana, curvou-se em reverência e afastou-se do elevado em que ficava o trono real. Aproximou-se de Loma Tika, que lutava bravamente com o sono e estava por ser vencida e ergueu a menina, que, tal como ela, era de estatura pequena, esbelta, delicada. Vendo que ela não conseguiria manter-se de pé, tomou-a nos braços; a cabeça da menina apoiou-se em seu ombro e a accla beijou-lhe os cabelos, falando palavras suaves e carinhosas ao ouvido da menina, que lhe respondia com monossílabos e voz sonolenta. Com passos lentos, Naira afastou-se do salão tomando um dos muitos corredores do palácio.

O som da voz da accla chamara a atenção de Atipaj, que passara a acompanhar cada um dos movimentos dela com olhar brilhante, tornando-se alheio à conversa que mantinha com os demais.

Também Wanka notara a movimentação, acompanhando as atitudes de Naira; sorrira ao vê-la recolher Loma Tika, uma cena tão comum, usual, mas que demonstrava toda a ternura que a accla carregava na alma e, aos olhos do mestre, a tornava ainda mais bela e digna de seu amor.

Entretanto, a percepção daquele momento era diferente em cada um deles; Atipaj vira a solicitude da mulher; Wanka, a ternura, a força dos sentimentos do espírito.

Kara, observando que seus acompanhantes não ouviam suas palavras, ou se as ouviam era com interesse secundário, voltou o olhar na direção em que eles também olhavam e comentou:

– Mamacomas Kusisa é muito sensível, soube muito bem escolher sua auxiliar. A accla Naira tem sido uma ajuda inestimável a Coya e a todo o nosso povo, neste momento de luta. As maiores atrocidades relatadas pelo povo parecem não ter poder para chocá-la. É como se conhecesse cada evento antecipadamente; está disposta a ajudar e consolar o povo. Nossas melhores tradições, quanto às sacerdotisas do sol, estarão resguardadas sob a direção da accla, quando se tornar uma Mamacomas.

Wanka voltou o olhar para o chefe Kara e respondeu:

– Viracocha nunca se engana, Kara, nem dá tarefas que não possam ser cumpridas. Se casos existem de pessoas estarem em locais e desempenhando funções indevidamente, é porque os homens erraram, renegaram os pendores que lhe apontavam a natureza. Naira ama sua função, realiza-se com ela. E sabe que o dever cumprido é o guardião da paz da consciência.

Atipaj, voltando a atenção ao diálogo dos companheiros, após o desaparecimento da accla pelos corredores iluminados por tochas, a tempo de registrar o comentário de Wanka, balançou a cabeça, concordando.

No outro lado da sala, Manco desembaraçava-se dos últimos homens sob seu comando, que partiam com ordens de inspecionar as regiões mais afastadas, acompanhando os trabalhos de reconstrução e plantio de culturas alternativas às dizimadas. Finalmente livre, lançou um olhar à irmã e, notando-a recostada, olhos fechados, faces pálidas contrastando com o negro dos cabelos e da maquiagem sob os olhos, compadeceu-se dela.

Lawra está no limite de suas forças – pensava ele, analisando-a. – Huáscar é um inútil, um idiota que não sabe realmente reconhecer a superioridade dela. Presta apenas para conviver com mulheres vulgares como Wayna, nunca com uma deusa.

Sentindo-se observada, Lawra abriu os olhos observando o salão até deparar-se com Manco, certa de que era ele a notá-la. Sorriu para o irmão, feliz com a atenção e o afeto que vira refletidos na expressão do seu olhar; recostando-se novamente, tornou a fechar os olhos. Manco, compreendendo que ela desejava descansar, abandonou a idéia de sentar-se a seu lado e encaminhou-se para onde se encontravam Wanka, Atipaj e Kara.

Alguns minutos depois, servidores atendiam ao pedido da Coya, oferecendo alimentos e bebida aos presentes. Enquanto todos comiam e bebiam, Naira regressava ao salão acompanhada de Thaluqui[5].

Observando a execução das ordens recebidas da soberana Naira, dirigiu-se juntamente com o Apos para o lado do trono onde se recostava Lawra e gentilmente chamou:

– Coya Lawra. Todas as suas determinações estão sendo cumpridas. Posso chamar os demais para que se aproximem?

Lawra abriu os olhos, encarou a accla, depois correu o olhar em torno, conferindo a exatidão das informações e constatando a presença do conselheiro Thaluqui, a quem agraciou com um sorriso; estendeu a mão, chamando-o a se aproximar.

– Como está, minha Coya? – indagou o conselheiro, ternamente. – Vejo linhas de cansaço no seu belo rosto.

– Há trabalho a ser feito, Apos. Não tenho oportunidade de preocupar-me com meu belo rosto. O povo precisa da Coya, e Mama Quilla confia seus filhos a mim, não posso decepcioná-los.

---

[5] "Duro" – nm.

É o momento de recordar e usar todas as informações que me deram ao longo dos anos.

– Se me permite, Coya, gostaria de dizer-lhe que, segundo minha impressão, nenhuma das informações foi esquecida. Ao contrário, acompanhando seu incansável trabalho nestes tempos de crise, afianço-lhe que, ao longo dos meus muitos anos sobre a Terra a serviço do Tahuantinsuyo, não houve outra soberana igual. És a maior e a melhor dentre as que conheci. É com justiça que o povo a idolatra. Mama Quilla há de abençoá-la em todos os instantes de seus dias.

Lawra sorriu ao ouvir as expressões de estímulo do velho amigo e deixou ficar suas mãos entre as de Thaluqui. Muitas das regras tradicionais e formalidades do império ela quebrara em particular, especialmente naqueles dias conturbados, quando o carinho e a compreensão dos amigos eram-lhe vitais.

Naira andou por entre os poucos grupos remanescentes em atividade no salão, convocando-os a se reunirem a Coya.

Devidamente assentados, os principais auxiliares do império aguardavam o pronunciamento da soberana em respeitoso silêncio.

– Deseja que continue a servir-lhe de intérprete? – perguntou Naira, aproximando-se da soberana.

– Não, Naira, não se fará necessário. Todos aqui têm permissão para se dirigirem diretamente a mim. Estamos atarefados e cansados demais para despendermos energia com cerimônias. Vá sentar-se junto a Mamacomas.

Baixando a cabeça, Naira assentiu; sentia-se desconfortável na função de intérprete, especialmente quando os presentes à audiência eram pessoas que gozavam da intimidade do palácio.

– Meus irmãos e auxiliares diletos, vivemos dias sem precedentes na história milenar de nossos povos e na história do Tahuantinsuyo; por isso, se impõem algumas mudanças, e uma delas é a quebra das normas protocolares nesta reunião. Ficam todos autorizados a me dirigirem diretamente a palavra.

Os olhares fixaram-se atentos nas feições harmônicas e agradáveis da bela soberana.

– Chamei-os para compartilhar uma aflição e para ouvir suas idéias, a fim de que possamos avaliar ponderadamente o fato – prosseguiu Lawra. – Esta noite, no pouco tempo que descansei da madrugada ao amanhecer, tive um estranho sonho. Encontrava-me em meus aposentos quando, para minha surpresa, sem saber como ou de onde, adentraram meu pai Huyna Cápac[6] e meu adorado esposo Ninan[7] e tomaram-me pela mão, fazendo-me sentar no leito; coisa rara, meus aposentos estavam vazios, não havia nenhum guarda, nenhuma servidora, ninguém, somente nós três. Falamos sobre as dificuldades ocorridas após as mortes deles; consolaram-me, reiteraram-me seu amor e confiança, mas disseram-me que estivesse preparada, porque novos episódios viriam abalar ainda mais o império. Claramente me informaram que a vida de Huáscar corre perigo, assim como a minha, e por isso me orientavam a partir para a cidade sagrada e permanecer junto às acclas do sol, levando comigo membros da realeza e servidores. Como podem deduzir, isso me deixou muito preocupada e dividida, pois há todo um trabalho que estamos realizando, importantíssimo para o nosso povo, que restaria prejudicado em atendendo a essa intervenção de nossos antepassados. Por outro lado, não posso ignorar o acontecido. Razão que me faz trazê-lo à discussão com vocês, meus auxiliares e conselheiros.

Thaluqui esfregava as mãos nervosamente, lutando para entender e aceitar as dificuldades daqueles dias. Custava a crer numa derrota das forças do império para o grupo rebelde. Mas, ante as novas evidências da intervenção dos antepassados, dando a conhecer suas preocupações, entendia bastante bem o dilema da soberana.

[6] Foi imperador do Tahuantinsuyo de 1493 até sua morte, em uma epidemia de varíola, em 1527. Com ele, o império inca alcançou sua maior extensão geográfica, apesar de uma série de rebeliões, sufocadas com dificuldade, interrompidas em seu governo – nm.

[7] Era o herdeiro legítimo do império inca, mas morreu alguns dias após Huyna Cápac, pela mesma doença, antes de poder assumir seu reinado – nm.

Atipaj mantinha a serenidade e pensava nas palavras de Lawra, assim como Manco, que demonstrava maior preocupação apenas pela súbita palidez das faces, ao ouvir as colocações da irmã.

Naira recordava as visões com homens estranhos, misturando-se a fragmentos de lembranças de conversas com a amorável Sariri[8]. Cenas da visita, em espírito, às terras desconhecidas onde viviam aqueles homens estranhos lhe acorreram espontaneamente e, com elas, algumas explicações do próprio Wanka e da avó.

Os demais entreolhavam-se, calados, semblantes preocupados, olhares cheios de indagações não respondidas.

Wanka foi o primeiro a dirigir-se a Lawra, questionando:

– Por certo a Coya meditou sobre esse fato, ouviu seus sentimentos. O que lhe diz seu íntimo? Deve ou não seguir a orientação dos antepassados?

– Querido amauta, quisera ter tido tempo maior para fazer o que me recomenda; nestes últimos meses, minhas decisões têm obedecido a um caráter de urgência cada dia maior.

– Ainda assim pensou sobre o tema. Não precisamos nos lançar dias e dias ininterruptos em prática contemplativa para tomarmos contato com a parcela mais profunda de nosso ser. A natureza é rápida, a consciência é de acesso simples. Sei que a Coya, desde menina, sempre teve facilidade em ouvi-la. Insisto, com todo o respeito, na pergunta.

– Concordo com mestre Wanka, Coya Lawra – interveio Thaluqui, entendendo a importância do pedido. – Diga-nos o que sente e o que lhe diz sua consciência.

Um burburinho de outras vozes se ergueu referendando o pedido e Atipaj rematou:

– Creia, Coya, ao fazer esse pedido, não estamos nos eximindo de partilhar essa decisão consigo, mas pretendemos buscar caminhos juntos. Sem que uns não ditem a outro o que deva fazer.

[8] "O que continua" – nm.

– Tenho medo. Essa é a verdade. Temo tomar a decisão de ficar ajudando o povo e depois descobrir que troquei um alívio temporário por uma tortura maior, entendem? Temo partir, deixar meu povo abruptamente, falhar nos meus deveres de proteção – desabafou a Coya. – Apesar disso, sei e sinto que nossos antepassados, tão queridos para mim, não vieram me enganar, que sua visita foi real e significativa.

– Muito bem, agora temos bases firmes, Coya Lawra – tornou Wanka, calmamente. – Por que não traçamos planos que nos permitam conciliar esses temores? À medida que conhecer cada ameaça, o medo cessará e tomará a escolha consciente.

– Tem alguma idéia de como fazer essa conciliação, amauta? – indagou a soberana.

– Eu tenho – apartou Manco, falando com firmeza.

– Fale, meu irmão – ordenou Lawra, mantendo os olhos cravados no príncipe.

– Minha idéia é simples e prática, Coya – respondeu Manco. – Se resume ao seguinte: deslocaremos um guerreiro, que nos servirá como mensageiro, analisará a situação do local para onde segue o inca Huáscar e virá nos relatar com presteza. Enquanto aguardamos, começamos a informar ao povo que sua Coya se ausentará para fazer oferendas aos deuses, pedindo a volta da paz. Todos sabem que há locais secretos para muitos rituais. A orientação de nosso pai foi clara, deverás ir para a cidade sagrada, abandonar a capital. A existência da cidade no alto dos velhos picos é secreta. Nenhum dos que participaram de sua construção retornou de lá, salvo mestre Wanka. O povo a ignora, somente nós e mais alguns altos servidores do império a conhecem e, mesmo assim, nem todos sabem como chegar ou sair, não conhecem as trilhas. Penso que deva ir para lá escoltada e em segurança. O trabalho não precisa parar na sua ausência, pode ser delegado a outras pessoas. O povo receberá o auxílio material imediato de que necessita e estará confortado ao saber que a Coya busca, implora, a proteção dos deuses em seu favor.

– Excelente idéia – aprovou Wanka. – Candidato-me à tarefa de escoltar a Coya à cidade sagrada.

– Eu mantenho os trabalhos de assistência ao povo – prontificou-se Kusisa. – Creio mesmo ser boa a idéia de retirar-se para pedir maior ação aos deuses. Lá, nos locais sagrados das alturas, seus sacrifícios estarão mais próximos de Inty e Mama Quilla. Pedirei às demais Mamacomas das sacerdotisas que se aliem a esse procedimento, reforçando orações e oferendas aos deuses do império, acompanhando as ações da Coya.

– Perfeito plano – elogiou Thaluqui. – Aliás, seu trabalho tem sido imprescindível ao bem-estar do povo, Manco. Apóio a idéia.

– Infelizmente, as notícias que chegam a Cuzco sobre as batalhas continuam preocupantes; apesar de nossa superioridade numérica, as lutas têm sido ferozes e os meios empregados por Athaualpa não podem ser considerados apropriados ou corretos. Não há registro histórico de procedimentos iguais. Fala-se nas tropas, inclusive, que Athaualpa sofre influência de um estrangeiro que vive no litoral e que são dessa pessoa as idéias absurdas de queimar comida e plantações – relatou Kara. – Evitei falar sobre essas informações, mas é bom que tenham conhecimento, já que são elas que estão assustando o povo. Preservar a Coya Lawra é uma medida necessária, também se considerando a eventualidade de Athaualpa tomar o poder. O povo a ama, Coya, e a obedecerá muito mais que a um líder guerreiro e usurpador. Na hipótese de reorganizarmos uma retomada do império, sua figura será valiosa, Coya Lawra.

A última colocação do chefe militar convenceu a soberana, mais que todas as outras reunidas. Aí residia a importância da intervenção dos antepassados.

– Partirei amanhã, logo ao amanhecer. Preparem tudo – determinou Lawra.

– Mas, então, não despacharemos o mensageiro? – indagou Manco.

[9] "Com honra" – nm.

– Acredito que seja desnecessário, Manco Yupanki[9]; tenho informantes que chegam diariamente, trazendo notícias das forças imperiais nos quatro cantos do Tahuantinsuyo. Logo cedo teremos notícias recentes – informou Kara.

Manco voltou-se preocupado em direção a Lawra e propôs:

– Viaje incógnita, minha irmã. Que ninguém a veja sair da capital e se faça tudo para não levantar suspeitas.

– Justa proposição. Como não houve manifestações contrárias, creio que foi aprovado que eu conduza a Coya à cidade sagrada – aparteou Wanka. – Para tornar inquestionável a partida da Coya, acredito que se deva fazer acompanhar do sacerdote Atipaj – pelas altas funções que exerce no império – e pela accla Naira, que a tem servido diretamente ao longo desses meses. Se eles ficarem em Cuzco haverá suspeitas justificadas e balbúrdia no meio do povo. Quanto a viajarmos incógnitos, entendo que seja sem aparato oficial, é boa medida. Penso em seguir pelas trilhas dos sacerdotes, as menos conhecidas do império, portanto, as mais pacíficas nestes dias. Acredito que estaremos seguros.

Kara balançou a cabeça em concordância e Thaluqui também. Naira e Atipaj se olhavam, cada qual recordando elementos de suas visões, mas sentindo que seus destinos se uniam na defesa de valores maiores que quaisquer interesses pessoais. Era o dever a convocá-los à renúncia de planos de satisfação meramente pessoal.

Na consciência de Naira ecoava a lembrança das inúmeras vezes em que fora alertada de seu papel de guardiã das tradições do povo e da paz. Questionava-se, naquela reunião em que estranho mutismo a acometera, se aqueles eram realmente os últimos dias do grande império. A consciência dessa realidade, da proximidade desse fato que julgava e desejava estar em dias futuros muito distantes, a perturbava e entristecia.

Atipaj só conseguia atinar com as cenas em que se via fugindo, conduzindo pessoas, embrenhando-se nas matas acompanhado de Naira.

Os demais concordaram com as colocações do amauta e Lawra encerrou a reunião com palavras emocionadas, prometendo retornar a Cuzco e determinando que fossem tomadas as providências. Aquela foi uma noite insone e atarefada no palácio real.

As estrelas da madrugada mal despontavam no firmamento. Cuzco, adormecida, era silenciosa e nem de longe lembrava que o império estava em guerra. O sono acalmava as dores de seus moradores e dos novos habitantes, que vinham tangidos pela necessidade.

Pela trilha dos sacerdotes se afastava pequena e simples comitiva.

***

Sentado ao lado da porta da tosca cabana, Chinkasqa amolava, em uma pedra, facas e lanças que usava para prover de alimento animal a sua despensa.

Mesmo envolvido pelo trabalho, vez ou outra lançava o olhar ao oceano que se abria a sua frente e sondava o horizonte à espera de ver velas e bandeiras européias navegando pelo Pacífico Sul. Cada dia se tornava para ele uma luta de sobrevivência, não por dificuldades de subsistência material, já que tinha o necessário, mas de sobrevivência moral. Não suportava mais o quase total isolamento em que vivia; salvo os homens de Athaualpa e alguns membros da ayllu próxima, não convivia com mais ninguém.

Faltava-lhe estímulo, objetivos, negara-se a se integrar à vida dos nativos, agarrando-se ao sonho de ser resgatado. Optara por tornar-se uma figura estranha entre aquelas pessoas de índole receptiva e aberta. Recusara todos os convites para participar de cerimônias, festividades e, assim, ir se aculturando entre eles; preferira o isolamento, que agora lhe cobrava o preço da solidão, obrigando-o a lutar sozinho com o desespero que ameaçava tomar conta de sua alma, apresentando-lhe um futuro sombrio e triste, vivendo naquela choupana à beira-mar, distante do seu povo e do seu país.

Muitos dias passava sem ouvir o som da própria voz; então, cansado, começava a falar alto sozinho ou com uma lhama que lhe fora doada, com cria. Em muitas ocasiões, acreditava que o dócil animal de meigos olhos redondos entendia o que lhe era dito.

Era uma fêmea; não lhe dera nome, chamava-a lhama, simplesmente.

De início tratara o animal com indiferença e desprezo, por ser diferente dos outros que conhecia, até que notou a grande utilidade e docilidade dela. Fora a lhama que se aproximara dele, e não o contrário. Crendo que o animal produzia leite para consumo humano, fazia com ela o mesmo que vira fazer nas cocheiras da Espanha com as vacas: amarrava-lhe as patas traseiras antes de ordenhá-la.

O pobre animal, que nunca havia passado por essa situação, olhava espantada seus membros serem atados como se ela fosse agredir o homem ao seu lado. Estava habituada à mão carinhosa das lhameiras, a viver solta e alegremente entre seu rebanho, estranhava os novos cuidados. Emitia balido triste, desejando chamar atenção para o fato de que não precisava ser assim, mantinha-se quieta enquanto era ordenhada, não era ameaça. Porém, negava-lhe o leite; ele, desajeitadamente, apascentava-a, imitando os camponeses espanhóis, mas a lhama retinha o líquido, que dava exclusivamente a seu filhote.

Ele insistiu no rude tratamento; então, a lhama começou a acariciá-lo com o longo pescoço, esfregando o focinho em suas mãos e pernas, quando ele se aproximava. Em um caso de inversão digno de nota, o animal domesticou o dono, estabelecendo uma relação sem violência entre eles.

Agora, a lhama era quem o ouvia quando se cansava de manter o silêncio; conhecia toda a sua história e embora não a compreendesse, era a sua confidente. Ele fora alertado por uma menina nativa que, apavorada, o observara certo dia tratar daquela forma o animal e viera indagar as razões, informando-lhe que as lhamas davam o leite a seus filhotes e os homens não deviam bebê-lo. Só aí ele deixara de importunar a lhama, entendendo que ela servia para transportar carga de pouco peso e para fornecimento de lã.

Depois de vasculhar as ondas, constatando a inexistência de qualquer embarcação de grande porte – apenas canoas dos nativos pescadores enfrentavam o mar – notou a areia da praia e percebeu a aproximação de um adolescente, que reconhecia como o mensageiro de Athaualpa. Logo ele se aproximou e o saudou, falando rapidamente em quíchua e obrigando Chinkasqa a prestar a máxima atenção a fim de compreender o teor da mensagem.

Quando o jovem silenciou, ele coçou a barba crescida e, pensando, contemplou as pontas de lança que amolava.

O mensageiro trazia notícias de que Athaulpa empregara os conselhos que lhe havia dado e tivera grande resultado. Seus ataques aos tambos e plantações obrigavam o império a dividir forças e, assim, sua tropa reduzida entrava em batalhas com pouca desvantagem numérica em relação ao exército imperial; relatava estar próximo à capital e que desejava invadí-la, pois sabia que o Inca saíra para passar suas tropas em revista, elevando-lhes o moral.

– Que situação! – falou Chinkasqa em espanhol, para não ser entendido pelo mensageiro, que olhava a lhama. – Veja só! Eu, um cavaleiro da Ordem, capitão de embarcações, agora sou conselheiro de uma guerra entre selvagens, que nem ao menos conhecem a pólvora, ainda lutam com lanças, arcos, flechas e escudos. Santo Cristo! Nem cavalos eles têm!

Voltando-se para o rapaz que o observava de canto de olho, espantado ao ouvir os sons da língua desconhecida, falou:

– Diga a Athaualpa que prenda o Inca e entre na capital ostentando-o como prêmio de guerra. Como se faz para extrair mel de uma colméia – orientou Chinkasqa, falando pausadamente em quíchua para fazer-se entender.

– Algo mais, Chinkasqa?

– Não.

– Nosso líder manda dizer que deseja recompensá-lo quando assumir o poder e quer você como seu conselheiro.

– É ironia demais! – falou Chinkasqa em espanhol. – Eu, conselheiro do império que desejo conquistar e saquear. Não! Definitivamente, esse lugar não existe!

Voltando a atenção ao rapaz, olhou-o e respondeu na língua nativa:

– Agradeço-lhe, mas diga que primeiro ele precisa ser o Inca, depois poderá convidar conselheiros.

Um amplo sorriso de confiança se estampou no rosto magro do jovem, ao afirmar:

– Athaualpa é o Inca.

Chinkasqa o olhou, descrente do que a vida lhe ofertava naqueles dias, vivendo como náufrago, desterrado, em meio aos nativos daquele estranho povo. Nada adiantaria dizer ao confiante mensageiro, como alertá-lo que uma guerra se fazia de muitas etapas e que a vitória nunca era certa. Acabou por despachá-lo, despedindo-se e mandando-o rapidamente ao encontro de seu líder com a mensagem. Afinal, a distância da pequena ayllu litorânea até a capital era grande, demandava longa caminhada. Naquele espaço de tempo, tudo poderia mudar no campo de batalha e os conselhos se tornarem inúteis.

***

Latidos insistentes e a agitação repentina de Companheiro atraíram a atenção de Diego, que, aproveitando a calma que reinava na embarcação, se entregava a regularizar os escritos do diário da expedição. Lançou um olhar ao cão e surpreendeu-se em vê-lo pôr-se de pé, com a cabeça erguida, balançando a peluda cauda alegremente e com o olhar fixo no centro da pequena cabine, numa atitude típica dos cachorros ao recepcionarem alguém amigo.

– Que houve, Companheiro? – perguntou Diego. – Por que toda essa agitação? Será que o mar também está enlouquecendo você? Deite-se.

Ignorando o comando recebido, Companheiro aproximou-se da cadeira onde Diego estava sentado, intrometendo o focinho frio entre o cotovelo e a coxa do dono, apoiando a cabeça negra em seu colo, lançando-lhe olhares alegres e ansiosos, ao mesmo tempo, como alguém que tem uma boa notícia a dar a um estrangeiro cujo idioma não domina, então se agita, gesticula, usa de todas as formas que conhece para fazer-se entendido, angustia-se por não ser entendido e mesmo assim quer falar, explicar, expressar-se e ser compreendido.

O cão latia com a cabeça apoiada sobre as pernas do dono, olhava-o expressivamente e latia de novo, até que Diego abandonou a pena ao lado do tinteiro, afastou o livro e acariciou a cabeça do animal entre as orelhas, um afago que sempre o tranqüilizava. Naquela tarde, companheiro, como costumeiramente fazia, agradeceu o carinho lambendo-lhe a mão, mas continuou ganindo. Então, simplesmente, afastou-se, voltando para o centro da cabine latindo alto e balançando a cauda. Lançando-lhe olhares, voltava a cabeça na mesma direção e latia ainda outra vez.

Diego empurrou a cadeira, afastando-a da mesa que usava e pondo as pernas para o lado; virando o tronco, apoiou os braços no espaldar e sobre eles encostou o queixo, pensativo.

– Que há com você? Está alimentado. Será que tem alguma dor?

A este último pensamento, resolveu examinar o animal. Bateu com a mão sobre uma coxa e chamou:

– Venha, Companheiro. Aqui!

Inútil. Ante o olhar espantado de Diego, o animal acalmou-se subitamente, ficando imóvel e silencioso; somente o rabo abanava suavemente e as orelhas se moviam quase que imperceptivelmente. Parecia que ele recebia alguma forma de carinho extremamente prazerosa e tranqüilizadora. Diego voltou a chamar. Nada. O cão aparentemente não o ouvia, ou com certeza não lhe dava importância. Fato novo desde que estavam juntos, e mais ainda naqueles meses de viagem marítima.

Intrigado, Diego observou o animal serenar, calmamente voltar até os tapetes que lhe serviam de cama, enrodilhar-se e deitar. Olhava agora de maneira melancólica o mesmo ponto da cabine, onde seu intrigado dono não via mais que pequenas partículas de pó dançarem na luminosidade dos raios de sol que entravam pela escotilha. Ali não havia nada, segundo os sentidos do jovem cavalheiro.

Observando a expressão intrigada de seu herdeiro, Ephraim sorriu e comentou com Jesaías:

– Ele não crê que no universo possam existir muitas outras coisas que ele desconhece ou não pode perceber. Meu amigo tem ainda longa jornada até ampliar seu entendimento.

– Os interesses do mundo material embotaram temporariamente sua sensibilidade. Emudecem a sua própria consciência – comentou Jesaías. – Porém, como para todos, esse embrutecimento dos sentidos é passageiro e também o será para o nosso cavaleiro. Tão logo volte a sentir a necessidade de cultivar valores morais, naturalmente eles aflorarão.

– Ele não percebe nossa presença de nenhuma forma? Nada?

– Não mais que a dos milhares de cardumes de peixes, da infinidade de espécies da fauna e da flora marinhas que vivem e progridem muitos pés abaixo do casco dessa caravela. Ele não as vê, não lhes dá atenção, não disponibiliza espaços em sua mente e em seus sentimentos; ao contrário, vive fechado no círculo de conceitos imediatistas e materiais ao extremo. Seu íntimo se parece com cota de malha que os cavaleiros envergam: frio, áspero, pesado e difícil de ser penetrado. Lamento que tenha se decepcionado, Ephraim.

– Nem ao menos consigo dizer por que me surpreende tão tristemente esse fato. O conheço e sei que ainda não amadureceu. Creio que guardava a ilusão de havê-lo sensibilizado de alguma forma, que ele tivesse recebido minha herança, compartilhado meus últimos dias e repartido o amadurecimento que tive – comentou Ephraim, sem esconder a expressão desolada e o tom triste da voz. – Acho que abriguei a pretensão de haver modificado Diego Oliva y Garcez.

Compreensivo, Jesaías tocou-lhe o ombro, ofertando um sorriso benevolente:

– Somos apenas semeadores nos corações alheios e agricultores dos nossos próprios corações. Não é possível cultivar em solo alheio. Se você jogou suas sementes, seja pela palavra, seja, principalmente, pelo exemplo de sua vivência, sua parte está realizada. A escolha das sementes a cultivar e o cuidado que dará a elas é tarefa da alçada de liberdade individual do outro. Se ele não é ou não está como você gostaria ou sonhou, aguarde o tempo e compreenda que o trabalho de crescimento e auto-aprimoramento é pessoal, individual e intransferível, meu caro. Realize o seu, é o que a vida lhe solicita fazer.

– Sabe me dizer se, ao menos, Diego leu o livro que lhe deixei?

– Não sei, Ephraim. Não é porque somos espíritos e gozamos de relativa liberdade de ação e locomoção que sabemos tudo o que fazem os companheiros ainda na matéria. Não acompanhei o dia-a-dia de Diego. Na verdade, tivemos poucos contatos. Outros espíritos são encarregados de monitorar o andamento da expedição.

Ephraim balançou a cabeça, aceitando a informação.

– Posso permanecer algumas horas observando-o, para tentar descobrir?

– Até poderá, se quiser, mas não lhe parece perda de tempo? Existem formas de contato mais eficientes e menos demoradas. Poderemos tentá-las mais tarde, quando ele estiver adormecido.

Um sorriso de contentamento aflorou no semblante entristecido de Ephraim; depois, falou:

– Obrigado. Tem razão, o tempo será mais bem aproveitado e com maiores chances de sucesso. Ainda sou inexperiente nesses assuntos. Perdoe minha insistência em aproximar-me de Diego, mas é que, depois da minha família, ele foi a única pessoa com quem compartilhei momentos de amizade. Gosto dele. É minha lembrança mais próxima da última existência.

– Eu compreendo. Seus sentimentos são naturais, ele é seu amigo, não há por que se justificar. Além disso, também faz parte do nosso trabalho. Será útil um diálogo com ele. Vamos aguardar. Voltaremos depois.

Ephraim andou até onde Companheiro estava deitado, abaixou-se e afagou o animal lentamente, sussurrando:

– Seja um bom menino, meu filho. Comporte-se! Cuide de Diego, ele precisa de você.

O animal parecia adormecido; entretanto, não estava e, lentamente, abriu os olhos, ganiu baixinho, lambendo a própria boca; satisfeito, olhava diretamente o rosto do antigo dono.

Para Jesaías não foi difícil entender o que se passava na mente de Ephraim.

– Há momentos que parecem que os animais são mais inteligentes que os homens, não é mesmo?

– Pensava exatamente nisso. Companheiro sempre foi um animal de prodigiosa inteligência. Acreditava que ele entendia perfeitamente tudo o que se passava a sua volta, suas atitudes me mostravam que ele agia não só obedecendo a instintos, mas sabendo o que, quando e como deveria fazer muitas coisas. Sabia quando me chamar, entendia quando eu não estava disposto a brincar e queria ficar só; sabia perfeitamente me fazer entender suas necessidades. Mantivemos um relacionamento amistoso e sereno por vários anos. Vivi sozinho na cabana por muito tempo, até ele resolver ir fazer-me companhia; depois se aproximaram os outros, levados por ele, e eu aceitei; acabamos formando uma estranha família. Ele era o meu filho predileto.

– Os animais agem, prioritariamente, por instinto, por isso são harmoniosos com a natureza, não cometem excessos, não se viciam, mas possuem uma inteligência rudimentar. Além de matéria orgânica, são princípios espirituais – não espíritos – em evolução, estagiando nas formas inferiores do reino animal, aperfeiçoando-se; ainda não possuem consciência de individualidade, mas estão sujeitos às leis de evolução e evoluem dentro de diversas espécies e raças. Quando atingem todos os graus de uma, passam a outra. Seu comportamento difere do nosso porque eles, agindo essencialmente por instinto, não têm livre-arbítrio nem senso moral; também não estão sujeitos às paixões que solicitam os homens e levam muitos a cometer excessos e abusos de toda ordem. Eles agem atendendo exclusivamente às leis naturais. O instinto é a mão de Deus guiando as criaturas mais frágeis e necessitadas de proteção.

Ephraim afagou novamente o animal, que tão caro lhe havia sido na última existência e, ouvindo a explicação do amigo, sorriu ao comentar:

– Então foi por isso que ele me ensinou belas lições. É a mão divina que escreve seus comportamentos.

Afastando-se de Companheiro, Ephraim olhou novamente na direção de Diego e, percebendo-o compenetrado em seus escritos, balançou a cabeça ainda um tanto desconsolado; depois, voltando-se para a saída, tomou a frente, afastando-se da cabine e ganhando o convés da caravela. Jesaías o seguiu de perto.

No convés, reinava a normalidade; cada marujo executava suas funções e tudo corria perfeitamente. Francisco Pizarro supervisionava os homens com o costumeiro olhar duro e frio. Tomou o luneta e lançou vistas a outra caravela que vinha, chefiada pelo capitão Estevão, e navegava a pouca distância; parecendo contente com o que viu, baixou o instrumento e o fechou.

Para Jesaías e Ephraim era fácil perceber que havia uma outra tripulação acompanhando os navegadores. Parado sobre a popa do navio, olhando a imensidão de águas verdes e céu azul a sua frente, o espírito de D. André aparentemente meditava, tal qual um tripulante comum que deve buscar entreter-se na longa travessia.

– Lá está ele – comentou Ephraim. – Estava me perguntando por que não o havia visto na reunião na outra noite. Agora sei.

– Vamos deixá-lo, por enquanto, não foi por causa de André que viemos aqui. Ainda não é tempo, ele é extremamente refratário a qualquer auxílio. Ele é o "mestre" dos outros, não se libertou dessas idéias de superioridade e arrogância. Vamos deixá-lo usufruir um pouco mais do seu orgulho.

– Quando se ama o próximo até seu direito de errar deve ser

respeitado – citou Ephraim, repetindo ensinamento recebido de Jesaías em outra oportunidade e fazendo-o rir com o ar sério com que o recitava.

– Não ria, Jesaías, foi você quem me ensinou isso. Apenas agora, depois de acompanhá-lo nessas visitas e ter com Diego, foi que pude sentir o que significa esse conceito. É muito difícil reconhecer que não podemos interferir na vida alheia, ainda que ela esteja andando mal. Quisera poder arrancar o jovem Diego daquela mesa e ensiná-lo, à força, tudo o que aprendi, para não vê-lo passar pelos mesmos dissabores que eu, ou outros ainda maiores, que se torna fácil ver que ele atrai para a sua vida.

– Ninguém aprende à força. Quando muito, se submete aparentemente. Só o amor e a experiência ensinam em verdade e essência. Não tenha pretensões, amigo. Agora, vamos embora deste navio. Voltaremos mais tarde.

***

Alícia despachava ao lado de Carlos no gabinete da casa Oliva y Garcez. Desde o seu casamento e a conseqüente mudança para a propriedade do marido, cultivara o hábito de acompanhar os negócios que o administrador realizava. Com a prática conquistada ao lado de mestre Yusef, não fora nada difícil embrenhar-se nos domínios Oliva y Garcez e ir, lentamente, impondo-se a Carlos Almeida. O que Diego não conseguira fazer, ela conquistara sem maiores esforços; ao longo dos meses de afastamento do marido, consolidara ainda mais a posição de dirigente do vasto patrimônio. Sentava-se na cadeira que fora de D. André e, sem-cerimônia, resolvia desde os conflitos entre os camponeses até as negociações envolvendo as transações comerciais, assuntos relacionados à religião e à Ordem, onde, aliás, sempre tivera um papel nos bastidores. Examinavam as contas da semana quando o velho criado bateu à porta. Carlos apressou-se em determinar a entrada do serviçal, indagando:

– Seja rápido, estamos trabalhando. O que quer?

– Avisar D. Alícia que o Sr. Yusef se encontra na propriedade – respondeu, lacônico e breve, o criado.

Ao ouvir a notícia, a jovem senhora imediatamente ergueu a cabeça, onde se via as sobrancelhas levemente erguidas em sinal de preocupação e surpresa, abandonando os livros para perguntar ao criado:

– Sabe a razão? Ele está bem?

– Não, senhora, e, sim, aparentemente não há nada errado com seu pai.

Alícia descontraiu o rosto, passou a mão na testa, olhou os livros a sua volta – faltava pouco para concluir o trabalho da manhã. Resolveu:

– Ótimo. Quando ele chegar à mansão, traga-o imediatamente a esta sala. Por agora, mande providenciar uma refeição rápida para os visitantes. Papai não viria sozinho, deve haver guardas e cavaleiros com ele.

O criado fez uma breve mesura e afastou-se. Alícia encarou Carlos diretamente e indagou:

– Houve algum problema na expedição do qual eu não tenha sido informada?

– Não, senhora. De onde tirou tal idéia?

– Houve alguma outra reunião da Ordem após a semana passada? – inquiriu, Alícia ignorando completamente a pergunta de Carlos.

– Novamente lhe digo que não.

– Dá-me sua palavra de membro da Ordem que está dizendo a verdade?

– Por Deus, senhora! Por que me ofendes? Não sou um cavaleiro da Ordem, mas sou um homem honrado. Não teria razões para mentir sobre esse assunto, quando sei que mestre Yusef sempre a manteve ao par dos nossos assuntos – retrucou Carlos, com contida irritação.

Aqueles meses, desde que Diego havia viajado, tinham transformado substancialmente suas relações com mestre Yusef e sua filha. A própria posição de que desfrutava na casa Oliva y Garcez não era mais a mesma, retornara à condição de um empregado. Nem ao menos um alto funcionário era seu caso, sentia-se humilhado por ser comandado por uma mulher. Alícia passara sobre sua frieza e arrogância desfilando superioridade e esbanjando confiança; pouco a pouco, retirara todos os seus poderes no controle das propriedades. Altiva, impusera-se a todos que viviam sob o domínio de seu marido e firmara-se na posição. Mesmo os mais renitentes acabaram cedendo, reconhecendo sua competência e respeitando-a como líder.

Na Ordem, as coisas não haviam sido muito diferentes. Julgara que, com a morte de D. André, seria naturalmente o segundo na hierarquia, o braço forte do mestre. Que decepção! Notou tarde demais que esse posto fora herdado por Diego. Ainda mais porque, ao longo dos meses de preparação, o herdeiro de D. André granjeara a simpatia de muitos cavaleiros e erguera-se rapidamente – de posse das propriedades Oliva y Garcez e como genro do mestre – como o segundo homem no comando da Ordem. Voltara, também naquele grupo, à posição apagada que ocupava quando D. André era o dirigente.

– Você se agasta com muito pouco, Carlos – retrucou Alícia. – Ao responder minhas perguntas, não faz mais que cumprir sua obrigação. É empregado desta casa.

Carlos enrubesceu, furioso, mas foi obrigado a calar-se, pois lia nos olhos da filha do mouro que algumas palavras a mais e sua situação se tornaria ainda pior. Em silêncio, retornou para trás da mesa onde realizava seu trabalho, baixando a cabeça e mergulhando no exame dos papéis que tinha à frente.

Minutos depois, novamente o criado interrompia o trabalho, agora para anunciar a presença de mestre Yusef, fazendo-o entrar no gabinete.

Pai e filha cumprimentaram-se amorosamente, com um longo

abraço. Yusef beijou o alto da cabeça da filha e olhou à volta, observando o livro de contas aberto sobre a mesa. Ao ver Carlos, cumprimentou-o friamente e indagou da filha:

– Como estão os negócios Oliva y Garcez?

– Bem, muito bem. Teremos boas safras este ano, as atividades comerciais estão normais, acredito que haveremos de aumentar nosso patrimônio em muitos maravedis[10]. E os de nossa casa?

– Muito bem, tenho as mesmas perspectivas. O comércio de especiarias é sempre rendoso, mas espero muito em breve negociar metais. Prata, muita prata – respondeu mestre Yusef, alegre e expansivo.

– Se tudo corre bem, o que o traz aqui?

Notando um olhar de desagrado do pai à figura do administrador, que se mantinha calado trabalhando, entendeu que o assunto deveria ser particular.

– Melhor deixarmos Carlos concluir seu trabalho – falou Alícia. E, fechando o livro, declarou ao empregado: – Estas contas estão aprovadas. Execute as negociações que deixei sinalizadas nas folhas. São prioritárias.

– Certamente, senhora – murmurou Carlos, ainda contendo a fúria.

Alícia tomou o braço do pai e afastaram-se em direção à grande sala de refeições da mansão, onde já aguardava, servida à mesa, uma refeição leve. Yusef sorriu, acariciou o rosto da filha e comentou:

– Sinto falta dessas regalias em nossa casa.

– Ora, então vou falar com Martina para que melhore as atenções com o senhor. Ela sabe que sempre gostou de comer no meio da tarde e conversar à mesa. Venha, vamos nos acomodar, aproveite que eu lembro de seus gostos – convidou Alícia.

– Na verdade, ela não está mais em nossa casa desde o último domingo – anunciou Yusef calmamente, enquanto trincava uma fruta entre os dentes.

[10] Moeda de ouro usada na península Ibérica – nm.

– Como assim? Não acredito que ela tenha ido embora. Não tinha família, não tinha ninguém. Era tão fechada, tão devotada à nossa casa!

– Também custei a crer. Havíamos conversado sobre as insatisfações dela, mas não dei importância. Então, no último domingo, após a missa, surgiu à minha frente com sua bagagem, informando que havia pedido ingresso numa ordem de religiosas e fora aceita. Partiu.

Surpresa, Alícia ouvia a informação. Martina descobrira outro caminho na vida que não fosse servir ao mouro e à sua filha.

– Não sabia que ela era tão religiosa – comentou Alícia. – E quem assumiu as funções dela?

– D. Beatriz ficou de me enviar uma de suas criadas. Disse-me que é excelente. Executará todas as tarefas perfeitamente.

– Melhor assim. E como está D. Beatriz? Apesar de suas muito freqüentes visitas à minha casa, não a tenho visto muitas vezes – comentou Alicia, com divertida ironia.

– O velho a prende em casa; a cada dia, D. Alonso se torna mais ranzinza. Agora, aquele petulante do filho está desconfiado dos passeios da mãe. Resolvi me afastar por algum tempo.

"A velha história é reescrita com outras palavras, mas, enfim, se repete" – pensou Alícia, ouvindo o pai trocar de assunto. Logo depois, também esquecida de D. Beatriz, discutiam acaloradamente as manobras políticas dos reis, as esperanças de enriquecimento com a expedição às terras da Nova Espanha e as cartas de Diego, enviadas quando atracaram no último porto antes do destino final.

CAPÍTULO IV

UMA GUERRA AINDA MAIOR

"No homem, há um período de transição no qual ele se distingue com dificuldade do animal; nas primeiras idades, o instinto animal domina e a luta tem ainda por motivo, a satisfação das necessidades materiais; mais tarde, o instinto animal e o sentimento moral se contrabalançam; o homem, então, luta não mais para se nutrir, mas para satisfazer sua ambição, seu orgulho, a necessidade de dominar; para isso lhe é ainda preciso destruir. Mas, à medida que o senso moral predomina, a sensibilidade se desenvolve, a necessidade da destruição diminui; acaba mesmo por se apagar e se tornar odiosa: então, o homem tem horror ao sangue."

(Allan Kardec. *A Gênese*, cap. III, item 24.)

O crepitar de fogo intenso consumia o que se interpusesse à sua frente, as línguas de labaredas lambendo madeiras e tecidos, destruindo anos de paciente e dedicado trabalho, o ruído da madeira queimando, quebrando-se e caindo com estrondo sobre os pisos de pedra. Gritos, choro, pessoas correndo apavoradas. Mães à procura de seus filhos, velhos estupefatos, assustados com gestos de animalidade que desconheciam, descrentes de ver os esforços do labor do povo se desfazerem e, literalmente, virarem fumaça. Cena dantesca. Ollantaytambo[1] caía em poder dos rebeldes, atacada covardemente durante a madrugada, quando seus habitantes civis estavam adormecidos.

No intuito de fazer com que as forças do exército imperial desguarnecessem os armazéns – onde estavam estocadas as reservas de alimentos e vestuário –, Athaualpa determinara um ataque violento às residências da ayllus, incendiando tudo, atraindo a atenção dos guerreiros que viriam em defesa da população, diminuindo os efetivos e a vigilância dos tambos.

Aquela era uma madrugada inesquecível para quantos a vivenciaram. Marcaria de horror, violência, sangue e tristeza a grande nação inca. Era o início do fim. Enlouquecidos, enfurecidos, os guerreiros rebeldes gritavam:

– Morte a Huáscar! Morte a seus seguidores!

Tochas nas mãos, iam ateando fogo ao que encontravam. Abrigos das lhamas e alpacas foram os primeiros, e os assustados balidos dos animais acordaram o povo. Flechas incandescentes, quase que de imediato, cruzaram os ares, indo alojar-se nos telhados de palha, expulsando seus moradores e gerando um tumulto nas ruas da cidade.

Em meio aos gritos, partiam famílias inteiras. Alguns carregavam parcos pertences, mas eram raras exceções.

Na maioria das cidades restavam apenas mulheres, meninas, velhos e algumas crianças do sexo masculino.

[1] Um dentre numerosos povos da área denominada Vale Sagrado dos Incas, que se prolonga por mais de 100 quilômetros, sendo seus extremos as cidades de Pisac e Machu Picchu – nm.

Carregando seus filhos menores nas costas, amparando os mais velhos, as pobres mulheres olhavam com pavor a cidade incendiada, envolta em rolos e rolos de fumaça. Em meio ao pânico do momento, procuravam reunir os familiares e, sem rumo, fugiam, como lhes era possível, agrupando-se e instintivamente buscando a direção de Cuzco.

As meninas choravam, assustadas; olhavam insistentemente para trás e, em meio às lágrimas, entoavam as canções costumeiras quando apascentavam o rebanho, na vã esperança de que os animais as seguissem. Algumas se arriscavam na tentativa de salvar o rebanho, porém foi muito esforço por nada – as lhamas não andam no escuro, só se movimentam com a luz do dia. Chamá-las, tentar conduzi-las, badalar os pequenos sinos, simulando o andar de algumas, tudo foi inútil.

Feridas, as meninas acabavam abandonando a empreitada, atendendo aos apelos das mulheres, mais experientes, que fugiam para a capital em busca de socorro.

Enquanto a maioria da população buscava sobreviver, outros reagiam enfrentando os rebeldes, extravasando toda a revolta que sentiam, liberando seus instintos na defesa daquilo em que acreditavam.

Cheiro de fumaça, lã das lhamas queimadas, carne e sangue invadiram as narinas dos guardas que zelavam pelos tambos, onde inclusive se abrigava o Inca Huáscar e o chefe Kallpa.

A visita às tropas se estendera no dia anterior e eles somente haviam chegado a Ollantaytambo ao cair da tarde. Cansados, decidiram pernoitar ali mesmo, enviando à capital, não muito distante, a informação para tranqüilizar os demais membros do governo quanto ao paradeiro do soberano.

– Estão atacando a cidade –, gritou um dos guardas, que vigiava o alto do tambo. Correu sobre as grossas paredes da grande construção, indo de ponto em ponto alertar os companheiros que vigiavam.

Logo a tropa de Kallpa estava alerta. O próprio chefe escalara as paredes para ter a visão privilegiada da aterradora cena da cidade em chamas. Imediatamente gritou, comandando um dos líderes que se achava no solo:

– Utuya[2], reúna seus homens com os de Illika[3], diga-lhes que ordenei que seguissem para a cidade.

Utuya recebeu a ordem, lançou um olhar à cidade em chamas, depois, com olhar atento, tentou vasculhou os arredores, mas a escuridão o impediu. Naquela madrugada de céu carregado, encoberto por nuvens, a lua e as estrelas não projetavam senão fraca e obscurecida luminosidade. O líder guerreiro parecia pressentir algum perigo, pois, apesar da ordem clara do chefe, não se moveu.

– Vá, Utuya! Siga para Ollantaytambo – insistia Kallpa, aos berros. – Ande, homem, aquele povo precisa de nós.

Ao ouvir esse argumento, Utuya ergueu a cabeça buscando no escuro os olhos do chefe militar e indagou:

– Você não acha que isso pode ser uma armadilha? Aqui estão estocados alimentos, roupas e sementes para vários meses. A cidade está em chamas, o povo deve estar fugindo. Se nos deslocarmos daqui, será que não virão atacá-lo, Kallpa?

– Há pessoas morrendo lá, Utuya. De que vão valer provisões para mortos? – retrucou Kallpa. – Faça o que ordenei, reúna seus homens e os de Illika e vá.

– Kallpa, pense, somos a metade do contingente reunidos neste tambo. Não seria melhor ir apenas um? Afinal, há guerreiros em Ollantaytambo na ayllus que estão defendendo o povo.

Irritado com a desobediência do guerreiro, Kallpa respondeu:

– Vá, Utuya, senão mandarei açoitá-lo e também aos seus homens na praça de Cuzco amanhã, por faltarem ao dever com a nação. Serão desonrados!

[2] "Forte" – nm.

[3] "Com sorte" – nm.

Utuya estremeceu ao ouvir a ameaça do chefe. Açoitamento era a pena aplicada aos infratores dos valores do império; além de impiedosos, impondo forte sofrimento físico, era uma desonra a qualquer cidadão inca ser açoitado. Tanto, que não eram freqüentes os açoitamentos. O guerreiro lançou novo olhar à volta, ainda desconfiado de seu pressentimento, depois baixou a cabeça e afastou-se, chamando seus homens e dando cumprimento à ordem emanada do chefe do exército.

Do alto do tambo, Kallpa observou-os partir rapidamente; concentrado em reorganizar a vigilância em torno da construção, não percebeu Chachapuma[4] esgueirando-se às suas costas pelas paredes até alcançar o local em que ele estava. Quando Kallpa silenciou as ordens e respirou profundamente, Chachapuma lançou-se sobre ele, surpreendendo-o e dominando-o com facilidade, apertando-lhe o pescoço com o braço forte, até quase fazê-lo perder a respiração. Não podia gritar, chamar socorro, alertar. Nada! Estava rendido. E, assim como ele, muitos dos vigilantes recém-reposicionados foram atacados e pegos de surpresa. Caindo, sem murmurar ou dar sinais que chamassem a atenção dos outros para o ataque sorrateiro.

As duas facções que partiam nem ao menos desconfiaram. Não ouviram nenhum ruído, mesmo porque a pressa que dominava os homens em correr em defesa da cidade agredida os fazia gerar balbúrdia, sucedendo gritos de guerra e evocações de luta e heroísmo. Não conseguiriam ouvir qualquer chamado vindo do tambo, ainda que este houvesse sido feito.

Kallpa, arrastado por Chachapuma, pensava, impunha-se uma agilidade mental muito além da que cotidianamente empregava. Ardia, punha a mente em brasa, acelerada tanto pela falta de oxigênio que o ameaçava, quanto pelo trabalho de buscar estratégias alternativas, maneiras de libertar-se do guerreiro rebelde, reaver sua independência e alto posto no exército inca.

---

[4] "Leão humano" – nm.

De fato, tudo o que conseguia era fazer uma resistência passiva, deixando o corpo, forte e pesado, jogado, inerte, obrigando Chachapuma a usar toda a sua força muscular para arrastar cuidadosamente sua presa sobre as altas paredes do tambo. Não colaborava em nada, não facilitava.

"Enquanto não me ocorre os meios de libertação, ao menos serei uma presa difícil e exigente", pensava Kallpa.

Chachapuma, ciente de que o outro não colaborava e compreendendo perfeitamente a atitude do adversário, pensava:

"No lugar dele, eu faria o mesmo. Não há razão para colaborar com o inimigo."

Entretanto, nenhum dos dois dizia uma só palavra. Atrás deles, sob o solo a destruição granjeava à solta. Por fim, sentindo uma necessidade imperiosa de lutar pela liberdade e pelo império, Kallpa, aproveitando a proximidade da boca com o antebraço do rebelde, não hesitou e cravou-lhe os dentes sem piedade, extraindo urros de dor de seu carrasco. A força do braço do guerreiro rebelde cedeu, por tempo apenas suficiente para possibilitar a Kallpa respirar mais livremente, porém, em mostra de habilidade extrema, neste curto intervalo e aproveitando que Chachapuma sentia-se heróico por haver subjugado ninguém menor que o chefe do exército inca, ele logrou libertar-se e ensaiar uma reação, que logo foi subjugada pela força bruta.

– Renda-se, Kallpa, e guarde seu pescoço para morrer em Cuzco – sussurrou Chachapuma no ouvido de seu prisioneiro. – Onde está Huáscar?

Kallpa emudeceu; naquele momento deu-se conta de que o fim se anunciava por sua captura. Os rebeldes, aprisionando o Inca, tomariam o poder e possivelmente ressuscitariam velhas práticas de aniquilamento dos presos de guerra. O certo é que Huáscar, se preso, não seria poupado. Era preciso lutar, mas o ar se tornava cada vez mais escasso. Sentia suas forças sendo minadas, seus músculos pareciam flácidos e sem energia. Entretanto, o desespero de ver o império cair nas mãos de Athaualpa, especialmente agora que a sua face cruel fora revelada ao longo daqueles meses de luta fratricida, deu-lhe novo ânimo. Mudo, sem emitir qualquer som, negando-se a responder às perguntas de Chachapuma, ele engendrou dar uma rápida rasteira, girando o corpo e pondo as pernas à frente, derrubando seu dominador, que, na queda, libertou-o.

– Atenção, guerreiros! Estamos sendo atacados. Reajam! – gritou Kallpa enquanto Chachapuma, deitado, lançava-lhe os pés contra o peito, derrubando-o da alta parede do tambo, caindo com estrondo sobre a calçada de pedra que rodeava a construção. O estrondo violento do corpo de Kallpa batendo no chão ecoou no meio dos gritos de batalha do exército inca.

Vendo sua presa estatelada no chão, iluminada por uma tocha que ficava na lateral do prédio, com sangue jorrando em profusão da cabeça e a total imobilidade em que ficara após a queda Chachapuma concluiu pela posição da cabeça que Kallpa quebrara o pescoço e estava morto.

– Kallpa está morto. O exército não tem líder – anunciou aos gritos Chachapuma, do alto do tambo. – O império será nosso. Morte a Huáscar! Lutem, homens!

Atendendo à ordem de seu líder, os rebeldes recrudesceram a batalha. Os poucos guerreiros do exército perdiam terreno rapidamente ante a sanha sanguinária dos rebeldes. A morte de Kallpa a uns abatia, a outros dava disposição de vingança, mas o exército real brigava usando apenas os instintos, a paixão despertada no momento. Ao contrário dos rebeldes, que atendiam a um plano deliberado pela inteligência e o executavam usando os instintos para se defenderem e a paixão para dar-lhes o impulso, o vigor de que precisavam. Seus atos, porém, eram deliberados, estudados, não agiam ao sabor da hora. Do alto, Chachapuma, sozinho, comandava a batalha.

Dentro do prédio, Huáscar, cercado por alguns guardas, pensava e discutia com eles o que fazer. Tudo estava sendo tão rápido! Ele era lento para decidir. Até que, ao ouvir o anúncio da morte de

Kallpa, um dos guardas, revoltado, afastou-se abrindo os pesados portões e se lançou à luta, tomado de raiva. Seu exemplo foi seguido por outros.

– O portão está aberto! – gritou um dos rebeldes. – Vamos invadir!

– À frente! – autorizou Chachapuma. – Entrem!

Sabedor de que Huáscar e sua guarda pessoal deveriam estar no interior do grande armazém, Chachapuma correu até a lateral do prédio por onde havia subido e rápido desceu, a tempo de participar da invasão.

Quando ingressou no improvisado acampamento que acolhia o Inca, os guerreiros se batiam em luta feroz com os membros da guarda. O próprio Huáscar, acossado pelo instinto de sobrevivência, debatia-se corpo-a-corpo com os rebeldes. Ao vê-lo lutar, Chachapuma sorriu ao perceber sua quase total falta de habilidade no manejo das armas; suas mãos pareciam pequenas e frágeis para segurarem e usarem como deviam a lança e o escudo. Isso aconteceu num milésimo de segundo, pois a mente do chefe dos guerreiros rebeldes estava concentrada em executar o plano do grupo. Athaualpa se aproximava com reforços. Após haverem incendiado a ayllus, ele voltaria ao tambo. Era apenas uma manobra para enfraquecer o exército do império, que se mostrara eficaz. Enquanto não chegasse o reforço, eles precisavam garantir a manutenção da luta.

Mas, naquela madrugada, segundo a visão dos rebeldes, os deuses os abençoavam, pois tudo caminhava mais facilmente do que o esperado. A própria presença do Inca os surpreendia. A expectativa era de precisarem invadir Cuzco para tomar o império, o que sabiam exigiria muita astúcia, pois a fortaleza que guarnecia a capital era, além de uma edificação que realmente cumpria seu papel, também habitada por muitos guerreiros.

A morte de Kallpa desnorteara seus liderados. A guarda pessoal do Inca estava esquecida das estratégias ensaiadas, lutavam tomados de medo e fúria, numa combinação perigosa, por conferir audácia e temeridade. Cegos pela paixão do momento, empreenderam uma árdua e inglória batalha.

Huáscar nunca se preocupara em desenvolver habilidades militares; recebera formação e instrução sobre elas, mas, terminada sua educação, esquecera por completo de praticá-las. Seu encanto era a ourivesaria, a escultura, não as artes militares, os interesses políticos ou o exercício do mando. Assim, embrenhando-se na luta, ao invés de ser um elemento somando no conjunto, por sua posição e pela imperícia, transformou-se no grande elemento de divisão e subtração. A oposição que fez aos guerreiros rebeldes durou breves momentos, poderia-se dizer apenas o suficiente para não se considerar que ele não tenha atendido aos instintos e se entregado passivamente nas mãos dos invasores. Cercado por dois jovens guerreiros rebeldes, foi rapidamente desarmado; reconhecido, dominaram-no, imobilizando-o à força, enquanto os soldados da guarda, vendo o que se passava, procuravam se aproximar na vã tentativa de salvá-lo.

Esperto, o guerreiro mais experiente usou o Inca como seu escudo; lançando fora as próprias armas, gritou:

– Rendam-se! O Inca de vocês está em nosso poder.

Chachapuma, envolvido em violenta luta de corpo a corpo, registrou mentalmente as palavras, reconhecendo a voz de um de seus guerreiros. Com sua grande força muscular, logrou impor-se sobre seu opositor e, num golpe rápido, desnucou o guarda; levantando-se, deixou sua vítima caída ao chão, como algo sem valor, sem ao menos olhá-la. Não se reconhecia nos rebeldes os valores morais, tão cultivados pelo povo inca. Eles se manifestavam ferozes, cruéis, assassinos frios, despidos de sentimentos e de espiritualidade.

Em meio à luta, pois parecia que rebeldes e imperiais não haviam assimilado a informação de captura do Inca Huáscar, deslocava-se Chachapuma com passos rápidos, distribuindo socos para ambos os lados, dando empurrões e jogando homens longe como se fossem fardos de folhas desidratadas iguais às que se amontoavam no prédio. Logo parou ao lado do seu guerreiro, que exibia um ar de triunfo no rosto e desafio no olhar, enquanto com braço forte mantinha Huáscar sob seu domínio.

– Fez um bom trabalho – elogiou Chachapuma, dirigindo-se ao jovem. – Athaualpa saberá recompensá-lo com justiça.

– Era meu dever, Chachapuma. Cumpri a vontade dos deuses – retrucou o jovem guerreiro entregando Huáscar, calado e atônito, ao chefe dos rebeldes.

Perto do físico avantajado do chefe rebelde, Huáscar era pequeno e frágil, não tinha condições de opor nem resistência, quanto mais tentar libertar-se. Chachapuma sabia que sua figura impunha medo aos adversários e via isso refletido no olhar de Huáscar.

"Ele tem medo de mim. O filho dos deuses teme o braço forte de um guerreiro. Não, este não é um representante dos deuses. Athaualpa é o filho de Inty e Mama Quilla. É valente e destemido. Um Inca de verdade", pensava Chachapuma, ao arrastar Huáscar até um grande pilar de pedra que ficava próximo e amarrá-lo usando fortes tiras de couro. Após prendê-lo, tomou dois escudos de seus homens, bateu um contra o outro várias vezes e berrou:

– Guerreiros do império, rendam-se! Huáscar é nosso prisioneiro.

Bravamente, revoltados, eles responderam:

– Só nos renderemos mortos. Por Kallpa!

Chachapuma sorriu com escárnio ao ouvir esses gritos que demonstravam a forte liderança e a admiração dos homens por seu chefe e ordenou a seus guerreiros:

– Matem eles.

Voltando-se a um dos jovens que tinha a seu lado, determinou:

– Vá ao encontro de Athaualpa e conte-lhe a presa que temos.

Obediente, o jovem contornou a batalha que ainda se processava entre alguns guerreiros, com clara vantagem para os rebeldes, que dizimavam a guarda do Inca, saiu por uma abertura lateral, apanhou uma tocha e lançou-se a caminho.

A distância entre o armazém e a cidade não era muito grande;

quando chegava ao meio do caminho, logo deparou-se com outra batalha. O grupo de guerreiros liderados por Utuya retornara, no encalço dos rebeldes, ao perceber a cilada, enquanto o outro ficara em Ollantaytambo enfrentando alguns rebeldes remanescentes, mas basicamente socorrendo os feridos.

Enquanto os homens se enfrentavam sem notar sua chegada, ele rapidamente esgueirou-se para a encosta da trilha, misturando-se à vegetação, apagou a tocha e aproveitou o escuro para esconder-se e, em segurança, procurar por Athaualpa sem se expor a risco, agora desnecessário.

Logo o avistou em meio ao rebuliço da luta, brigando bravamente, gritando e impulsionando seus homens à ação. Protegendo-se com o escudo e tomando a lança em punho, o jovem avançou na direção do líder rebelde, chamando repetidas vezes:

– Athaualpa! Athaualpa! Ouça-me. Trago notícias do tambo. Huáscar é nosso prisioneiro!

Athaualpa, no calor da luta, custava a registrar o chamado; somente ao notar o arrefecimento do opositor, que se quedara paralisado por um instante, foi que compreendeu a mensagem que lhe gritava o enviado de Chachapuma. Mais do que nunca precisava proteger sua vida e notando a inércia do guerreiro imperial, cravou-lhe a lança no abdômen. Depois, tomou o braço e a lança do jovem que viera à sua procura e com ele lançou-se à encosta da trilha, rolando até alguns arbustos que serviram de barreira.

Ágeis, logo sentaram-se e Athaualpa ordenou:

– Conte tudo o que aconteceu.

Em breve relatório, o rapaz informou o líder das ocorrências que culminaram com a morte de Kallpa e a tomada de Huáscar como prisioneiro dos rebeldes.

O regozijo da vitória iluminou o olhar e a face de Athaualpa que, mentalmente, esquadrinhou as novas ações, ordenando ao jovem:

– Irei sozinho diretamente ao tambo. Fique e, quando eu estiver bem afastado, vá para a batalha e passe a informação. É provável que os guerreiros de Huáscar se rendam.

Apressado, Athaualpa seguiu contornando a trilha, em meio à vegetação, protegido pelas sombras da noite.

Quando não conseguia mais distinguir o vulto de Athaualpa, o jovem guerreiro levantou-se e adentrou a batalha, gritando:

– Huáscar é prisioneiro de Athaualpa. Kallpa está morto. Vencemos! Morte a Huáscar!

Depois seguia, meio sem fôlego, fazendo um relato truncado dos fatos, entremeado com suas ações para defender-se dos golpes que tentavam lhe desferir os guerreiros do império. Em meio aos muitos machucados, um a mais era o que ele menos sentia. Tomado de euforia, desconhecia a dor e mesmo o medo.

Utuya ouvia as notícias estremecendo. Sua intuição o avisara de que aquele ataque a ayllus fora apenas uma cilada. Sentira quase fisicamente, tal a intensidade da sensação que acompanhara o pressentimento. Não duvidava das informações, como alguns guerreiros, que diziam:

– Mentiras! Mentiras!

Acreditava, sabia que eram verdadeiras. Tinha um código combinado com seus homens para as batalhas; pensando com grande agilidade, concluiu que precisavam regressar a Cuzco, reorganizar o exército, defender a Coya e providenciar a libertação de Huáscar. Entendia que os rebeldes não seriam idiotas para matá-lo. Só o matariam para tomar o poder. Decidido, buscou afastar-se da batalha. Contornando a trilha alguns metros abaixo, ergueu a voz, berrando enquanto corria cobrindo a extensão onde havia luta e depois seguindo em direção à capital:

– Para casa! Para casa!

Era o sinal estratégico de retirada, ordem para abandonar a batalha. Alguns de seus homens o seguiram, outros permaneceram em combate, preferindo morrer no campo de batalha, ao mesmo tempo em que davam oportunidade aos que desertavam de ganharem dianteira em relação aos rebeldes. Horas depois, com mais um bom número de presos e muitos mortos, os guerreiros rebeldes seguiam para o tambo festejando, em clima de vitória e repassando de boca em boca os feitos da noite, que aumentavam extraordinariamente em bravura e valentia, a cada um para quem narrassem.

***

O marinheiro no leme esfregava os olhos, cansado. A noite fora calma e produtiva. Os ventos, soprando forte, haviam acelerado a viagem. As primeiras luzes da manhã machucavam-lhe a vista. Insone, ele sentia como se houvesse areia em seus olhos. Por isso, quando os abriu e deparou ao longe com a visão de um bando de aves, incrédulo, esfregou novamente os olhos e piscou muitas vezes, por fim convencido que era um bando de pássaros, o que significava estarem próximos a uma praia e perto de terra. Decidido, apanhou a luneta e mirou na direção das aves; divisou contornos da praia, a areia e árvores. Era terra, não tinha dúvidas. Feliz, encheu os pulmões e soltou a voz, acordando a tripulação aos gritos de:

– Terra à vista!

Quase que imediatamente surgia a figura de Pizarro ao lado do leme, indagando:

– Tem certeza? Você não está bêbado?

Diego vinha logo depois e, ignorando as perguntas do capitão e as risadas do marujo, tomou a luneta. Olhando o mar, avistou as aves e para lá mirou, constatando a existência e proximidade de terra. Uma alegria que não imaginava sentir naquele momento – uma exaltação, uma satisfação como não sentira antes, um imenso alívio, acima de tudo – invadiu a alma e os sentimentos do herdeiro de D. André. Tomado de entusiasmo, bradou:

– Cavalheiros! Terra à vista!

Pizarro tomou-lhe a luneta sem pedir licença a fim de averiguar a informação por si mesmo, enquanto Diego corria à cabine de comando para conferir os mapas. No convés, Francisco Pizarro oficializava a visão de terra. Logo a luneta passava de mão em mão e a euforia se expandia; chegava próximo ao fim a longa viagem marítima. Depois, todos acorreram à porta da cabine, com os olhos cravados nas costas de Diego, aguardando que ele desse o posicionamento do navio e as chances de terem avistado o Eldorado.

A expectativa silenciosa era cheia de euforia e tensão. Olhares iluminados, lábios contraídos, testas enrugadas. Todos atentos, aguardando as palavras do cavaleiro da Ordem para comemorarem a primeira vitória. Nunca nas tentativas anteriores se havia ido tão longe, ultrapassando em muitas milhas náuticas o último porto conhecido e sob domínio da Ordem espanhola.

Cuidadoso, procurando conter-se, Diego calculou, mediu, averiguou resultados, repetiu as medições, analisou novamente os cálculos. Depois, emitiu um brado de alegria, jogou sobre os mapas os objetos que usava para medir e calcular e, virando-se para os homens, disse, radiante:

– Eldorado à vista! Avante!

A festa explodiu no convés. Diego correu para o lado de Pizarro, esquecido das desavenças, e transmitiu as novas coordenadas que, segundo seus cálculos, deveriam seguir. O capitão ouviu atentamente, tomou a luneta, mirou outra vez a terra, como se quisesse conferir os dados calculados. Julgando-os exatos, ordenou ao marinheiro as direções em que deveria posicionar o navio e, depois, passou a comandar os marinheiros, modificando as posições das velas. Os homens lançavam-se escalando as cordas e madeiramento da embarcação com novo vigor.

Era voz corrente em todas as bocas:

– Para o Eldorado a todo pano.

O que, no linguajar dos marujos, significava velas estendidas a favor dos ventos.

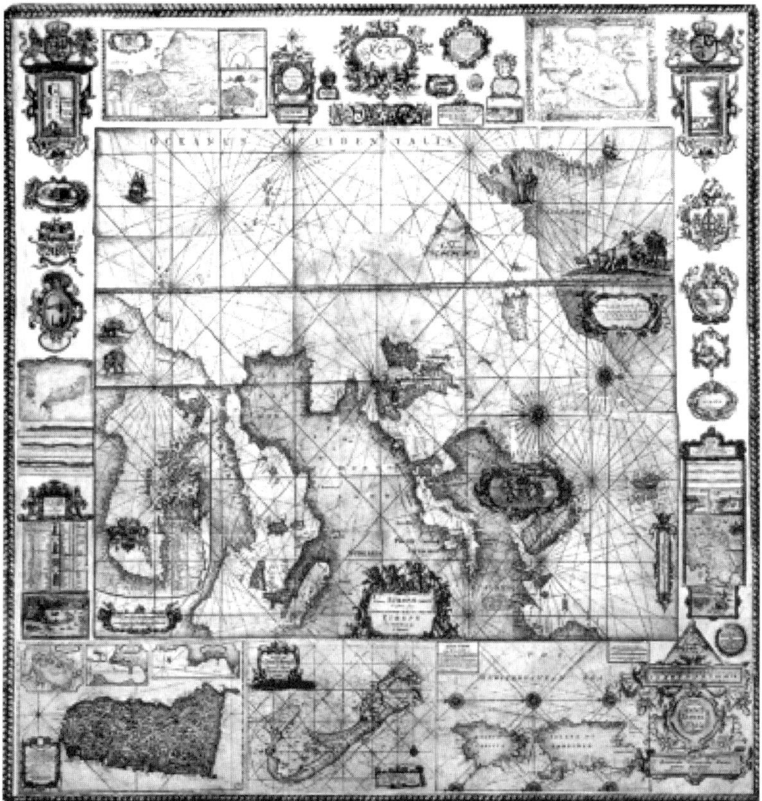

CAPÍTULO V

QUEM COM O FERRO FERE...

"Um cetro arrebatado com violência
precisa ser mantido por processos
iguais ao da conquista."

(William Shakespeare.
Vida e Morte do Rei João,
ato III, cena IV: Pandolfo.)

– Estou cansada. Precisamos parar – argumentava a Coya lançando olhares súplices a Wanka, que liderava a caravana. – Não estou habituada a caminhadas tão longas, amauta.

– Sei que a trilha é muito íngreme, Coya, e cansativa. Sei também que costumas viajar em liteiras. Porém, os imperativos do momento nos obrigaram a dispensar todo esse aparato, em favor da segurança. Se pararmos agora, temo que venhamos a perder a dianteira.

– Você sabe de algo que esconde da sua soberana – constatou Lawra, irritada. – Ordeno que conte o que está omitindo, amauta, caso contrário perderá o posto de líder dessa comitiva.

Wanka olhou pacientemente para Lawra; entendia que ela estava exausta, preocupada, aflita. Em tom conciliador, sereno, mas firme, retrucou:

– Pelo bem do nosso povo, Coya, eu sou o líder dessa comitiva e nem seu poder, que eu respeito por carregar as mais antigas tradições da religião solar, me fará abdicar dele. Entenda que sou o único que sabe o caminho para a cidade sagrada. Essa trilha não é pavimentada, ela existe traçada apenas na mente de alguns. Lembre-se de que, quando foram até lá, sabiam ir apenas até o último Hoancarakay[1], dali, foram conduzidos por um dos sacerdotes que vivem na cidade. Como pretende chegar ao refúgio seguro?

Naira e Atipaj observavam a discussão entre os companheiros bastante atônitos, pois não esperavam que o amauta enfrentasse a soberana, quanto mais a desafiasse.

Lawra era uma mulher sensata, mas era humanamente impossível atravessar os dias que ela vivera sem que a natureza não cobrasse o preço da exaustão das forças. Fraca, ela se tornava irritadiça; o medo e a insegurança a faziam arrogante, num claro mecanismo de defesa que buscava encobrir suas fragilidades. Ela não tinha resposta a oferecer a Wanka; em silêncio o encarou, estampando no olhar os sentimentos que carregava na alma.

[1] Local que servia de pousada. Esses locais existiam em todas as trilhas incas - nm.

Ele a olhou penalizado. Gentil, aproximou-se e, respeitosamente, a abraçou, acariciando-lhe os cabelos como o faria se a soberana fosse uma menina pequena; suavemente, sussurrou em seu ouvido:

– Lawra, use o fervor de sua alma, aquele que sua mãe sentiu ao carregá-la em seu ventre, e por isso lhe deu esse nome. Encha-se de confiança e novas energias. Busque a fé em si, em nossos antepassados que nos guiam, na origem divina, que não é só sua, mas de todos nós. Os sacrifícios do agora serão compensados logo mais.

Furtivas lágrimas desciam pelo rosto de Lawra, deixando um gosto salgado em seus lábios. Chorou de encontro ao peito de Wanka, esquecida de quem era, de onde estavam e por que tudo aquilo tinha começado. Cada gota que corria de seus olhos dava a sensação de aliviar, de apagar um incêndio. Chorar não resolve nada exteriormente mas, em muitas situações de crise, ameniza o universo interior, restabelecendo a harmonia e o controle das emoções. Esvazia alguns sentimentos cuja carga de energia se torna muito concentrada.

Wanka sabia que não é inteligente brigar com as ações determinadas pela natureza. Tudo tem uma forma de escoar quando atinge os limites do suportável. Quando o calor é intenso demais, ele prenuncia ventos e chuva, que recolocarão as forças climáticas em ordem. As lágrimas escoam os sentimentos exacerbados, as palavras os curam. Ele não disse: "Não chore, isso vai passar" ou "Reaja, você tem que ser forte". Simplesmente deixou que a natureza conduzisse o processo de reequilíbrio da jovem soberana. Amparou-a com carinho e compreensão.

Sensíveis ao que se passava com a Coya, Naira e Atipaj afastaram-se alguns metros, sentando-se à sombra de um pequeno arbusto.

Alguns minutos depois, Lawra respirava profundamente, secava o rosto nas largas mangas da túnica de algodão que trajava e, com um sorriso encabulado, dizia:

– Não pense que sou uma mulher fraca, amauta. Não sei o que aconteceu, mas já estou bem. Podemos seguir viagem.

Wanka acariciou-lhe a face, ainda úmida, sorriu e respondeu:

– Não importa o que aconteceu, o que interessa é que está melhor. Ninguém é fraco por chorar, Coya. É uma reação natural a um excesso de emoções para administrar, assim como nosso organismo tem outros mecanismos para livrar-se dos outros excessos que praticamos. As lágrimas não significam fraqueza ou doença, são simples reações da nossa natureza. Acima de tudo, penso nelas como um carinho do Criador, que nos deu esse mecanismo para aliviar e equilibrar nosso mundo interior.

– Que pensamento estranho! A capacidade de chorar como um carinho dos deuses.

– É, as lágrimas são um carinho do Criador, mais uma prova de seu amor por nós. Elas são o alívio de dores intoleráveis. Imagine o quanto sofre quem não chora.

– Está bem, amauta, depois que esses dias turbulentos tiverem passado o chamarei ao palácio para conversarmos sobre esse assunto. É interessante. Mas de fato sinto-me, também, fisicamente cansada. Acredita que não podemos mesmo parar algumas horas?

Wanka girou levemente o corpo e estendeu o braço, apontando a direção de Cuzco.

– Coya, lá, além daquelas montanhas, fica a capital. Um pouco mais distante, Ollantaytambo, o maior estoque do império. Observe o céu naquela direção. Nota algo diferente?

– Sim. Nuvens, muitas nuvens cinzentas, escuras – constatou Lawra, preocupada. – O que significam?

– Fogo. As nuvens são de fumaça.

– Mama Quilla! Minha mama! Não pode ser, amauta. Será que Athaualpa faria tamanha atrocidade? Como vai ficar o povo, sem ter alimento e roupas?

– Não podemos afirmar quem tomou essa infeliz atitude, Coya. Tampouco sabemos as proporções do incêndio. Posso apenas dizer que houve, que é fato. Começou ainda na madrugada. Quando os primeiros raios de sol iluminaram o dia, eu vi as nuvens crescendo. Deduzo que a batalha está muito próxima da capital, por isso não é seguro pararmos.

– Claro. Entendo suas razões, amauta Wanka. Prosseguiremos imediatamente.

Wanka lançou um olhar a Naira e Atipaj e, com um gesto, chamou-os a retomarem a caminhada.

– Mestre Wanka conseguiu confortar a Coya e convencê-la que precisamos seguir – comentou Atipaj, estendendo a mão para auxiliar Naira a erguer-se.

– Que bom! A Coya precisava de alguém sensível a seu lado neste momento. Ela tem vivido sob muita pressão nos últimos dias. Creio que estava tão esgotada que, por certo, foi a única a não perceber as nuvens escuras e o olhar preocupado de mestre Wanka desde cedo.

– É uma grande soberana, mas esses tempos difíceis têm me feito pensar que, em verdade, todos somos iguais. O Inca e a Coya também são humanos – declarou Atipaj, sério.

– Concordo com você. A crença de que eles são representantes dos deuses é útil para fortalecer o povo, que se sente mais amparado e próximo dos deuses de nossa fé. Mas é um fardo pesado para quem o carrega. Ao longo dos dias que tenho acompanhado a Coya, aprendi a agradecer o quão pequenos são meus deveres ante o nosso povo em comparação aos dela. Meus sofrimentos são nada quando percebo os de que a Coya padece.

Eles seguiam Wanka e Lawra a uma distância relativa, que lhes garantia privacidade e liberdade de expressão. Feliz por estar na companhia de Naira, o sacerdote falou:

– Sempre a vi tão satisfeita, tão serena. Nunca imaginei ouvi-la dizer que sofre. Você não é feliz com sua vida, Naira?

Um sorriso triste, que não chegava a iluminar os olhos negros da accla, mas que refletia sua aceitação da situação que experimentava, estampou-se no seu rosto delicado.

– A vida é tão pródiga, tão cheia de possibilidades, de experiências, que consigo entender que a felicidade não é a ausência do sofrimento. E que esses sentimentos não se invalidam mutuamente.

Eu sofro, sim, mas também sou feliz. Entendo que não posso possuir tudo o que desejo, que nem todas as coisas são como eu gostaria que fossem, que há uma vontade e uma inteligência superior que rege o mundo e dispõe de tudo – da dor e do prazer – para nos fazer crescer, Atipaj. Então, eu os experimento, cada qual a sua hora, a seu tempo e lugar. São os sabores da minha vida.

Atipaj ouviu as ponderações da accla e andou ao seu lado silenciosamente, meditando sobre elas; depois, insistiu:

– Você é tão serena, Naira. Tão tranqüila, deve ter bem poucos momentos de sofrimento. Eu luto tanto com meus padecimentos; sem a assistência dos deuses e os conselhos dos espíritos dos nossos antepassados, seria difícil manter o equilíbrio e as forças.

– Pois também a mim eles acodem. Minha avó, especialmente. Sariri é uma alma bondosa e sábia. Desde menina ela me ensinava a entender o dever. Dizia que ele é o guardião de nossa paz de consciência, afirmava que era melhor perder tudo, mas não perder a paz com a consciência. Depois de muitos anos entendi que isso tem a haver com a harmonia da vida, com andarmos e agirmos seguindo o ritmo certo. Como se houvesse dentro de nós um caminho traçado, igual à trilha que seguimos com mestre Wanka – só nós sabemos, ninguém mais; ao segui-la, sendo honestos com nós mesmos, caminhamos numa rota segura, amparados pelo Criador.

Atipaj sorriu ao ouvir as idéias da accla, elas lhe serviam também. Conhecia o que era o embate entre querer e ter de abdicar. A paixão pela mulher proibida que andava a seu lado o ensinava o quanto é preciso ser forte para renunciar a um desejo em cumprimento ao dever. Essa lembrança entristeceu rapidamente seu olhar e o fez suspirar. Decidido a não esmorecer na luta íntima, resolveu mudar o curso da conversa para temas mais amenos.

– Já a ouvi falar de Sariri. Aliás, o conselheiro Thaluqui também fala muito nela. Conte-me como ela é.

Um sorriso de deleite iluminou o rosto de Naira; a alegria e o afeto que sentia pela avó suavizaram-lhe a voz e a expressão. Falando sobre ela, esqueceu até dos dissabores que os faziam percorrer aquela íngreme trilha deserta, desconhecida. Ligou-se, naturalmente, ao pensamento de Sariri, numa evocação inconsciente.

Ouvindo Naira falar da avó, de sua personalidade, seu modo ser, seus conceitos, Atipaj começou a achá-los familiares. Parecia conhecer alguém com aquelas características marcantes. Pediu-lhe que descrevesse a fisionomia de Sariri e então se formou em sua mente a imagem da mulher que acompanhava mestre Kuchikuchi, na última visão que tivera no templo.

Serpenteando pelas montanhas, a caravana seguiu seu destino, com seus componentes enfrentando os altos e baixos de suas vidas.

* * *

Cuzco amanhecia agitada, envolta em brumas e céu cinzento. O grande contingente de vítimas do violento atentado a Ollantaytambo se aproximava do forte. Kara, vigiando as fortificações e observando das torres o entorno da capital, assustou-se ao ver aquela pequena multidão subindo a trilha de acesso à cidade.

– Que é aquilo? – indagou, apontando os vultos trôpegos e feridos, cada vez mais próximos.

– São pessoas – respondeu o vigilante. – Mulheres, muitas mulheres. Vêm da direção de Ollantaytambo.

– Estranho! – comentou Kara, apurando os sentidos no exame da cena que se apresentava logo abaixo.

Ruídos desconexos, mistos de raiva e lamento, começavam a ser audíveis. Mais próximo, era possível perceber-lhes ferimentos e sujeira nos rostos, cabelos e vestes daquelas pessoas. Era uma extensa fila coleando a trilha, movendo-se sem ritmo; ora alguns grupos avançavam, ora estacionavam, clarões abriam-se em meio à população em deslocamento.

– O que terá acontecido? Pressinto uma desgraça. O céu está carregado, não gosto dessas nuvens cinzentas...

– Espere, Kara – pediu o vigilante, sentindo o vento bater-lhe suavemente no rosto; aspirou vezes seguidas; farejando, à imitação de um animal, movia as narinas. – Sinta. Há cheiro de fumaça no ar. E vem dos lados de Ollantaytambo.

Kara não tinha as percepções sensoriais muito desenvolvidas. Olhou seu comandado, respirou fundo, parecendo-lhe de fato existir um cheiro suspeito no ar.

"É possível!", concordava Kara em pensamento. Ao admitir o indício de fogo, um lampejo de compreensão brilhou em seus olhos; baixou as vistas, contemplando o povo a poucos metros da entrada da fortificação. "Estão feridos e sujos. Muitos choram." Assim pensando, fixou mais o olhar e notou pânico, descrença, revolta e desnorteamento naquelas almas.

– A nuvem, Kara – lembrou o vigilante. – Não será de fumaça?

– Pode ser. Você entende o que isso significaria?

Um ar de tristeza e medo estampou-se no rosto do jovem guerreiro ao declarar:

– Athaualpa e seus homens atacaram a ayllu.

Kara balançou lentamente a cabeça em muda concordância, tornou a fixar as pessoas que caminhavam, convencendo-se de suas deduções, e ordenou:

– Mande abrir os portões do forte. Chame os curandeiros, providencie alimentos e agasalhos. Acolheremos esse povo aqui. De nada adiantará seguirem caminho para a cidade. Informe-se do que ocorreu e me relate imediatamente.

Ciente da urgência do momento, o guerreiro apressou-se em dar cumprimento às orientações. Enquanto o jovem se envolvia no acolhimento dos desabrigados, informando-se dos fatos passados em Ollantaytambo, Kara continuava a supervisionar as defesas da capital. Rugas de preocupação marcavam-lhe o rosto. O sol já sinalizava que a manhã chegava ao fim e não havia sequer indício do retorno de Kallpa e do Inca.

Seguindo os planos traçados na noite anterior, Thaluqui assumira interinamente as funções de governante. Acolhia o povo juntamente com a Mamacomas Kusisa. A todos informavam que a Coya se ausentara para um retiro espiritual, buscando um contato com os deuses, implorando paz para a nação.

O povo recebia com satisfação a notícia e a procura dos templos e dos sacerdotes – com insistentes pedidos aos deuses para solucionarem o conflito – aumentava de intensidade.

Manco prosseguia com suas atividades na defesa das reservas do império. Naquela manhã, como de costume, despachava no palácio quando foi surpreendido pela chegada do chefe Utuya, cuja aparência tinha todos os indicativos de que viera de uma dura batalha: sujo, machucado, vestes manchadas de sangue, malcheiroso e o olhar assustado. Suava fartamente ao chegar em frente à mesa onde Manco se reunia com alguns guerreiros, debatendo planos estratégicos para deslocamento de novos gêneros para Cuzco.

Ele irrompeu na sala como um tufão, chamando:

– Manco Yupanki, preciso lhe falar. Fatos graves aconteceram.

Manco ergueu o olhar, assustando-se ao verificar o estado do chefe Utuya; imediatamente aproximou-se do inesperado visitante, perguntando:

– Utuya Condor, o que faz aqui? Pensei que estivesse com seus homens em Ollantaytambo.

Utuya olhou significativamente para os guerreiros que se acercavam da mesa e o encaravam com legítima aflição.

– Preciso lhe falar, Manco. Melhor que sejamos apenas eu e você.

Manco conhecia Utuya, sabia que ele não era homem de fazer estardalhaços sem razão. Se comparecia naquele estado ao palácio e àquela hora, tinha boas razões.

– Saiam, homens. Continuaremos depois. Voltem ao pátio e dêem andamento ao que já definimos. Mandarei chamá-los tão logo seja possível.

Os guerreiros ordeiramente se afastaram; então Manco fez um sinal para Utuya, convidando-o a sentar a seu lado em um grande banco de madeira entalhada.

– Fale, Utuya – convidou Manco. – Sua chegada aqui a essa hora e neste estado me preocupou. Pressinto que não me traz boas notícias.

– Você precisa partir, Manco. Leve a Coya junto. Saiam de Cuzco imediatamente. Reunirei homens para protegê-los. É nossa única esperança.

Manco sentiu-se estremecer ao ouvir as palavras de Utuya.

– Por Inty! Que motivos tem para dizer-me tal coisa?

– Ouça, Manco, não temos tempo para longas explicações. Vou ser breve e direto. Os rebeldes atacaram Ollantaytambo. Destruíram a cidade. Mataram Kallpa. Os guerreiros do império e a guarda do Inca foram pegos de surpresa pelas estratégias deles. Quando abandonei a batalha, estávamos em grande desvantagem. Dei ordem de debandar na esperança de salvar alguns guerreiros. Quando estava partindo, um mensageiros dos rebeldes enfronhou-se na luta aos gritos, informando que Athaualpa tinha o Inca Huáscar como prisioneiro.

Manco levou ambas as mãos ao rosto num gesto de desespero, enquanto dizia:

– Não pode ser verdade. Isso é horrível! É o fim.

Utuya sacudiu fortemente Manco Yupanki e falou com severidade:

– Não! Não! Pelos deuses, não é o fim. É um momento delicado. Por certo, Huáscar não sobreviverá. Você é o outro descendente com direito sobre o império. Salve-se e fique longe de Cuzco; organize a retomada do poder. Fuja da capital. Venha comigo. Meus homens o protegerão. Vamos para as montanhas.

Manco prestara atenção e concordara com o pensamento do chefe militar. Entretanto, havia outras circunstâncias envolvidas, por isso considerou:

– Você tem razão, Utuya. E saiba desde agora que sua fidelidade ao império será recompensada. Mas não posso simplesmente abandonar a capital. Preciso falar com os conselheiros. Vamos ao salão onde está o conselheiro Thaluqui.

Com passos largos e rápidos, eles abandonavam a sala quando chegou Kara, ofegante e preocupado.

Uma troca de olhar e um breve aceno entre Kara e Utuya foi suficiente para que se entendessem quanto a um saber o que o outro viera fazer. Manco tomou a frente e, indo ao encontro de Thaluqui, falou:

– Apos, os fatos fugiram ao nosso controle. Chegaram informações gravíssimas dando ciência de que Huáscar caiu prisioneiro de Athaualpa e Kallpa morreu em batalha junto com considerável número de guerreiros. Ollantaytambo foi praticamente destruída e o tambo deve estar sob o controle dos rebeldes.

Thaluqui empalideceu ao ouvir a notícia. Intimamente, fez uma curta oração pedindo luz, compreensão e esclarecimento.

– Que situação difícil! Não pensei viver para testemunhar um dia assim no grande Tahuantinsuyo.

– Nenhum de nós, Apos – referendou Kara, com inflexão de tristeza na voz. E prosseguiu: – Abriguei o povo sobrevivente de Ollantaytambo no forte. Não adiantaria trazê-los para Cuzco, a cidade não comporta mais ninguém.

Thaluqui concordou, com os olhos cheios de lágrimas; voltando-se para Manco, declarou:

– Nossas últimas esperanças repousam em você e em Lawra. O povo a ama. Não aceitará facilmente qualquer substituta para ela. E obedecerá a quem a Coya determinar.

– Sei disso, Apos. Minha irmã é uma mulher especial. A protegerei com a minha própria vida, se necessário.

– Fico contente em conhecer que pensa e sente dessa forma. Ela está a salvo. Segura. Precisamos pensar em você. Conhece o caminho que eles seguiram? É para lá que deve ir e aguardar.

– Segui uma única vez aquela trilha. Acredito que chegarei ao destino sem enfrentar maiores dificuldades – respondeu Manco Yupanki. – O chefe Utuya sugeriu um plano que me pareceu bom.

Rapidamente, expôs a idéia para os demais membros da reunião.

– É boa idéia. Apenas precisa de alguns pequenos ajustes. Você, Manco, somente voltará à praça de guerra depois que tiver certeza de todos os fatos e acontecimentos. Eu permaneço na capital e enfrento o que ocorrer. Como bem lembrou Kara, a cidade está lotada e um enfrentamento militar pode deixar um saldo de mortos e feridos muito grande. A experiência me orienta no caminho da resistência passiva, basta de lutas e mortes. Se Huáscar é prisioneiro, Cuzco se renderá sem derramar mais sangue. Que a maioria dos guerreiros se espalhem pelas montanhas em grupos não muito distantes uns dos outros e aguardem. Kara deve ir para as montanhas com eles. Comigo ficarão guerreiros bem treinados e fiéis que agirão também como informantes, relatando o que se passa na capital. Athaualpa não tem noção do número de guerreiros que ainda temos. Se o conheço bem, deve estar tão eufórico com a vitória que pensará ter aniquilado completamente nosso exército e julgará estarem mortos aqueles que não encontrar na cidade. Ele é inteligente e hábil guerreiro, mas não é nada inclinado à política e é um desastre como diplomata. É precipitado e temerário, características em geral opostas ao bom senso. Não desconfiará de nossos planos. O melhor será deixá-lo governar alguns dias para que aprenda as lições da paciência ante às dificuldades, da doação sem reservas ao império e ao povo, do trabalho, da tolerância, do ouvir e falar com moderação e na hora certa, pensando no agora e no depois, sabendo que as palavras ditas geram idéias e atitudes nos outros. Athaualpa é voluntarioso, sempre foi; será, para ele, uma dura lição quando retomarmos o império no momento em que se julgar no controle absoluto.

– Aí, então, atacaremos! Reunirei centenas de homens durante esse período. Eles serão preparados para reassumirmos Cuzco – falou Utuya, com um brilho esperançoso no olhar. – Tem idéia de quanto tempo deveremos esperar, Apos?

O velho conselheiro aquiesceu, balançando a cabeça, e disse:

– Dois ou três meses. Prazo que deverá ser suficiente para

agruparmos o exército e elaborarmos um plano estratégico mais detalhado.

– Sendo assim, Apos, precisarei levar várias lhamas com a carga. Não será arriscado? – perguntou Manco Yupanki.

– É claro que sim – respondeu o conselheiro Thaluqui. – Não existe vitória sem risco.

– Não é a isso que me referia – interrompeu Manco, enquanto Utuya e Kara trocavam idéias paralelas, já pensando em estratégias militares.

Thaluqui encarou firmemente o descendente de seu grande amigo Huyna Cápac, intimamente pedindo a ele que orientasse e esclarecesse o filho, que receberia o pesado legado de um povo ferido, atacado em seus valores. Manco sustentou o olhar do conselheiro, sentindo-se incomodado pela paciência do experiente conselheiro naquele momento.

– Sei, Manco Yupanki, que você não se referia aos perigos da luta, mas eu sim. Permita Viracocha que daqui a algum tempo você seja o Inca, e então entenderá que a vida de um governante é composta de riscos a cada segundo. Que de suas decisões milhares de seres dependem – o povo, os rebanhos, as plantações, os animais silvestres, tudo, enfim, que se encontra nos limites de sua ação. E, para se tornar um vitorioso, como foi seu pai, é preciso: paciência, para ouvir seu povo e conhecer suas alegrias e aflições, desde o ignorado vivente de uma ayllus do deserto de Atacama até um de seus conselheiros e, acima de todos nós, tenha a paciência e a sabedoria de ouvir os conselhos de seus antepassados e dos deuses; tolerância e resignação, pois nem sempre a sua vontade irá prevalecer, embora seja você o soberano; além de nossas vidas mortais existem deliberações maiores e é sábio reconhecer quando encontramos um limite. Por último, desprendimento das coisas, é preciso saber que um líder possui tudo e nada ao mesmo tempo; terá tudo enquanto viver no coração do seu povo, dos seus liderados e eles são seus maiores bens. Não se aflija nem se preocupe com utensílios, eles apodrecem, se destroem por muitas causas; reconstrua o tesouro do império – os valores, as tradições, a cultura e as crenças milenares do nosso povo, que estão sendo ferozmente atacadas nestes dias. Estou lhe dizendo isso porque não sei se estarei ainda aqui quando você retornar, Manco, e gostaria que levasse consigo essas palavras; elas são fruto dos muitos anos que sirvo ao Tahuantinsuyo. Acredito que lhe serão úteis.

Envergonhado ao compreender a pequenez de suas preocupações, Manco baixou o olhar. Em sua mente desfilaram lembranças das manhãs em que seu pai – Huyna Cápac – atendia o povo, suas palavras sempre exaltando o trabalho, o amor, a união e a integração dos povos que viviam sob seu comando. Lembrou suas atitudes diplomáticas nas disputas, pensando sempre em mecanismos pacíficos antes de quaisquer outros. Por fim, recordou os últimos dias, a dedicação e a atenção de Lawra para com a população. Entendera o claríssimo recado do conselheiro. Decidido, ergueu o olhar e, dando mostras da compreensão, aproximou-se de Thaluqui e o abraçou, dizendo:

– Obrigado. Levarei sempre comigo seu ensinamento. Cuide-se para que quando eu voltar possa contar com sua experiência na administração do império.

Thaluqui, emocionado, retribuiu o abraço, sem nada responder. Afagou o rosto de Manco com carinho, como se lembrasse o menino travesso que ele fora no passado, e falou simplesmente:

– Então, vá. Os deuses o amparam.

Manco aquiesceu e rumou para a porta; sob o batente largo, voltou-se, fixou as imagens atrás dos tronos e anunciou em tom solene, erguendo a mão direita:

– Eu voltarei e governarei o império. Juro retomar e honrar nossas sagradas tradições e cultivar a paz, o progresso, o trabalho e todos os valores que há séculos norteiam a nação.

Kara e Utuya prontamente imitaram o gesto de Thaluqui, saudando Manco como o novo Inca, declarando em seguida:

– Juramos servi-lo e ao Tahuantinsuyo até a morte.

Manco Yupanki encarou os amigos e servidores com determinação e coragem e, à guisa de despedida, elevou a mão direita acima da cabeça, apontando o firmamento, e disse:

– Até a vitória.

Ainda se ouvia a voz de Manco reunindo os guerreiros que viajariam com ele, quando Kara e Utuya afastaram-se para orientar seus homens na debandada rumo às montanhas.

Pensativo, Thaluqui contemplou as imagens dos deuses. Precisava comandar os guerreiros que ficariam na capital e no palácio, mas sentia necessidade de silêncio e solidão, a fim de buscar na alma o contato com a divindade. Depois, tinha certeza, faria tudo melhor.

* * *

Athaualpa reduzira a velocidade de seus passos ao aproximar-se do tambo. As marcas da recente batalha ainda estavam visíveis. Cadáveres ensangüentados, lanças partidas, manchas de sangue por toda parte. No ar, o cheiro da carnificina revoltaria o estômago de qualquer amante da paz, mas para o líder rebelde aquele era o perfume da vitória.

Ignorava que, cobrindo-se com um manto de sangue e dor para sua tão sonhada posse como governante, esse mesmo manto lhe pesaria e cobraria tributos, a fim de manter-se sobre seus ombros. A velha lei enunciada há séculos de que quem com o ferro fere, com o ferro será ferido, teria para ele uma aplicação reta e dura. Ferira de morte o seu povo. Pisava sobre cadáveres de irmãos; era lógico e racional que, gerando tamanha dor em mulheres e crianças, houvesse no futuro reflexos do trauma provocado no presente. Houvesse pensado um pouco além dos próprios interesses e teria percebido que jamais seria um inca amado pelo povo. Haveria sempre as manchas do sangue derramado, por força da sua ambição, lançando sobre o seu trono e ao redor de si o odor acre daquele momento.

Alheio à percepção do futuro – característica típica da personalidade egoísta, que atenta sempre para a satisfação pessoal e imediata – Athaualpa contemplava a bizarra cena de um amanhecer tétrico sobre Ollantaytambo destruída, coberta de mortos. Em meio a eles, reconhecia alguns rebeldes; olhava-os e dizia:

– Vocês são mártires da redenção do império. Serão heróis para sempre em nossa memória.

Depois passava ao largo, parando mais adiante, repetindo ante um de seus guerreiros vitimado no campo de batalha a mesma frase. Resoluto, seguia em direção ao tambo.

Além da densa fumaça, o sol lançava raios alaranjados, iluminando e colorindo a paisagem, mostrando que, apesar da noite tenebrosa pela livre ação humana, as leis superiores da vida prosseguiam sendo executadas e que há sempre um recomeço.

Nessa claridade do amanhecer, Athaualpa vislumbrou a principal porta de acesso ao armazém aberta, ouviu o som de vozes alteradas e reconheceu o timbre forte e seco da voz de Chachapuma distribuindo ordens entre seus homens.

Avançou, chegando rapidamente ao tambo e apresentou-se à porta, chamando:

– Chachapuma!

Prontamente o guerreiro reconheceu o som da voz de Athaualpa e correu à frente do tambo com um sorriso vitorioso estampado no rosto, sendo o primeiro a saudar o líder como o novo Inca.

Envaidecido, Athaualpa sorriu, aproximou-se do amigo e abraçaram-se fortemente, comemorando a tão sonhada vitória. Haviam derrotado o exército imperial; contavam que, tendo Huáscar como presa, os demais chefes reconhecessem nele a autoridade e depusessem armas.

– Chachapuma, comandante do meu exército, seu enviado deu-me as novas. Onde está o nosso prisioneiro?

– Venha, Athaualpa. Vou lhe mostrar onde está aquele usurpador de direitos sagrados – respondeu Chachapuma, em tom que ainda mostrava a ira que carregava dentro de si.

Andaram alguns metros no interior do prédio, até Chachapuma tomar uma tocha que se encontrava presa em um pilar de pedra e avançar para o centro, onde Athaualpa divisou guerreiros da guarda de Huáscar, com pés e mãos amarrados e amordaçados; apenas os olhos luziam, manifestando a fúria que os dominava. No centro, preso ao mais grosso pilar, estava Huáscar, também com braços e pernas amarrados e a boca amordaçada.

– Está próximo o dia de nosso último ajuste de contas, Huáscar – declarou Athaualpa quando parou em frente ao irmão. – Apenas não imaginava que você daria tamanha vergonha a nosso povo. Alguém que se disse o legítimo representante dos deuses não poderia ter passado por humilhação igual.

Huáscar olhava-o enfurecido, mas além da fúria seus olhos brilhavam de medo. Temia a morte e o desconhecido; nem mesmo recordar todas as antigas tradições e explicações lhe oferecia ânimo. Mas aturar Athaualpa explorando suas fraquezas só lhe dava maior disposição para lutar.

Resmungava e tentava expressar-se, porém seus esforços acabavam em sons guturais desconexos e raivosos; parecia um cão rosnando.

Ante a impotência do inimigo vencido, Athaualpa o desprezava ainda mais, fazendo-o alvo de deboche sarcástico. Por fim, cansado de brincar de gato e rato com o prisioneiro, declarou:

– Amanhã marcharemos sobre Cuzco. Lá executaremos os prisioneiros.

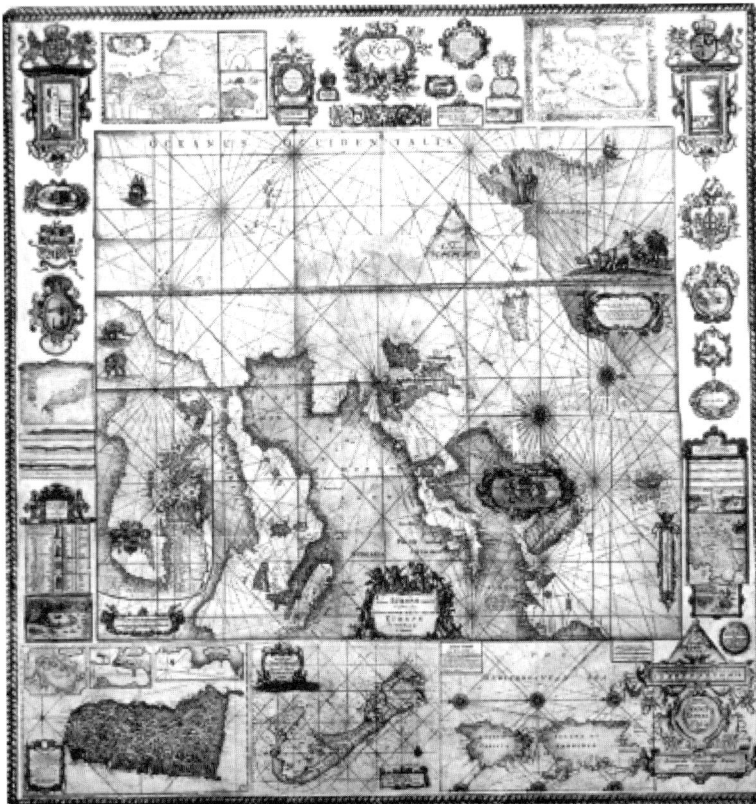

CAPÍTULO VI

"COM O FERRO SERÁ FERIDO, CONFORME SUA CRENÇA."

"Meu alimento é a cólera; ceio a mim mesmo, e assim morro de fome, de tanto me fartar."

(William Shakespeare. *Coriolano*, ato IV, cena II: Volúmnia.)

– Terra! Terra! – gritavam os homens, vislumbrando a olho nu o litoral do Tahuantinsuyo.

Diego correu ao cercado do galeão, mirando embevecido a praia a poucos quilômetros. O verde das árvores, a areia, os pássaros... Mal conseguia acreditar que, enfim, todos os perigos da jornada para chegar ao famoso Eldorado haviam cessado. Principalmente, a incerteza da existência de um pedaço de terra no oceano Pacífico além do último porto controlado pela Ordem.

– Ele existe – dizia Diego em voz suave, como se sussurrasse nos ouvidos de uma amante palavras do mais puro deleite. – Ele existe.

– Sim, existe – interferiu Pizarro animado, aproximando-se e contemplando a paisagem costeira bastante próxima. – Enfim, cheguei! Depois de tantas tentativas, encontrei o Eldorado. Valeram todas as lutas contra esse mar indômito; honrei a morte de meus irmãos de cavalaria.

– É verdade. É um bravo navegador, capitão Pizarro. Realizou um grande feito de navegação conduzindo esta expedição até aqui. Terá seu nome na História.

– Importa-me cumprir o acordo com os reis da Espanha e levar daqui tanta prata e ouro como ninguém jamais sonhou na Europa. Riqueza, muita riqueza, isso o que nos move, o restante é conversa – retrucou, seco, Pizarro. Porém, o brilho de vitória não se apagava das pupilas de seus olhos. Observando que seus homens se quedavam inertes contemplando o litoral, ordenou:

– Atenção, homens, ancorar. Preparar botes para descer à terra e inspecionar o local. – E, voltando-se para Diego, determinou: – Faça seus registros imediatamente, relate em nosso diário esta chegada. Eu e você permaneceremos a bordo, aguardando a chegada do capitão Estêvão e seus homens.

Diego balançou a cabeça afirmativamente, embora lhe custasse grande mal-estar permanecer na embarcação ancorada. Ansiava pisar em terra, sentir o solo firme sob seus pés e respirar o ar com os odores das árvores e plantas. A oscilação do casco do navio e o cheiro salgado do mar lhe eram insuportáveis; de antemão sabia que nunca se acostumaria a eles, davam-lhe náuseas.

Dizem que o homem a tudo se acostuma; verdade é que há momentos em que se tolera muita coisa desagradável. O homem só se acostuma ao que lhe dá prazer; a dor e o sofrimento são sempre, e quando muito, tolerados.

Os marujos permaneciam embevecidos, admirando a praia logo à frente. Com muito ruído, conversas e gritos, cumprimentavam-se uns aos outros pela façanha alcançada. Para aqueles que viviam o prazer da aventura, haver chegado àquele ponto era um feito. Afinal, nenhum navegador europeu chegara até ali antes. Era um marco e eles se sentiam heróis. Notando o estado de dispersão, Pizarro subiu sobre uma caixa, sacou a arma que carregava na cintura e disparou um tiro. Foi o suficiente para que todos corressem à sua volta, com rostos repletos de indagações do tipo: "Que fazer agora?", "Deveriam montar um forte logo na chegada?", "Iriam se arriscar em busca do tal Peabiru?", "Ou se desincumbiriam de chegar à capital do rei branco, buscando caminhos próprios?".

Essas e outras dúvidas pulsavam na mente dos homens e transpareciam em seus rostos, levando Pizarro – que, apesar de tosco em termos de comportamento e ignorante de formação acadêmica, era um dos maiores navegadores da Ordem na Espanha e um aventureiro conquistador de terras, metais preciosos e o que mais lhe pudesse interessar – a considerá-los bárbaros avarentos.

Observando-os agruparem-se em um semicírculo no convés da embarcação, logo abaixo de seus pés, um sorriso de satisfação se implantou em seu rosto e foi em tom de voz alegre que Diego o ouviu expor as razões para pedir aos homens o máximo empenho e cuidado na exploração da costa por terra. Finalizou seu breve e improvisado pronunciamento, conclamando:

– Homens! Ao trabalho. O Cristo espera que façamos a nossa parte, levando a Sua mensagem e a Sua palavra aos selvagens destas terras. Temos uma missão divina; onde chegar a bandeira de nossa Ordem, aí deve haver o respeito, a liberdade e o progresso, juntamente com a mensagem sagrada do Crucificado. Somos sagrados cavaleiros. Saibamos honrar este título! – As palavras de Pizarro caíram no silêncio concentrado dos tripulantes, todos o ouviam com máxima atenção, embora seus olhos passassem cegos por sua figura, fixando-se na praia. – Lembrem suas famílias, seus amigos, nossos companheiros que deram a vida antes de nós para que chegássemos hoje a esta praia. – Pizarro fez o sinal-da-cruz e proferiu uma breve oração pelos mortos, no que foi seguido pelos demais. Depois, concluiu: – Lembrem que da pilhagem desta conquista temos grande porcentagem, não desperdicem nada. Qualquer metal valerá muito na Europa nos próximos tempos; a época das especiarias dominarem a economia chega ao fim. Não haverá mais fortunas feitas de canela e pimenta, mas de prata, ouro e outros metais. A prata da Nova Espanha encherá nossos navios e nos fará homens ricos. Muito ricos!

Palmas, gritos e sons de ruidoso entusiasmo se fizeram ouvir no convés do navio.

– Viva a fortuna! – gritavam uns.

– É a glória! – outros respondiam.

– Fama! Vitória! Prata! – festejavam mais alguns.

– Tudo isso é nosso, homens! – concordou Pizarro. – Fortuna, glória, fama, vitória, teremos tudo isso e muito mais quando aportarmos na Espanha com nossos navios repletos de ouro e prata.

Diego observava as comemorações e a conversa dos homens sem esquecer os planos de mestre Yusef: ocupar as terras e receber os dízimos da Igreja e o vice-reinado das mãos dos reis católicos da Espanha. Expandir a Ordem e seu patrimônio para as terras que avistavam. Segundo o que ouvira, Pizarro esquecera-se do propósito.

"Não vou lembrá-lo", pensava Diego. "Ainda não coloquei os pés em terra firme, não sei o que encontraremos. Daqui, a praia parece bonita. Não sei como serão esses selvagens que a habitam. Neste tempo a bordo e em contato com os portos controlados pela Ordem, já ouvi tantas histórias... Melhor será aguardar."

– Desçam os botes. Seis homens em cada. Dez ficarão a bordo, incluindo eu e D. Diego. Inspecionem detalhadamente a área e retornem o mais breve possível.

Prontamente, a tripulação voltou-se a desfazer as amarras que retinham os botes. Minutos depois, o som dos botes lançados à água ecoava nítido nos ouvidos do neto de D. André, acompanhado da algazarra dos homens, que riam por nada, sonhando com a prata e as riquezas que teriam no retorno à Europa.

Do alto do convés, Pizarro acompanhava a partida de grande parte de seus comandados. Diego lançou um novo olhar à paisagem terrestre, depois ao céu de um azul cristalino, às águas cor de esmeralda. A brisa suave lhe batia no rosto, proporcionando-lhe agradável sensação de bem-estar e leveza.

O último bote estava distante quando Diego aproximou-se de Pizarro, informando:

– Estarei na cabine de comando, organizando nossos mapas e informações, para tê-los bem à mão. Serão necessários assim que os homens voltarem.

Pizarro apenas anuiu, dizendo rapidamente:

– Vá!

..*

Chegando à praia, os grupos de marinheiros saltavam felizes, em total alvoroço, desesperados para sentir terra sob os pés, ainda que fosse o solo marinho recoberto por fortes ondas. Faltando poucos metros para atingirem a areia, lançavam-se ao mar, festejando.

Os botes vazios foram rebocados para terra e escondidos em meio à vegetação. Depois de garantirem a segurança do meio de transporte para retornarem ao navio, deitaram-se alguns segundos ao sol, que, pela posição, acusava ser meio-dia ou mais.

Não sentiam fome ou sede, tamanha agitação os dominava. Os mais experientes foram os primeiros a recobrar o fôlego e a razão. Logo ajeitaram as vestes, empunhando as armas. Um dos homens, conhecido por Valente, um dos mais experimentados, sugeriu:

– Temos uma missão a cumprir. Proponho que nos dividаmos em grupos, indo um para a direita, outro para a esquerda e os demais seguirão para cima. Vamos vasculhar a área até o meio da tarde, então deveremos voltar a bordo.

Formaram os três grupos e partiram para explorar a área. Voltaram à praia no horário combinado. Cada qual tinha uma história maior e mais fascinante, relatando o que tinham visto.

– O sol está descendo, logo vai escurecer e precisamos retornar ao navio do Capitão antes da noite. Vamos nos apressar; busquem logo os botes escondidos. Chega de conversa. – determinou Valente.

O alerta do experiente marinheiro serenou os ânimos rapidamente, fazendo retornar a unidade e a obediência ao grupo. Os mais jovens marcharam em direção aos arbustos onde haviam escondido os botes, retornando em seguida e depondo-os na beira do mar.

– Homens em linha – ordenou Valente. – Vou conferir se não falta ninguém.

Passou os marujos em revista, constatando:

– Falta um homem.

Balbúrdia de preocupação envolveu o bando.

– Ariel é quem está faltando – informou convicto um dos rapazes.

– Ariel? – indagou Valente, com um acento de incredulidade. – Mas ele é tão esperto, atento, briga bem, não haveria razão para...

Um grito ecoou pela praia, chamando a atenção dos marujos.

– Esspereeemmm! Esspereeemmm!

Valente voltou-se, instintivamente, na direção do chamado. Distinguiu perfeitamente dois homens correndo na praia. Identificou Ariel, mas o outro usava roupas muito coloridas e estranhas, esvoaçando em tons de vermelho e amarelo.

– É ele – murmuravam os homens, aliviados. – Graças ao Cristo.

– É – respondia de maneira lacônica Valente. – Quem será que o acompanha? Corre solto ao seu lado, parece vir em paz, mas é bom que fiquem atentos.

As advertências de Valente foram apoiadas, julgavam acertada a orientação de prudência e prontidão com o desconhecido.

Conforme os dois vultos se aproximavam do grupo, iam se tornando visíveis as características pessoais. Causava estranheza a Valente a semelhança que notava no estranho com os homens europeus.

Esbaforidos, os corredores se aproximaram do grupo. A visão de Valente não lhe deixava mais dúvidas: o homem que acompanhava Ariel era de origem européia.

– Valente – chamou Ariel.

Abrindo espaço entre os homens, Valente surgiu ao lado do marinheiro, aguardando calado as explicações do subordinado, cujo rosto resplandecia, jubiloso.

– Amigos, Jesus Cristo, o Deus em forma de homem, guiou meus passos. Descobri, perdido nesta terra, ninguém menos que o companheiro Khalil, que todos julgávamos morto.

Uma salva de palmas irrompeu do grupo. Os marujos cercaram o resgatado, envolvendo-o em abraços intermináveis. Foi uma recepção calorosa. Khalil chorava copiosamente; emocionado, não sabia se devia entregar-se aos abraços ou ajoelhar-se, agradecendo aos "santos". Passados alguns minutos, com os sentimentos mais tranqüilos, Khalil fez um curtíssimo resumo dos seus últimos três anos.

– Meus amigos, posso dizer que vivi o inferno de perto. Na noite do naufrágio de meu navio, as ondas eram gigantescas, o vento urrava furiosamente e nós éramos mais frágeis que uma folha lançada no mar. A violência das ondas acabou arrebentando o casco do navio e logo ele afundava. Estávamos muito distantes da praia, os homens estavam cansados e fracos, a comida havia terminado, nosso único alimento era peixe cru, a água era escassa e estava estragada. O escorbuto já se manifestava em muitos. A situação era muito séria. Havíamos cometido erros ao calcular a quantidade e utilização dos suprimentos. As tempestades nos atingiram várias vezes e a estrutura do navio fora danificada. O reparo feito em nosso último porto não resistiu. As águas invadiram e afundaram o navio. Eu e mais dois marujos conseguimos usar um dos botes, porém ele emborcou durante o primeiro dia que ficamos à deriva. Ruiz e Aldovar afogaram-se. Eu consegui manter-me agarrado ao casco. Muito fraco, fui jogado na praia, onde o povo do Tahuantinsuyo me acolheu. Vivi todos esses dias entre eles e lhes digo com segurança que eles possuem muito mais riquezas do que se comentava na Espanha.

– Existe mesmo a montanha de prata? – indagou Ariel.

– Chamam-na Potosí – informou Khalil. – E há, também, muitas minas de prata, ouro, pedras preciosas, minérios de diversos tipos. Eles usam prata para toda e qualquer coisa, desde taças até jóias. Aqui todos usam jóias, muitas jóias. Eles não dão valor à prata, ao ouro; por estranho que pareça, não dão valor a nada. Preocupam-se só com seus deuses, suas colheitas, as crenças e coisas desse tipo.

– Você conhece o rei branco? Como é o exército que vamos enfrentar? – indagou outro marinheiro.

Valente julgou prudente interferir. Conhecia Pizarro, sabia que ele não gostaria de conhecer aquelas informações depois dos marujos; por isso, ordenou:

– Está tarde. Precisamos retornar ao navio. Capitão Khalil irá conosco. A bordo, ouviremos a sua história.

Khalil aprovou a decisão, empenhando-se no auxílio aos homens. Logo os remos batiam cadenciados e ligeiros contra as águas, rumo ao galeão.

Na efusiva comemoração pelo resgate de Khalil, os exploradores não haviam notado a discreta observação feita por alguns moradores do vilarejo existente na praia. Eles conheciam Chinkasqa e acompanhavam sua vida a distância. Vê-lo tomado de excitação e cercado por outros homens semelhantes a ele, usando roupas estranhas, despertou-lhes a curiosidade, levando-os a segui-los. Olharam-se cheios de perplexidade ao ver Chinkasqa entrar no bote e partir feliz em companhia dos estranhos. O anoitecer não favorecia que divisassem a embarcação ancorada. Com poucas palavras, deliberaram comunicar ao chefe da aldeia os fatos presenciados na praia.

Ao chegarem no vilarejo de Puerto Viejo, dirigiram-se apressados à residência do chefe, participando o acontecimento. O líder remexeu-se inquieto e tornou-se pensativo determinando depois a três guerreiros experientes:

– Vigiem-no. Descubram que fim levou dentro do mar e voltem brevemente para me dar notícias. Levem consigo a certeza de que, quando Viracocha não quer, nada acontece.

***

A caravana que partira de Cuzco conduzindo a Coya chegara sã e salva à cidade sagrada, sob a segura direção de Wanka.

Atipaj integrava-se às funções ordinárias do templo. Lawra e Naira ocupavam o palácio destinado ao Inca. A pedido da Coya, Naira ficara residindo com ela, e não na casa das acclas do sol. Porém, como lá, nas alturas dos picos das montanhas, a paz e a harmonia das tradições e hábitos do povo permanecessem inalteradas, Naira insistira em dedicar algumas horas de seu dia ao ofício de tecelã e a caminhadas pelos campos e terraços agrícolas, evocando as bênçãos de Mama Quilla, Pachamama e Mamasara, estabelecendo uma nova rotina.

Naquele cair de tarde, sentada no colo de Naira em uma das grandes salas do palácio, a pequena Loma Tika deixava sua tutora desenredar seus longos cabelos para depois prendê-los em finas tranças, num trabalho que demandava tempo e paciência. Enquanto o realizava, a accla repetia com a pequena os rituais da própria infância, contando-lhe histórias da cultura do povo e falando-lhe da fé nos deuses que amparavam o povo inca. Com muito carinho, ensinava-lhe a observar a natureza, descobrindo que havia trabalho e atividade incessante sempre, organização e tempo para todos os acontecimentos e que, através disso, sentia-se a proteção e a presença de Viracocha. Levava-a a observar a reação da natureza à mudança das fases da lua, preparando-a para reconhecer essas mudanças em seu próprio corpo, notando que todos se integravam e se ligavam na criação, sendo as mesmas as leis que regiam a vida do homem e dos demais seres vivos, razão de respeitar e amar todas as formas de vida; enfim, Naira a fazia entender os ensinamentos que Sariri lhe transmitira quando era menina. Assim, ocupava suas horas e as da menina, sendo útil, mantendo-se saudável e evitando entregar-se a sentimentos derrotistas, que a levariam fatalmente a um estado de perturbadora tristeza.

Lawra, com o olhar carregado de preocupação, usava parte de seu tempo em acompanhar as atividades de Naira; de certa forma, invejava o relacionamento maternal da accla com sua protegida. Outro tanto era ocupado em preces e oferendas nos templos da cidade; e, o tempo restante – composto de muitas horas –, olhava pelas janelas, esperando, esperando, esperando, nem ela sabia exatamente o quê.

Wanka vinha visitá-las sempre que suas atividades permitiam. Aquela era uma dessas tardes; desde que chegara, notava a agitação de Lawra e, não mais se contendo ante o nervosismo que atacava a soberana, alertou:

– Coya, é preciso dar-se paz. De nada resolve tamanha agitação; assim, não conseguirá nem ao menos pensar com lucidez. Acalme-se, eu lhe peço.

– É um pedido muito difícil de ser atendido. Especialmente se soubesse que, sobre seus ombros, encontram-se as vidas de muitas pessoas. E não sei o que é pior: se deixarmos Athaualpa vencer, evitando saques e mais dor de cabeça, ou se realmente não seria melhor atacá-lo e dizimar seu exército.

– Por Viracocha! Não diga nada sequer parecido – alertou Wanka. – A guerra se alimenta da guerra. Nós as criamos e, cedo ou tarde, elas cobram seu preço, que é a vida de seu autor. O ódio que alguém carrega no peito é o mesmo que contamina seus adversários. As emoções são contagiosas. E lembre-se: o que existe e nos cerca no mundo exterior, foi atraído pelo nosso interior.

A Coya voltou as costas à janela, encarando, levemente irritada, mestre Wanka e dirigindo-lhe palavras amargas:

– Meu mundo era de paz e trabalho. Como se justifica que

tenha de enfrentar tudo isso? E como posso, mestre Wanka, manter-me em paz quando o Tahuantinsuyo desmorona diante dos meus olhos? Penso diariamente no que direi aos deuses e aos nossos antepassados se eu morrer amanhã. Como justificar que tudo acabou?

Naira, que ouvia o diálogo entre Wanka e Lawra calada, atentando para as tranças de Loma Tika, abraçou a menina e, olhando a Coya, falou:

– Mestre Wanka está tentando lhe dizer que, se não mantiver em si a mesma disposição de paz e trabalho, então, sim, tudo estará perdido, Coya. Se deixar que a raiva e o rancor dos contendores a contaminem, nossas últimas esperanças irão por terra. Onde ninguém cultiva a paz, a esperança e o trabalho é um local triste, desolado, onde imperarão as forças mais inferiores e infelizes que carregamos em nós – a ira, o ódio, a inveja, a violência. Tudo isso deixará marcas de dor, mágoas, feridas abertas não só nos corpos, mas na alma das gentes. E muito tempo será preciso para que cicatrizem e se transformem em sinais que lembrem o que não devemos fazer. Veja bem, de que vale se afligir, se angustiar com o dia de amanhã? Importa o que pensamos e realizamos hoje, agora. Conservemos sempre a esperança de olhar o futuro como um dia melhor, quando tudo o que nos fere e machuca for passado. Lembre-se de como surgiu nosso mundo, lembre-se dos tempos dos gigantes. A busca e a manutenção da paz e da esperança em nós é um dever que nasce do amor à vida e ao Deus Supremo. Não se exaspere. Confie.

Wanka sorriu ternamente, contemplando sua amada. Naira, sentada com a menina no colo, era a personificação da beleza feminina. Ela tinha o encanto e a doçura, o desapego e a ternura, a paz de um coração amante que entende que amar vai além, muito além do ter, do possuir, para chegar às conjugações sublimes do ser. Ele sabia que a accla tinha ainda uma grande jornada a percorrer no seu crescimento, mas era visível que ela trazia uma grande disposição de vencer. Para ela, o sentimento do amor já era compreensível e se expandia, tornando-a feliz em qualquer circunstância.

Lawra aprendera a ouvir e acatar as ponderações da accla. Suas visões, seu temperamento dócil, afável e o linguajar simples a fizeram querida pela soberana, que a tinha como uma amiga; parecia-lhe mesmo que sempre estivera ao lado de Naira, e não que a conhecera naqueles meses conturbados. Olhava-a e o que via diferia um pouco da concepção de Wanka: enxergava uma mulher e uma menina, generosa, bondosa, confiável, sábia, mas um tanto ingênua. Muitas vezes se perguntava que experiências a teriam feito conquistar as virtudes que reconhecia. Como uma accla do sol levava uma vida de trabalho e dedicação ao povo e aos deuses, donde viria sua experiência com os humanos sentimentos? Independente dessas divagações, as palavras de Naira sempre a tranqüilizavam e as entendia e assimilava.

– Naira é muito sensível, entendeu perfeitamente o que eu queria lhe dizer – respondeu Wanka, sereno. – Quanto ao Tahuantinsuyo, minha Coya, antes de ser responsabilidade sua ele faz parte do grande universo do Criador. Observe as estrelas, são mundos vagando em torno do Sol, são criações Dele. Cada uma segue seu caminho em perfeita ordem e harmonia, comandada por leis soberanas e sábias. Olhe a natureza a nossa volta, quantas tempestades essas montanhas, árvores e rios já presenciaram. Antes de nós, outros povos habitaram aqui, nos legaram muito do que sabiam, deixaram sua passagem sobre a Terra assinalada nos monumentos e nas artes que conhecemos. E se foram! Há todo um movimento de renovação na vida, Coya Lawra. Precisamos estar atentos para também participarmos das renovações. Ainda que uma tempestade nos pareça violenta, que arrase e destrua à sua passagem, se ela não acontecesse, à desarmonia das forças da natureza destruiria mais, tornaria mesmo insuportável a vida na Terra. Portanto, quando sobrevém um momento turbulento em nossas vidas, devemos pensar que, se eles não viessem, seria pior, sofreríamos mais e permaneceríamos como pessoas mortas, sem exercitar nossas inteligências em busca da compreensão do melhor. O grande império inca é, antes de tudo, obra do Criador e não precisamos nos preocupar com suas deliberações, que são sempre muito mais sábias, amorosas e inteligentes que as nossas. Acredite!

– Acredito no que me dizem, mas ainda assim preocupo-me. Afinal, foi esse mesmo Deus que colocou em minhas mãos a responsabilidade.

– Naira me diz que Viracocha não vai pedir de mim o que eu não posso dar, nem vai esperar que eu faça o que é trabalho dele, Coya – falou Loma Tika, mostrando que a percepção da criança é muitas vezes ignorada e mal compreendida pelos adultos, que se apegam à ilusão de um corpo pequeno. – Quando eu for uma accla do sol, só devo ajudar o trabalho dos deuses, não é assim, Mama?

Naira foi tomada de carinho por sua pequena protegida e abraçou-a fortemente, beijando-lhe os cabelos trançados.

– É, minha pequena. É exatamente assim. Foi o que me ensinaram minha avó Sariri e a Mamacomas Kusisa, e eu cresci e vi que era realmente como elas haviam me ensinado. Quando você crescer e entrar no templo como uma accla do sol, lembrará de mim e do que lhe ensinei, que aprendi com nossos antepassados – respondeu Naira. E, voltando-se para a Coya, comentou: – É isso o que me dizem os espíritos de nossos antepassados, Coya. Nosso real império deve ser sobre as almas. Nelas devemos semear as tradições, as crenças, os costumes que fizeram de nós uma grande nação. Assim é que o Tahuantinsuyo será imortal. E, sendo assim, poderemos enfrentar os deuses e nossos antepassados com dignidade, pois não são construções de pedra e adobe que eles esperam que cultivemos, mas o amor, o dever, a paz e todos os valores de espírito que nos legaram. Todo o restante é passageiro. Aparece e desaparece, para ressurgir mais adiante. Só o que semeamos de bom nas almas produz para sempre.

Lawra respirou profundamente; um leve relaxar dos ombros e da musculatura da face emprestou-lhe um ar menos carregado; seus lábios, antes comprimidos em uma linha mais fina, retornaram ao habitual e generoso desenho. Pelo exterior, podia-se deduzir que intimamente as palavras de Naira e mestre Wanka haviam produzido idêntico efeito, desarmando sentimentos de ira e revolta, reconduzindo seu mundo interior a uma atmosfera mais serena.

– Obrigada, meus amigos. As palavras de vocês me confortam, tranqüilizam; sinto como se um incêndio houvesse sido debelado. Algo que queimava dentro de mim antes de nossa conversa, agora esfriou.

Wanka sorriu, uniu as mãos em frente ao corpo, bem próximas do baixo ventre, e olhando a soberana, pensou:

"Esfriou. Ela usou a palavra certa. Lawra incendiava-se nas chamas da ira, da revolta e da descrença. Esquecia-se completamente de observar a vida com um olhar mais amplo, com sentimentos nobres, buscando integrar-se às correntes de comportamentos orientados pela justiça, pelo amor e pela caridade. A fé vacilou. Os acontecimentos deixaram marcas profundas na Coya, despertando seus sentimentos mais próximos do instinto e desencadeando um abalo em seu ser – estava distante dessa sua realidade há tanto tempo que quase a esquecera. Eram brasas que jaziam nos recônditos de seu ser e a violência desses dias assoprou qual vento, oxigenando e levantando labaredas. Eu e Naira apagamos as primeiras chamas e esfriamos as brasas, oxalá possa esse resfriamento ser duradouro."

Naira observava a reação de Wanka. A intensa convivência a tinha ensinado a conhecer a natureza ativa de Lawra, não adepta de longos silêncios e meditações; por isso, imediatamente provocou o início de outro tema na conversa dos três, reconhecendo que a presença do amauta era uma alegria pessoal para si mesma e muito benéfica ao esclarecimento da soberana.

Envolvidos em fraterna e empolgante conversação, nem viram o sol se recolher e dar lugar a uma noite de lua cheia, que iluminava os altos picos das montanhas nevadas, ofertando uma visão de beleza ímpar a quem se dispusesse a notar a solicitude de Deus em permanentemente nos presentear com belezas, harmonia e cenas enternecedoras.

* * *

Inquieto com o atraso dos homens e ansioso por ter notícias

das terras pelas quais arriscara-se a navegar, explorando por três vezes consecutivas regiões desconhecidas do oceano Pacífico, Pizarro andava da popa ao leme; repetira incansavelmente esse trajeto durante a tarde.

Vez ou outra tomava a luneta e mirava as areias da praia. Em uma dessas oportunidades, acompanhou a distância a reunião dos seus marinheiros e depois contemplou, com um sorriso cheio de ironia e prazer – revelando assim o que lhe ia na alma – a chegada de um homem alto, barbudo, cabelos carentes de um bom corte e cuidados. Ajustou a luneta sobre o jovem e empertigado homem que acompanhava Ariel. Era-lhe familiar, sem sombra de dúvida. Sua expressão determinada e altaneira, mesmo a distância, era fácil de ser reconhecida.

– Jesus Cristo! Ele sobreviveu – murmurava tomado de espanto e fixava novamente a luneta no rosto do homem estranho que vinha a bordo do bote.

Discretamente, o capitão olhou na direção de Diego, sentado próximo ao leme, que esperava pela chegada dos homens tranqüilamente; acompanhar a agitação de Pizarro não o auxiliaria em nada e, assim, havia se juntado ao fiel Companheiro em seu momento de descanso. Nem ao menos suspeitava da grande novidade que chegava no bote. Dado seu desinteresse pelo presente que lhe fizera a esposa na ocasião da partida, nem ao menos fazia idéia de quem era e o que representava o resgate do capitão Khalil. Mas Pizarro alisava a barba e sorria com deleite, prevendo um futuro conturbado para o genro do mestre.

"Vai ser muito interessante acompanhar esse embate. Yusef fez de tudo para transformar esse inútil em um cavaleiro da Ordem, inclusive permitiu o casamento da filha, na suposição de que o capitão Khalil estivesse morto. Agora tudo vai mudar! Como irão se livrar desse fedelho é que vou aguardar para ver", pensava Pizarro, olhando com desdém para Diego acariciando o cão.

Decidido a assistir à melhor distância possível o desenrolar dos acontecimentos, mas saboreando antecipadamente as retaliações de que, pressentia, Diego seria alvo, Pizarro pigarreou e comunicou a fim de verificar-lhe a reação:

– Diego! Venha ver, nossos homens trazem um antigo companheiro que julgávamos morto.

Interessado, Diego acorreu com presteza para junto do capitão e, tomando a luneta, mirou o bote que vinha em direção ao navio.

– Conhece-o, capitão?

– Claro, navegamos juntos na expedição anterior. O navio dele naufragou. Viajava à nossa frente. É um homem do mar destemido. Resolveu enfrentar e conhecer a fúria das tempestades do Pacífico e pagou o preço – respondeu Pizarro, dosando as informações e um tanto desapontado com a inexpressividade do rosto de Diego. – É o capitão Khalil. Nunca ouviu falar dele?

– Não – respondeu secamente Diego, devolvendo a luneta. – Deveria?

– Era muito próximo da família de mestre Yusef – informou Pizarro, desconcertado com a frieza de Diego. – Julguei que conhecesse a história dele.

– Por certo valorizaram demasiadamente a amizade dele com o nosso mestre. Nunca ouvi esse nome antes. É espanhol?

– Sim. Tem as mesmas origens da família de mestre Yusef: parte descendente de mouros da Andaluzia e parte espanhola.

– Interessante. Fico feliz que ele tenha sobrevivido. Esperamos que esteja lúcido. Um louco a bordo neste momento não seria necessário. Já tivemos nossa cota de aborrecimentos nesta viagem. O momento é de nos prepararmos para desbravar esse mito do Eldorado e sairmos daqui mais ricos do que quando chegamos.

A menção de eventuais problemas mentais no capitão Khalil preocupou Pizarro; não aventara a hipótese, mas era perfeitamente plausível. Mentalmente fez os cálculos de quanto tempo se passara desde o naufrágio e murmurou para si mesmo:

– São passados mais, bem mais de quatro anos. É muito tempo.

– É, capitão – concordou Diego, que ouvira e entendera as palavras do capitão. – Precisamos estar atentos. Além do que, é possível que existam doenças desconhecidas entre esse povo e sabe-se lá o quê, após tantos anos, pensa o náufrago. Precisamos tomar cuidado.

O desdém de Pizarro esfriou completamente; o deleite transmudou-se em preocupação. Não pensara, sequer por um minuto, nas possibilidades levantadas por Diego. E, pior, era obrigado a reconhecer que tinham fundamento.

Silenciou. Aguardaria a chegada do náufrago resgatado com menos entusiasmo e mais atenção, desconfiado.

* * *

Exausto, Manco galgava os últimos metros de ascensão do caminho, para chegar à cidade sagrada pela trilha dos sacerdotes. Fizera o percurso com poucas paradas, impondo-se um ritmo acelerado.

Ao ver as tochas que iluminavam as ruas da cidade, ele exultou. Sentia-se vitorioso, ainda que soubesse o muito que tinha à sua frente. Escapara da sanha sanguinária de Athaualpa e consigo carregava as esperanças dos conselheiros e de todos aqueles que vislumbravam a extensão real das atitudes destemperadas de seu irmão. Aqueles meses de luta o haviam amadurecido.

Tocando as paredes dos muros que protegiam a cidade, recordava a anterior visita. Não era mais o mesmo. Ainda guardava ressentimento de Huáscar, recriminava-o por suas fraquezas e indecisões como governante, maldizia-o por não devotar a Lawra maior atenção e afeto, preferindo as atenções de Wayna.

– Como terá sido o fim daquela infeliz traidora? – questionava-se em voz alta. – Por certo morreu. O castigo que Huáscar lhe destinou foi merecido. Quisera ver Athaualpa receber o cadáver da maldita em sua posse.

O grande diferencial nos sentimentos de Manco era a transformação da inveja. Durante aqueles meses de disputa interna esquecera-se de si e de muitas outras pequenas banalidades que antes lhe ocupavam os dias e o pensamento, ao entregar-se de corpo e alma ao trabalho de socorro e assistência ao povo. Descobrira que seu amor à nação inca superava seus sentimentos pessoais e comparecia novamente à cidade sagrada, agora cônscio de seus deveres maiores e disposto a tudo para tornar viável a recuperação do império.

Um dos vigilantes que guarnecia a entrada da cidade sacou uma tocha para iluminar a trilha, pressentindo a aproximação de algo. Ergueu a tocha e vasculhou o entorno com olhos atentos, surpreendendo-se ao iluminar a figura exaurida do nobre inca agarrando-se às paredes da muralha.

Ofuscado pelo brilho da tocha, Manco piscou várias vezes e, buscando umedecer a boca, sugou a própria saliva; então, falou:

– Não se assuste. Venho em paz. Sou Manco Yupanki, tenho conhecimento de que a Coya se encontra sob a proteção de mestre Wanka, trago-lhes notícias da capital e preciso vê-los com urgência. – Sacando de dentro da túnica uma corrente em ouro e prata, apresentou-lhe um medalhão e tornou a falar: – Leve-me até eles imediatamente.

– Eu o reconheço, Manco Yupanki – replicou o vigilante. – Vou levá-lo à casa de mestre Wanka. Siga-me.

– Dê-me seu cantil. Tenho sede – pediu o recém-chegado. Sendo prontamente atendido, sorveu o líquido em grandes goles, cujas sobras lhe escorriam pelo canto da boca, refrescando o pescoço suado.

Saciado, Manco reuniu suas combalidas forças, pondo-se ao lado do vigilante em marcha até a praça central e, dali, à casa de Wanka.

Escurecera e a cidade era de uma paz e quietude admiráveis. A aragem fria da noite andina convidava ao recolhimento e ao aconchego das casas, por isso as ruas estavam desertas, ecoando os passos de Manco e seu guia sobre as ruas calçadas de pedra.

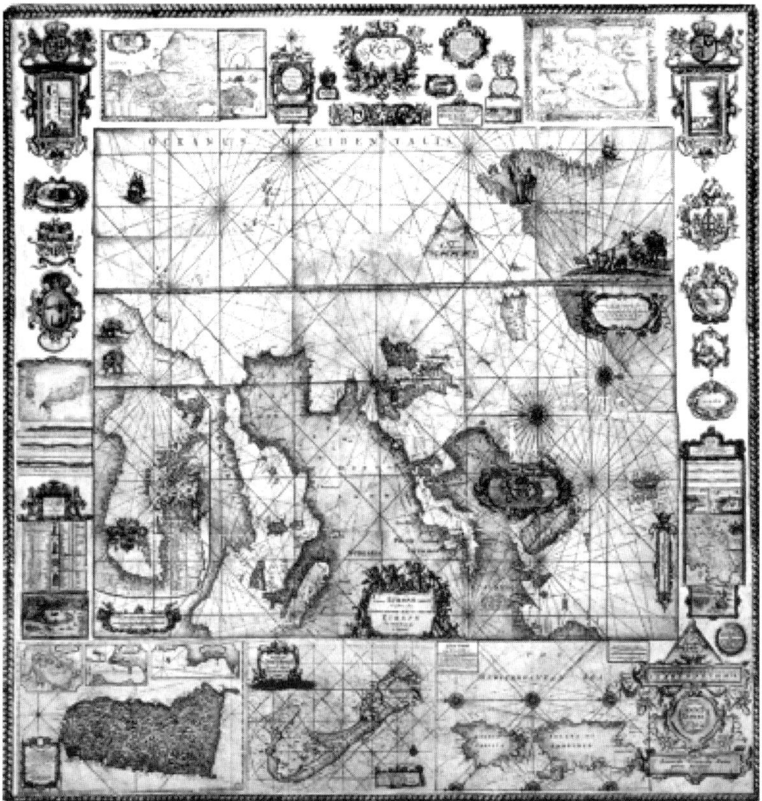

CAPÍTULO VII

O Último Inca

"Só a alma é que macula a natureza."

(William Shakespeare,
Noite dos Reis,
ato III, cena IV: Antônio.)

Em Cuzco, o palácio inca regurgitava atividade.

Grande aglomerado de população sofrida, machucada, vitimada pelo ataque a Ollantaytambo insistira em ir falar à Coya. Impotente, Kara obrigara-se a deixar partir aquela pobre e triste caravana de mulheres, velhos e crianças estropiados, sabendo que não encontrariam a Coya, mas não tivera argumentos que os convencessem a ficar. Apenas os mais enfraquecidos e gravemente feridos haviam permanecido no forte.

A manhã chegava ao fim e poucos se mostravam conformados em não ver a Coya. Sofridos e famintos do corpo, julgavam-se também abandonados por sua protetora, por sua deusa. Incomum tristeza e inatividade enchiam as ruas da grande capital.

Apos Thaluqui e Kusisa desdobravam-se em atenções e explicações, recebendo os líderes de ayllus, enquanto, secundando-os, muitos auxiliares atendiam o povo. Entre uma entrevista e outra, trocavam olhares cheios de preocupação e mútuo entendimento.

Os dias de dificuldade desenvolvem capacidades e percepções que em outros tempos nos passam despercebidos e são relegados; mas, em situações extremas, a linguagem da expressão do olhar, dos pequenos gestos, da própria transmissão de pensamento entre encarnados se aperfeiçoa. Era o que se passava entre o sensível e experiente Thaluqui e a dedicada Mamacomas, um simples olhar transmitia pensamentos e sentimentos, comunicando seu secreto temor do momento que aguardavam desde que haviam sido informados de que Huáscar caíra prisioneiro: a chegada de Atahualpa à cidade, auto-intitulando-se o novo Inca. Sabiam que somente uma intervenção divina evitaria a desgraça do império na disputa dos dois irmãos. Sentiam-se inseguros como habitantes de uma casa dividida em seus alicerces, prestes a ruir.

Mesmo em meio à algazarra do povo foi perfeitamente audível o rufar dos tambores de guerra, convocando para a execução por decapitação dos condenados, na praça central, a alguns metros do palácio.

– Decapitação?! – surpreendeu-se Kusisa. – Há muito não se inflige essa penalidade máxima. Os caracas[1] têm preferido o trabalho inútil ou o açoitamento. E esses tambores, serão dos rebeldes?

Thaluqui aguçou os ouvidos, confirmando com a cabeça que era correto o pensamento de sua interlocutora. Era o rufar dos tambores convocando para a execução.

– Que terá acontecido? – indagava a Mamacomas, com o semblante fechado e ar de preocupação no rosto. – Será que "ele" faria tal coisa?

– É bem provável – concordou Thaluqui, compreendendo que Kusisa se referia a Atahualpa. – Se for "ele", essa atitude só demonstra seu despreparo para o governo da nação. Um líder que começa matando seu povo para impor medo e respeito, começa muito mal. Alimenta o ódio que um dia irá devorá-lo. Esse sentimento é um dos gigantes monstruosos dos quais precisamos proteger nosso íntimo. As batalhas entre Athaualpa e Huáscar são entre irmãos. Os líderes e os guerreiros são irmãos, não podemos nos tratar como inimigos. Executar os prisioneiros é condenar à morte um membro da família. Que dia triste!

O rufar dos tambores também fora ouvido pelo povo, que, movido pela curiosidade, naturalmente, se dispersou da frente do palácio imperial seguindo em direção à praça. Notando a movimentação da massa, Kusisa argumentou:

– Os tambores anunciam exatamente execução de prisioneiros. Embora faça bom tempo que não ouvia essa cadência, não a esqueceria facilmente. Desde menina que me causam horror as cerimônias de execução. Não devemos nos iludir, Apos, é "ele". Ouça! Parece que vibra no ar, junto com a cadência das batidas, um sentimento de ódio, frio e cortante como o gelo das montanhas.

Thaluqui, com expressão entristecida, andou até uma grande janela, afastou a cortina de couro que a encobria e espiou a praça a

[1] "Prefeitos" – nm.

distância. De costa para a Mamacomas, narrou o que sua vista alcançava, comentando com voz embargada, cansada:

– É, você tem razão. Athaualpa está na praça. Que horror, meus deuses! Que humilhação! Huáscar está sendo mostrado ao povo amarrado e amordaçado, seus trajes estão sujos e os guerreiros não lhe demonstram nenhum respeito. Que fim triste! Meu amigo Huyna Cápac deve estar sofrendo muito ao assistir a essa cena. Seus filhos guerreando em praça pública ante o povo, disputando feito animais o domínio do império, pisoteando crenças e tradições sem piedade. Há pânico no rosto das pessoas e, por certo, em suas almas. Que nos reserva o dia presente e o amanhã?

Notando que o experiente ancião se deixava levar pela tristeza e insegurança da hora, Kusisa sentiu o ímpeto de elevar-lhe o ânimo; entretanto, sabia que seu dom maior não era o uso da palavra e, por isso, em pensamento, rapidamente solicitou a ajuda dos espíritos dos ancestrais. Como todo pedido sincero ecoa no universo em busca de atendimento, minutos depois surgia no ambiente a agradável figura do espírito de Sariri, pronta a envolver a amiga de sua neta em vibrações de paz, inspirando-lhe idéias que despertassem forças latentes e compreensão na alma do ouvinte, servindo de auxílio naquele inusitado momento do grande império.

– Trabalho – respondeu Kusisa, sentindo-se serena e confiante. Um leve aroma das matas invadia suas narinas, mas, julgando ser um perfume que estivesse no ar, não deu ao fato maior significação, nem ao menos cogitando estar sob a influência do pensamento de Sariri, e pôs-se a falar:

– Observe, Apos: a natureza não pára nunca, nem antes nem durante, muito menos após uma tempestade. Há trabalho e trabalho, sempre. Construção e reconstrução de ninhos, cuidados com filhotes, limpeza; os rios caudalosos arrastam consigo muitas coisas, demorando algum tempo em intensa ação até que, gradativamente, recuperam-se, retomando as funções cotidianas. Conosco não será diferente. Amanhã trabalharemos, assim é em todos os tempos. O homem constrói; o homem destrói. Nessa luta, aperfeiçoa sua inteligência, desenvolve-se. Um dia, todos estarão saturados da violência; diante de um conflito, a idéia da guerra repugnará e fará recuar os contendores, apontando-lhes o uso da razão e não o da força bruta, mas por ora ainda não é esse o estado das inteligências humanas, o que torna essas disputas sangrentas uma infeliz necessidade. Pensemos como sendo um trabalho árduo, difícil, realmente penoso. É como se um de nossos artesãos precisasse pegar em armas e atuar como guerreiro; ele faria em nome da necessidade, mas sua alma sensível sofreria duplamente cada golpe desfechado. É o que sucede com aqueles que já conquistaram uma consciência que plana um pouco acima da maioria. Lamenta as atitudes impensadas que vê, mas compreende suas razões de existir e trabalha pelo progresso das idéias, a fim de que a substituição dos conceitos se proceda de modo mais rápido. Portanto, amigo, trabalhar é o que faremos amanhã.

Enquanto Kusisa falava, o aroma das matas se fazia mais presente no grande salão.

Taluqui logo percebeu o perfume acentuado; prestando atenção às palavras da Mamacomas, notou o estilo pouco peculiar nas expressões rotineiras de Kusisa, enquanto lembrava que eram bem mais acentuadas nos modos da falecida amiga. Não teve dúvida da presença e da interferência da bondosa entidade. Em pensamento, agradeceu:

"Obrigado, Sariri. Sua presença me conforta. Saber que nossos antepassados estão ao nosso lado dá segurança nesse momento de crise. Lembrarei suas palavras. Nosso povo há muito tempo ensina que o trabalho é constante na vida, e mesmo após a morte do corpo o espírito prossegue em atividade. Conviver com você seria a prova, caso houvesse em mim alguma dúvida. Eu creio. Agora e amanhã, continuarei trabalhando pelo progresso das almas."

Sariri registrou o pensamento de Thaluqui e sorriu. Julgando que eles poderiam continuar sem necessidade de sua inspiração e ciente de que os deixava em uma linha de pensamento bem orientada, afastou-se do local.

Thaluqui olhou para a companheira, sorridente, expressão confortada, resignada, e, com voz mais confiante, declarou:

– Obrigado. Sinto-me bem melhor.

Kusisa lembrava do teor do que dissera, recordava o sentido geral dos pensamentos; aquelas palavras tinham serenado seu próprio íntimo, sofrido pelas cenas atrozes e decepcionantes que presenciara. Mas causavam-lhe certa estranheza, pois não refletira sobre aquelas idéias para expressá-las, simplesmente as frases brotavam em seu pensamento. Sentia-se pacificada, apenas uma leve sensação de vazio a incomodava. Era como faltasse alguém que deixara o ambiente aquecido, percebia os sinais da presença, as marcas da passagem; porém, a individualidade, a personalidade, enfim, o ser espiritual que lhe dera causa não mais se encontrava próximo de suas faculdades psíquicas. Aspirou profundamente, constatando que o aroma das matas ainda pairava no ambiente e sorriu, entendendo a ausência de quem registrava.

Trocou um significativo olhar com Thaluqui; não precisavam de palavras, ambos sabiam e agradeciam a visita da bondosa amiga. Os sorrisos que marcavam os traços de cada um se ampliaram e nem mesmo o rufar dos tambores, agora bem mais próximo, denunciando que o grupo invasor avançava na direção do palácio, os fez retornar ao anterior estado d'alma. Trabalhariam pelo melhor, pelo progresso, hoje e amanhã.

Gritos femininos e infantis ecoaram pela imponente construção. Kusisa prontamente apurou a audição, virando a cabeça em direção à ala onde residiam as acclas do estado, consideradas esposas do Inca, e alguns de seus filhos menores.

– São as acclas, Apos.

Thaluqui andou em direção à entrada do corredor e, chamando um serviçal, constatou que não havia nenhum, fato fora do comum entre os obedientes servidores incas. Não se ausentariam gratuitamente de seus postos. Algo receoso, Thaluqui avançou pelo corredor; quando chegava quase à metade de seu percurso, deparou-se com o corpo inerte, sem vida, de um dos mais fiéis e antigos servidores do palácio.

O velho conselheiro abaixou-se, contemplando mais de perto a grande ferida aberta na garganta da vítima, de onde ainda jorrava sangue.

Kusisa assustara-se ao ver Thaluqui abaixar-se e correu a seu encontro; não conteve um grito de espanto ao ver o cadáver.

– Está morto – informou Thaluqui, pesaroso. – A facada na garganta foi mortal. O assassino deve estar por perto, não faz muito tempo que isto aconteceu. Vamos prosseguir. Tome cuidado, Kusisa.

Sob o impacto da cena violenta, a Mamacomas emudecera, não conseguira articular sequer uma palavra para manifestar a compreensão das instruções do conselheiro.

Thaluqui a olhou e ela gesticulou com a cabeça, em sinal afirmativo. Cruzando sobre o cadáver caído, o casal avançou. Novos sinais de violência iam marcando o trajeto até a ala das acclas do estado.

– Pelos deuses, não há razão para tantas mortes – lamentava Thaluqui ao constatar o horror, o banho de sangue que o palácio sofrera. Não encontrava nenhum servidor vivo. Quanto mais se aproximavam, mais intensos se faziam ouvir os gritos.

Assustada, Kusisa seguia o velho conselheiro com olhos desmesuradamente abertos, rosto pálido e tenso. Mentalmente, apegava-se às palavras inspiradas por Sariri e repetia para si mesma:

"Amanhã seguirei trabalhando pelo progresso, não importa se no corpo ou fora dele."

Enfim chegaram à ala residencial das acclas e logo vislumbraram vários guerreiros rebeldes amarrando e amordaçando as mulheres e seus filhos.

Erguendo a voz, Thaluqui fez notar sua presença:

– Guerreiros, que fazem com as acclas do estado? Por que tamanha violência contra os servidores? O que está acontecendo?

Um dos homens que chefiava o bando aproximou-se e, reconhecendo o conselheiro do império, olhou-o com desprezo.

– Saberá em breve, Thaluqui – respondeu o líder. E, dirigindo-se a seus homens, ordenou: – Amarrem eles também. O Inca Athaualpa decidirá o destino deles junto com o dos demais.

Imediatamente quatro homens cercaram Thaluqui e Kusisa, sendo a reação de ambos controlada com grande facilidade. A idade avançada de Thaluqui lhe retirara a força física; dera-lhe a experiência, ampliara sua inteligência e compreensão da vida e dos seres da criação, mas o corpo declinava, não era páreo para os fortes guerreiros rebeldes. Apenas o instinto de conservação o fizera tentar reagir à captura.

Kusisa gritava, esperneava, arranhava e mordia os guerreiros em qualquer parte do corpo deles a que tivesse acesso. Fugiu, correndo pela sala, mas foi em vão; logo os guerreiros a pegaram, juntamente com outras moças, e a recolocaram ao lado de Thaluqui. Procurando os olhos do experiente conselheiro, Kusisa estranhou a resignada calma que eles estampavam. Era como se ele aceitasse o fim que se adivinhava nas atitudes dos rebeldes. A mensagem, o sentimento que transmitia com o olhar, serenaram os instintos de Kusisa e novamente ela lembrou as palavras de Sariri: "Amanhã trabalharemos".

Em sua mente reviu antigos amigos, mortos há muito tempo. A crença inca era de que a morte era apenas e tão-somente uma passagem para outro mundo, onde prosseguiriam com todas as atividades e nas mesmas condições em que deixavam a vida física; por isso enterravam as múmias, respeitosamente, nos lugares sagrados e, com elas os pertences que identificavam a posição social e o trabalho que realizara o morto enquanto estivera de posse da vida física.

"Thaluqui prepara-se para morrer e iniciar seu trabalho ao lado de nossos antepassados. Por isso Sariri veio nos orientar. despertar nossa fé, lembrando que a morte não é o fim. Amanhã trabalharemos. Seguiremos nossas vidas como espíritos libertos do corpo", pensava Kusisa, pacificando-se. Trazia a consciência tranqüila, cumprira todos os deveres e, apesar de amar a existência que levava, amava mais a vida, por isso uma branda aceitação se apoderou de seu ser.

Ouvindo e vendo a revolta das acclas do estado, lembrou-se das funções de Mamacomas e pôs-se, mentalmente, a evocar a Mama Quilla e Pachamama, pedindo-lhes que preparassem a chegada de todas as suas servidoras ao reino do espírito.

Alinhados em fila, os prisioneiros foram acorrentados pelo pé direito e conduzidos à grande praça onde rufavam incansáveis os tambores, anunciando execuções.

***

O ambiente a bordo do galeão capitaneado por Pizarro transformara-se subitamente. A chegada, ou melhor, o inesperado resgate do capitão Khalil, cuja morte muitos haviam lamentado, deu à expedição um toque de aventura romanesca.

Os homens o cercavam e o cobriam de atenções. Ansiavam ser o mais próximo, aquele que primeiro ouviria as histórias do fabuloso império do rei branco e as experiências do corajoso capitão, agora elevado à condição de herói na imaginação dos marujos, entre os selvagens.

Pizarro o recebera a bordo cheio de dúvidas, cercado de suspeitas. Compartilhava em parte a alegria dos homens. Abraçara-o amistosamente quando ele subira a bordo. Khalil, tomado de euforia por ver realizado um sonho que alimentara com esperança diariamente, não prestou maior atenção à conduta de Pizarro. Conhecia o temperamento pouco civilizado, para não dizer hostil e grosseiro, que o caracterizava. Porém, aquela noite teria comemorado, compartilhado sua alegria até mesmo com os carcereiros do Hades, pouco lhe importavam as atitudes de Pizarro. O importante era que pisava em uma embarcação espanhola, que ouvia novamente o idioma de sua terra, estava entre os seus e sentia-se mais perto de casa. Haveria muito tempo, depois, para tudo, inclusive para analisar a conduta de Pizarro.

Diego fora-lhe apresentado em termos reticentes por Pizarro. O capitão colocara-os cara a cara, logo que o náufrago embarcara; tinha imensa curiosidade em vê-los conviver naquele espaço exíguo. Divertiria-se no aguardo da explosiva descoberta de quem era quem; por isso, ao apresentá-los, foi econômico, limitando-se a dizer:

– Diego, este homem que resgatamos do mar é um valoroso membro da nossa Ordem, um destemido e experiente navegador, capitão Khalil.

Voltando-se para o recém-resgatado, Pizarro informou:

– Capitão Khalil, este jovem é D. Diego Oliva y Garcez, neto do finado D. André, nosso antigo mestre, que faleceu durante a sua ausência. Diego herdou os negócios da casa Oliva y Garcez, é nosso irmão na Ordem, sagrou-se cavaleiro pouco antes de partirmos da Espanha.

Educadamente, os dois trocaram cumprimentos e Diego espontaneamente colocou-se entre a roda de marujos que cercou Khalil para ouvir suas histórias, sem, entretanto, disputar os primeiros lugares. O interesse maior era analisar, conhecer, julgar quem era e como vinha esse novo tripulante. Nem ao menos supunha estar frente a frente com o adorado e dito morto noivo de Alícia.

Khalil, de sua parte, não deu a Diego maior importância que a qualquer outro membro da tripulação. Era ainda cedo para pensar nos envolvimentos políticos e econômicos da Ordem. Estivera exilado mais de três anos, dava-se o direito de só se inteirar das questões relativas à Ordem mais tarde.

Entre histórias, risadas e perguntas transcorreram muitas horas daquela noite, até que o capitão fez soar o sino e, com voz grossa e rude, ordenou:

– Recolham-se, marujos. Cumpram suas obrigações com nossa fé. Durmam, amanhã faremos nossa primeira investida para desbravar as terras e as riquezas desse "império selvagem".

– Tahuantinsuyo – lembrou Khalil. – Assim eles o chamam.

– É uma língua muito estranha, não consigo dizer essa palavra. Sabe o que significa? – indagou Diego.

– Eles falam o idioma quíchua, que é realmente difícil. Demorei meses para aprender a entender o que diziam e outro tanto para falar com alguma desenvoltura – relatou Khalil. – O nome que eles deram ao próprio império significa: os quatro cantos do mundo ou o império dos quatro deuses, para um grupo menor.

Estranhando a resposta de Khalil e suspeitando de que ele pudesse estar louco, Diego lançou um olhar significativo ao capitão e perguntou:

– Como assim? Não há um significado único?

– É uma explicação demorada, tem a ver com a organização social e as crenças desses povos, que são bastante complexas. Se eu esclarecer suas dúvidas, e acredito que nem todas, pois procurei aprender deles apenas o que me interessava, cruzaremos várias horas da madrugada em conversa e Pizarro já ordenou que os homens se recolhessem. Entendo que eles estejam tão excitados quanto eu, mas nosso capitão tem razão, é preciso descansar. Amanhã lhe explico, está bem?

Incomodado, insatisfeito com a resposta de Khalil, sentindo-se tratado como se fosse uma criança impertinente, Diego aquiesceu, sem dizer uma só palavra, apenas gesticulando com a mão direita, em sinal de concordância. Então, lembrando que no dia seguinte teria início, provavelmente, a exploração das novas terras e os saques, logo se impôs calma, precisava estar bem.

***

Sentados na areia à beira-mar, contemplando o céu estrelado, aspirando o ar noturno impregnado com o inconfundível aroma do mar, ouvindo o som cadenciado das ondas a quebrarem na praia, envolto cada um em seus pensamentos, Jesaías e Ephraim entregavam-se à paz do momento.

Ephraim evocava as lembranças das reuniões da Ordem, que voltara a assistir após o desencarne, em tentativa de auxílio. Sentia-se triste, mesmo deprimido com a reação de seus antigos companheiros; a maioria não lhe registrara a presença.

Viviam alheios à verdade da hora, totalmente voltados, ferrenhamente apegados aos interesses materiais e ao espírito de seita que regia a Ordem. Os poucos que o haviam identificado logo recordaram sua expulsão e dele se afastaram como se fosse um leproso, portador de uma doença altamente contagiosa.

Os encontros com D. André não fugiam à tônica da desilusão e de pouca esperança numa mudança a curto prazo. Algum tempo após a visita a Diego, vendo-o só a perambular pelo navio de Pizarro, tentara se aproximar e fora bem recebido. Esclarecendo mais – fora recebido educadamente, tal qual ele agia quando encarnado. Cumprimentaram-se naturalmente e trocaram algumas palavras de banalidades antes de restabelecer a velha franqueza de suas conversas.

– D. André – começara Ephraim. – Não será oportuno afastar-se dos amigos da Ordem e buscar novos ambientes, agora que sabe da realidade da vida após a morte? Eu descobri tanta coisa, tem sido tão bom para mim. Novos e antigos amigos se somam numa grande família de entendimento. Todos estão conscientes dos propósitos da vida, é verdade que alguns mais, outros menos, como é o meu caso, mas, juntos, nos fortalecemos e adquirimos conhecimento e experiência.

– Fico feliz por você, Ephraim. Sabe que a Ordem não o aceitará mais de volta. É bom que tenha encontrado outro local.

Desconcertado pela resposta enfática de D. André, Ephraim meditou alguns momentos antes de tornar a insistir:

– Não preciso da Ordem, na verdade ninguém precisa dela. É uma ilusão, um grilhão na consciência de seus seguidores. A vida não é feita de separações e partidarismos, isso serve simplesmente para atender ao amor-próprio e ao orgulho dos espíritos que se prendem a essas concepções. Viver é crescer, é ser livre, é poder amar e aprender com quem e onde estiver, não importando saber de onde a criatura veio, para onde vai, o que pensa, em que crê; basta entender que todos somos filhos do mesmo Pai e avançamos juntos, seguindo suas leis, rumo a um amanhã melhor. Manter-se vinculado a esse espírito de seita só retardará seu progresso. É uma visão muito acanhada.

– Acanhada?! – D. André praticamente cuspiu a palavra, tamanho o desprezo que manifestava na voz. – Você enlouqueceu muitos anos atrás, Ephraim. Ainda lembro seu desvario na morte de Yasmina. A paixão afetou-lhe a razão e o bom senso. Eu o desculpo. Foi por entender que havia adoecido que o deixei morar naquela cabana miserável, onde deve ter encontrado a morte. Acanhado é você! A Ordem é a defensora do progresso, abriga inúmeros conhecimentos que o vulgo não tem. Nós sabíamos da existência do Eldorado, das riquezas do Oriente, nós sabemos navegar e explorar o mundo. Detemos conhecimentos antigos que nos permitem realizar as descobertas que farão assombro aos reis e nos trarão muitas riquezas.

– Roubos, André, este é o nome que deve ser dado. Saqueamos o Oriente, roubamos suas riquezas e seus conhecimentos milenares, que nas mãos deles eram conhecimento, mas nas nossas transformaram-se em armas, em guerra e em morte.

– És louco! Não reconheces o que é o poder. Se alguns morreram... que fazer, é o preço para se obter o desejado. Não haveria guerras se eles houvessem pacificamente admitido nossa superioridade. Foi opção deles guerrearem conosco.

– Não, André, fomos nós que invadimos sempre. Assim como planejam fazer agora. Esse povo desconhece completamente a Ordem, nem ao menos sabe onde fica a Europa ou a Espanha. Jamais causaram qualquer incômodo. É sem razão, sem propósito, a ação da Ordem sobre eles.

– São ignorantes. Nós os faremos progredir com a colonização de suas terras, com a tomada de seu império. Sob nossa direção, eles crescerão.

– Engodo que não me engana mais. Sabemos que, em realidade, o que querem é a prata, o ouro e as riquezas do império do rei branco. Abandone isso, André. Você agora sabe que, na verdade, todos somos espíritos imortais, que vestimos temporariamente um corpo de carne, que fica com a Terra ao morrermos, porque pertence a ela. E, junto, ficam todas as coisas de caráter material, nada nos acompanha, nenhuma delas. Entramos e saímos da vida física sem nada. Deus nos dá um corpo e o retira quando é tempo. Dessa experiência levamos somente o aprendizado, a ampliação de nossas capacidades, o desenvolvimento que conquistamos à custa do próprio esforço. Suas terras, seus negócios, sua posição social, tudo ficou, André. Aqui, você perambula por este navio sem que ninguém lhe dê atenção.

– Está enganado, Ephraim – retrucou D. André, áspero. – Eu sou um mestre da Ordem e mesmo agora muitos dos nossos homens me obedecem. Não perdi, como você diz, minha posição social, continuo sendo o mestre da Ordem. Minhas terras e meus bens continuam sob meu comando. Eu interfiro na administração deles, acompanho as atividades dos atuais administradores e sei que posso fazê-los me obedecerem, se preciso for. Por enquanto, não foi necessário. O patético Carlos sempre fez tudo para agradar-me. Coitado! Tinha vãs esperanças, não reconhecia de que mulher nasceu. Hoje é Alícia quem comanda e, apesar de ser jovem e ser mulher, confio nela, é inteligente e sensata. Tem tino para os negócios. Vê? O que é meu, sempre será.

Vendo o semblante de Ephraim entristecer-se, D. André riu com certo escárnio e arrematou:

– Vá embora, Ephraim. Volte para esse mundo de deleite e maravilha que diz ter encontrado. Se o querem por lá, seja feliz e me deixe. Tenho muitos compromissos a honrar. Meus votos são eternos. Um mestre da Ordem não precisa das coisas de que você falou, tenho muito a pensar e realizar, estamos próximos, bem próximos de uma grande conquista. Sinto que iremos suplantar a Ordem de Cristo. Nossa descoberta será mil vezes maior. Nós encontraremos o império do rei branco e a montanha de prata será nossa. Vá, vá, me deixe, tenho muito a fazer.

– Eu só posso lamentar – respondeu Ephraim. – Quando mudar de idéia, quero que saiba que estou pronto a ajudá-lo.

– Agradecido, mas não perca seu tempo e não ocupe o meu. Vá embora.

Ephraim, prontamente, havia se afastado. Agora, sentado à beira da praia, rememorava aquele episódio, pensando se havia algo que poderia ter feito de outra forma.

– Aaahhahah! – espreguiçou-se lentamente Jesaías, estendendo os braços sobre a cabeça em direção ao alto, expressão do rosto relaxada, serena; seu olhar tinha um brilho cheio de paz, o azul de seus olhos era um mar de tranqüilidade.

Em contraponto, Ephraim, que se entregara às deprimentes lembranças de seu diálogo com o espírito de D. André, trazia no rosto expressão entristecida e cansada. Submerso em suas recordações, Ephraim assustara-se com o gesto de Jesaías, pois o companheiro e instrutor havia se entregado tão profundamente à meditação, silenciando a seu lado, absolutamente imóvel, que se esquecera de sua presença. O salto que deu, levando as mãos ao peito em atitude de proteção, fez Jesaías sorrir e alertar:

– Calma, Ephraim! Você está muito tenso. Tem medo de ser agredido?

– Não – negou Ephraim. – Por que haveria de temer alguma agressão?

– Isso é você quem deve saber. Eu apenas perguntei, porque seu susto ao me ouvir espreguiçar foi tamanho que me levou a pensar que você tem medo de algo ou de alguém. Estava atento, vigilante; ao primeiro ruído, atentou em defender-se.

– Recordava, mais uma vez, aquela conversa com D. André. Tenho muita dificuldade em respeitar o direito do outro de errar.

– Aceitar talvez seja a palavra mais indicada. Enquanto não aceitar essa possibilidade dentro de seus horizontes e valores morais, não terá como respeitar, que é uma segunda e subseqüente atitude. Você não aceita que espíritos possam se manter endurecidos, em uma conduta equivocada. Mas podem. E não vou dizer "infelizmente". Reconheço que Deus é infinitamente mais sábio do que minha pouca compreensão. Se ele permite que alguém tenha esse comportamento, é porque há uma necessidade e o aprendizado que dali irá retirar demanda tempo. Do dito "mal" sempre haverá de nascer um bem maior, uma vez que o mal é apenas e tão-somente a ausência do bem. A atitude endurecida de hoje, no futuro, dará origem a um ser que saberá apreciar as ondulações da vida e viver plenamente seus altos e baixos, adequando seu comportamento, dando-lhe uma natureza leve e versátil. Em nome desse homem de bem que vejo o futuro reservar a esses endurecidos, não os considero infelizes. Deus é sábio, e todos nós somos aprendizes. A vida é cheia de lições e cada um aprende aquela que é mais necessária a si naquele momento.

Jesaías fez uma breve pausa, respirou profundamente e, estendendo o braço sobre os ombros de seu tutelado, prosseguiu:

– Cabe-nos regularmente testar o aprendizado deles. Renovar convites, mostrar pela constância de nosso comportamento que somos verdadeiramente felizes e estamos seguros do que falamos e vivemos. Orar por eles, entendendo que necessitam de tempo para aprender a grande lição de que ninguém é realmente feliz perseverando numa conduta distanciada da harmonia com as leis naturais. Eles fogem ao progresso. A estagnação a que se votam, cedo ou tarde cobrará seu preço, pago, regra geral, com a moeda da solidão e do arrependimento amargos. Ver que existem, malgrado suas crenças e idéias, outras formas de viver, e viver bem, os levará a refletir sobre suas escolhas e rever caminhos. Tudo possui seu tempo certo. Se forçarmos qualquer arrependimento agora, ele não terá nascido da consciência profunda; poderá ser apenas uma elaboração intelectual pouco amadurecida, que terá raízes frágeis comparando-se com o tempo e as vivências emocionais endurecidas que o caracterizam. O que acontecerá então? Ele voltará, pois em verdade não avançou, apenas vislumbrou a estrada do progresso.

– É, você tem razão. Eu custo a aceitar essas atitudes endurecidas de André e outros com quem temos convivido nesses dias – concordou Ephraim em voz baixa.

– O tempo serve a todos nós, Ephraim. Nele nos movemos e cada um aprende, experimenta, uma lição diferente. Ainda que em uma mesma circunstância se reúnam dez pessoas, por exemplo, cada uma delas terá um aprendizado diferente. Veja nosso caso: o tempo oportuniza iguais condições a todos, indistintamente. D. André e vários outros preferem a estagnação, a manutenção do sentimento de seita, o apego às questões materiais; você, vê e experimenta na mesma situação a possibilidade de análise de conduta e exercita a capacidade de aceitar, compreender e auxiliar com eficácia. Eu, desvendo os caminhos dos sentimentos de tolerância, benevolência e persistência nessa tarefa. E, assim, tantos quantos se integram a ela, possuem cada um a sua aprendizagem, a sua concepção sobre o que experimentam.

Dando à voz um tom de carinhoso e compassivo convite, Jesaías concluiu:

– Aceite-os. Lembre que eles têm o direito de errar. O Criador não espera a angelitude em nós, senão com a contribuição de muito tempo e muitas existências.

– Sei disto, mas na prática ainda tenho dificuldade de fazer uso dessa lição e ser verdadeiramente compreensivo...

Jesaías sorriu e, com amistosa cumplicidade, comentou:

– Por isso ainda se irrita, ainda revida e teme agressões.

Entendendo a indireta a seu susto, Ephraim retribuiu o sorriso, capitulando:

– É, ainda perco o controle. Sei que, quando aceitar e respeitar até mesmo as atitudes equivocadas dos outros, não mais irei me agastar como agora.

Jesaías apertou suavemente o ombro do auxiliar ao ouvir essas palavras, como se dissesse: "Exatamente."

Prosseguiram conversando acerca dos fatos que acompanhavam, até o momento em que o sol invadiu as brumas da madrugada, espantando para longe a escuridão da noite.

* * *

Sob sol forte, o povo se reunia na praça central da capital do império. O rufar dos tambores se mantinha forte, conclamando ao comparecimento à cerimônia. De todos os lados vinham pessoas: pelas ruas, becos e ruelas da cidade, mulheres acomodavam crianças sobre os quadris ou nas costas, em bolsas, e subiam as elevações com dificuldade para atingir o centro da cidade.

De pé, Athaualpa, usando a braçadeira do Inca, que arrancara de Huáscar, bem como as jóias, o manto e outros objetos característicos, comandava a vil cerimônia. Chachapuma era seu intérprete. Guerreiros rebeldes guarneciam a praça, vigiando os prisioneiros e protegendo o autoproclamado Inca Athaualpa.

Enfileirados, acorrentados, tristes, revoltados, em pranto, se alinhavam os prisioneiros do palácio: todas as acclas, seus filhos e mesmo as que estavam grávidas, não foram poupadas; os funcionários e os que exerciam funções de mando no império, aguardando ser selados os seus destinos. Nenhum guardava ilusões. Morreriam na sanha assassina, sanguinária, que dominava Athaualpa.

Apos Thaluqui e Kusisa estavam praticamente nas últimas posições da fila. Conhecidos, eram observados pelos demais, que neles reconheciam pessoas de sabedoria, dignas de respeito na sociedade andina. Vê-los manter a dignidade, aceitando a morte próxima com confiança, dava-lhes certa tranqüilidade. Pensavam: "Não estamos sós, eles nos guiarão e auxiliarão também na outra vida."

De onde estavam, podiam observar Huáscar. Seu rosto era a máscara perfeita para quem desejasse retratar o arrependimento; seu olhar inconstante parecia apagado, tomado de tristeza infinita. Seus lábios comprimiam-se numa linha fina, cujos cantos pendiam. Não conseguia manter a cabeça erguida. Dava mesmo a impressão de que os músculos de seu rosto haviam se tornado, repentinamente, flácidos e sem energia. Lembrava uma fruta seca, murcha, na qual a seiva da vida se esgotara.

A dignidade dele estava perdida. Refiro-me à perda da dignidade segundo a compreendem e proclamam os padrões sociais e culturais, pois a dignidade que emana do espírito não se perde jamais, sendo justamente nos momentos de maior prova que ela se ergue e fulgura, falando dos altos valores morais e da excelência dos sentimentos de quem a conquistou.

Os irmãos inimigos não a possuíam; da esmerada educação recebida, pouco aproveitaram; a convivência com sábios e homens experientes valera apenas como semeadura para aqueles espíritos. Ainda demandariam muito tempo e muito trabalho para algum dia, no futuro, descobrirem a magnífica herança deixada por aquela existência no Tahuantinsuyo. Um abaixava a cabeça sob o peso da vergonha e da culpa, o outro a erguia petulante, cheio de si, em seus olhos brilhavam a vitória, a crueldade, a violência e a ânsia pelo poder. Dignidade era virtude desconhecida para aquelas almas.

Thaluqui usava seus últimos momentos na matéria para constatar essa dura realidade. Lembrava, quase ao mesmo tempo, a certeza que tinham os anteriores governantes em um futuro de conflitos e pesar para o grande império, a despeito de que nada na próspera nação indicasse a realização desses temores. Eles haviam construído a cidade sagrada como refúgio e legado da cultura que carregavam em seus espíritos. Algum dia, seria conhecida a passagem deles sobre a Terra. E ele, que servira por anos a fio ao império, acreditara que não viveria para ver o seu término, mas aquele dia lhe prenunciava o início do fim. Seu olhar se mantinha fixo na direção dos dois irmãos e só percebeu a aproximação de guerreiros quando ouviu suas vozes, a comentarem entre si:

– O Inca Athaualpa executará todas as acclas e seus filhos. Não poupará nenhuma.

– Dizem que ele ficou enfurecido quando os guerreiros encontraram e lhe trouxeram o corpo decomposto da accla Wayna, logo que chegou à cidade. Foi aí que determinou a matança de todas as acclas, até as grávidas. Se já odiava o irmão, odiou-o muito mais ao saber o destino que havia dado a ela. Vai mandar matar todos os prisioneiros na frente de Huáscar, ele será o último. Deverá presenciar as execuções.

– Nosso Inca é um guerreiro feroz. É bom que todos saibam disso. As leis, agora, voltarão a ser muito rigorosas – alertou o primeiro.

– Tem razão – concordou o que o acompanhava e, como se entendessem que suas palavras se aplicariam também a eles mesmos, aceleraram o passo em direção ao palácio.

"Que lástima! Como gostaria de estar morrendo sem ver e ouvir essas coisas. Grande Deus Supremo, ampara-me. Fortalece minha fé e confiança. Assiste meu povo, para que ele sofra o mínimo possível. Protege e inspira a Coya Lawra e Manco Yupanki. Que eles possam retornar em breve e restabelecer a concórdia, a união e a justiça no império." Recordando as palavras de Sariri, rematou sua silenciosa oração: "Dá-me poder para trabalhar amanhã, no outro lado da vida, pela paz nestas almas que devem partir comigo e por tantas outras que ficarão com as marcas destes dias."

Kusisa, muito pálida, com o coração batendo acelerado, pulsando quase na garganta, rememorava as palavras inspiradas por Sariri algumas poucas horas antes, buscando força para acalmar-se e suportar tudo o que estava por vir com serena dignidade. Lutava ferozmente na tentativa de manter a mente no dia presente; como se algo mais forte que sua vontade a rendesse, via-se compelida a olhar o passado, recordar pessoas, fatos, e a olhar para si mesma em dupla perspectiva, do ontem e do hoje, para saber que era prisioneira, ouvindo o rufar dos tambores de sua execução. Lembranças e sentimentos a perpassavam como flechas certeiras. Era o momento decisivo e a vida lhe mostrava o extraordinário papel dos sentimentos. Não recordava posição social, não recordava reconhecimento da população, não recordava a satisfação de sua vaidade, nem mesmo da vaidade feminina – aquela pueril e encantadora preocupação do estar bem. Nada disso era sequer cogitado. Dominava seu ser, naquele momento, os rostos das meninas que amara maternalmente, os rostos de suas antigas companheiras, da Mamacomas que a acolhera e fora, por anos a fio, sua maior amiga e confidente. Pesou os dias de solidão que a existência como accla consagrada ao sol lhe cobrara. A mulher jazia profundamente adormecida no mais recôndito recanto de seu espírito. Vivera a sacerdotisa, a mama especial de meninas especiais, das mais belas e inteligentes meninas nascidas nos diversos povos que integravam o império, em suas longíquas e próximas regiões. Chegava ao fim isenta das paixões do corpo.

Ergueu o olhar ao sol brilhante no firmamento muito azul, cortado por nuvens brancas como neve. Piscou várias vezes, depois sentiu que por seu rosto deslizavam algumas lágrimas solitárias, silenciosas. O coração aquietara-se, batia fraco, quase esquecido no peito. A pulsação na garganta cessara. O turbilhão de lembranças e emoções dava espaço a uma espécie de "vazio", momentos para refletir livres de pressões.

Aproveitando a brecha, sua consciência veio à tona, disposta ao último balanço, para fazer os derradeiros lançamentos de erros e acertos, contabilizando a si mesma.

Ao fim, uma pergunta impunha-se:

– Se fosse agora outra vez um bebê e soubesse todo o trajeto que haveria de percorrer, aceitaria começar novamente?

Kusisa meditou, reviu muitas cenas da própria vida e identificou em meio a elas, com especial carinho, o rosto fresco e juvenil de Naira e da última menina que recebera, a pequena Loma Tika. O calor do afeto aqueceu seu coração e a transportou daquela praça de execuções para um local íntimo de ventura e realização.

"Sim, eu faria tudo novamente", pensava Kusisa, numa prece instintiva ao Deus Supremo. "Modifiquei, ao longo dos anos, vários conceitos e pontos de vista, amadureci em outras áreas e tudo isso me leva a rever algumas práticas, algumas atitudes. Mas, de forma geral, eu direi aos deuses e aos nossos antepassados que: sim, eu viveria de novo cada momento, todos valeram a dor ou a alegria que os preencheram. Eu posso dizer que amei, amo e sou amada por aqueles que convivem comigo. Partirei com a consciência tranqüila: cumpri meu dever, empreguei a vida no aprendizado de amar meu Criador e suas criaturas. O amor encheu minha vida de calor, alegria e paz. Dei pouco de mim, em comparação ao muito que recebi. As sementes de nossa fé e cultura, dos valores que devemos cultivar em nosso espírito, procurei cultivar em mim para que dessem frutos verdadeiros e eu os pudesse transmitir às minhas protegidas e a todos com quem nos relacionávamos. Acredito que deixo boa semente na formação das acclas, especialmente em Naira. A pequena Loma é a continuidade que a natureza me aponta. Em havendo continuidade, haverá trabalho. Sim, Viracocha, meu Criador, eu me entrego a ti em paz. Segui o dever que me apontava o coração, trago minha consciência serena. Amanhã, seguirei trabalhando em tua criação."

Elevada e fortificada pelos sentimentos de amor, paz e gratidão que jorravam fartamente de sua alma, Kusisa registrou vagamente o toque grosseiro e irritado de uma mão masculina, a puxar-lhe o braço.

"Minha hora chegou", disse em pensamento, identificando a mão do carrasco. "Entregarei meu corpo a ti, Pachamama. Sei que nossos corpos nascem todos de tuas entranhas e energias; devolvo-te, grata, o empréstimo que me foi feito. Cuidei dele conforme me orientava a natureza. Sei que não receberemos os cuidados amorosos de nossos familiares[2] e nossos corpos perecerão sem serem leva-

[2] A família era compreendida pela civilização inca não apenas como a relação de consagüinidade, mas eram membros da mesma família todos aqueles que compartilhavam a residência, fosse ela uma organização de ofício, como a das acclas, ou uma ayllu, vilarejo ou cidade, base da organização social. Todos os seus habitantes chamavam-se irmãos e usavam o mesmo nome de família, escolhido em geral pelo seu chefe e representando um espécime vegetal ou animal admirado pelo povo – nota do autor espiritual.

dos aos locais sagrados, mas a vida me ensinou que o local mais sagrado que pode existir é o nosso ser interior, real. É nele que precisamos cultivar os valores do sagrado e da virtude, libertando nossa caverna dos gigantes do medo, da ira, do ódio e das diversas máscaras com que se manifestam em nosso exterior denso, deixando-a habitada e resguardada pelo amor e pelo dever. Assim é, Pachamama, que caminho para a morte em paz. Partirei para o reino maior deixando contigo meu corpo em paz, porque sei que os rituais maiores da vida, julgo ter cumprido. Recebe-o de retorno a tuas entranhas, deusa mãe, e dá-lhe o destino divino expresso em tuas vontades."

Kusisa marchava, literalmente cega. Em sua conversa com a Pachamama não percebera que a ajoelhavam no improvisado altar de sacríficio, nem ao menos sentiu o frio da pedra tocar-lhe a pele da nuca, tampouco registrou conscientemente a dobra de seus joelhos ou as mãos fortes e grosseiras dos guerreiros rebeldes.

Enquanto falava mentalmente de seus sentimentos e anseios, viu-se cercada por antigas companheiras que a haviam precedido na grande viagem de retorno ao reino de Viracocha e a vinham saudar em trajes festivos. Seus olhos não registraram o medo, o horror, nem viram o suor gelado que inundava a fronte de muitos moradores da capital dos incas, assustados com os acontecimentos daquele dia, pois estavam ofuscados pelas luzes da realidade espiritual, que a amparava e protegia naquele momento crucial. Ao seu redor, ouvia vozes entoarem as cantigas que embalaram toda a sua existência, narrando as lendas de seu povo, lembrando a alegria do trabalho. Músicas que cantara por anos a fio enquanto tecia as roupas do povo ou da realeza e que lhe davam a paz de que seu trabalho era útil. Via as amigas a sorrirem, chamando-a, apresentando-lhe teares e agulhas, dizendo-lhe:

– Há trabalho para você, Kusisa. Venha!

Num impulso profundo, cheio de gratidão e inconsciente do que se passava a seu redor materialmente, pelo estado de transe em que se colocara, emergiram os sons melódicos e alegres da canção que acompanha a dança das Tinkaches[3]. Kusisa integrava-se ao canto que ouvia vindo do plano espiritual e o reproduzia com todas as forças de seu ser.

O carrasco, surpreso, fixou o olhar na mulher ajoelhada, pronta para ser sacrificada. Reconheceu suas vestes e as jóias que portava. Sabia que era a Mamacomas das acclas do sol. Era uma mulher sagrada, uma sacerdotisa. O machado tremeu em suas mãos. Não contava sacrificar uma accla, não estava preparado para isso. Somente um alto sacerdote poderia fazê-lo, e há anos que não tinha conhecimento da necessidade de sacrificar uma das virgens do sol. O canto o desestruturava, lembrava paz, felicidade, confiança em Deus, amor à natureza. Inúmeras vezes participara das Tinkaches em sua ayllu de origem. Adorava as danças na infância, eram suas preferidas. Fora ensinado a venerar as virgens do sol, as mulheres escolhidas para servir a Inty, as mais belas, as mais inteligentes, as melhores dotadas de percepções do mundo dos espíritos e dos deuses. O desespero crescia em seu ser, na mesma proporção que o canto demonstrava o desprendimento da alma de Kusisa. Apavorado, endereçou um olhar a Chachapuma, implorando misericórdia, não para a mulher que se entregava docilmente às mãos da morte, mas para si mesmo, para que fosse liberto do compromisso de sacrificá-la.

O chefe, naquele lapso de segundo, entendeu o que se passava com seu guerreiro. Correu o olhar em torno da praça e identificou o medo nos semblantes. Era quase palpável, como se fosse uma entidade a se manifestar, fazendo-se notada e percebida por todos na praça central. Acostumado às batalhas daqueles últimos meses, em que presenciara em várias oportunidades o mesmo fenômeno, decidiu-se rapidamente. Avançou em direção ao carrasco, tomou-lhe

[3] Referência a uma dança e canto praticados em rituais e cerimônias em que dedicavam suas terras e animais a Deus. O som do tambor e da flauta os fazia dançar e cantar felizes, pedindo e confiando que Deus cuidasse da natureza em torno da qual assentavam suas vidas – nm.

o machado e, num golpe certeiro, separou a cabeça e o pescoço de Kusisa do corpo. Apanhando pelos cabelos a cabeça caída, donde jorrava sangue quente, ergueu-a para o público, enquanto o corpo sofria as convulsões nervosas da separação violenta.

A este gesto, o povo recuou passos atrás como num movimento ensaiado, e expressões de espanto foram pronunciadas em cadeia. O próprio carrasco, ao ver a cabeça da virgem sacrificada, pôs-se voluntariamente no local das execuções, oferecendo-se à morte, arrependido de seus atos junto a Athaualpa.

– Mate-me, Chachapuma – disse ele. – Considere-me um prisioneiro. Eu renego nossos atos. Não quero matar mais uma só pessoa. Mate-me. Veja, o rosto da Mamacomas está sorrindo e seus olhos brilham iluminados. Os deuses estão com eles, não conosco. Eu quero morrer. Mate-me. Os deuses protegem o Inca Huáscar, é ele o verdadeiro filho de Inty.

Assustado ao ouvir as declarações do guerreiro e compreendendo que, se ele elevasse a voz, o povo reagiria e eles enfrentariam uma batalha para a qual não estavam preparados – e, mais do que isso, poria para sempre a idéia na mente da população do sacrifício de um deus vivo – Chachapuma agiu, como era seu estilo. Ainda segurando a cabeça de Kusisa, ergueu na outra mão o machado, rápido e certeiro, e, sem maiores cogitações, sacrificou seu próprio guerreiro. Desta vez, não exibiu a cabeça; deixou-a rolar pelas pedras, manchando de sangue o piso da praça.

O povo encolhia-se. Huáscar, horrorizado, assistiu ao prosseguimento das execuções sob o comando de novo guerreiro indicado por Chachapuma, que se postava ao lado de Athaualpa, calado. Viu, um a um, seus mais de cem servidores, funcionários e acclas serem sacrificados. Presenciou a dignidade de Thaluqui até o fim. Contemplando a grande quantidade de cabeças e corpos amontoados ao redor do local das execuções, e vendo que era o próximo, ergueu-se e falou aos brados, implorando:

– Viracocha, Deus Supremo, criador de meu pai Inty e de todas as coisas, não suporto ver a injustiça dessa hora. Lança sobre Athaualpa e seus liderados a Tua ira e faz justiça. Que eles presenciem e sintam tudo o que estão nos fazendo sentir agora. Que se revelem a eles também as atrocidades que praticam.

Tímidas manifestações de apoio foram ouvidas entre os expectadores. O carrasco avançou determinado até Huáscar e, puxando-o violentamente, o executou.

Um silêncio se abateu sobre a praça. O cheiro de sangue e dejetos humanos enchia o ar, espalhando-se com o vento frio que soprava. Nuvens toldavam o brilho do sol, como a dizer que o sagrado emissário dos deuses escondia seu rosto para não ver as cenas daquela tarde.

Tonta com as atrocidades, paralisada pelo medo, assustada, sem saber o que lhe reservava o dia de amanhã, a população de Cuzco permanecia inerte, como a velar seus líderes tombados. Perdida, sem rumo. Triste e abatida.

Athaualpa e seus chefes permaneciam firmes em seus propósitos; as cenas, as manifestações – desde as silenciosas até a irada praga proferida por Huáscar, desde a aceitação digna, feliz e amparada da morte até a extrema revolta manifestada pelos prisioneiros – apenas se somavam à crueldade e frieza que armazenavam em seus espíritos. Vendo a reação do povo e julgando-se temido, o novo Inca levantava-se para proferir, sobre o sangue e na presença dos cadáveres de seus adversários, suas primeiras ordens para a nação, quando, desavisado do que acontecia na capital, irrompe um mensageiro das regiões litorâneas e, vendo a aglomeração na praça, chega aos gritos chamando Apos Thaluqui. O povo abre passagem ao adolescente, que repentinamente se vê ante aquele dantesco espetáculo, empalidece e perde a voz.

Reconhecendo tratar-se de um mensageiro, e também identificando de onde ele vinha pelas cores de seus trajes, Chachapuma o interpela:

– Estás na presença do novo Inca Athaualpa. Reverencia-o.

Obediente, mas mudo, o jovem atende à ordem recebida.

– Quem te mandou à capital e por quê?

Esforçando-se para recuperar a voz, o jovem disse:

– Venho a mando do chefe da ayllu do Porto Velho, à procura do Apos Thaluqui.

– Thaluqui está morto. Diga a mim qual é a mensagem.

– Meu chefe mandou informar que chegaram estranhos visitantes do mar em nossas terras. Não são como os outros estrangeiros. Eles usam vestes muito estranhas, alguns têm muitas pernas e cabeças de animais junto com as de homens. Outros, a maioria, têm o corpo totalmente coberto, se vê apenas os rostos, muito brancos e peludos.

A informação repercutiu entre os que estavam mais próximos e foi passada de boca em boca entre o povo reunido, chegando com a interpretação: "Os deuses vieram nos salvar. Os pedidos nos templos e locais de culto sagrados foram atendidos."

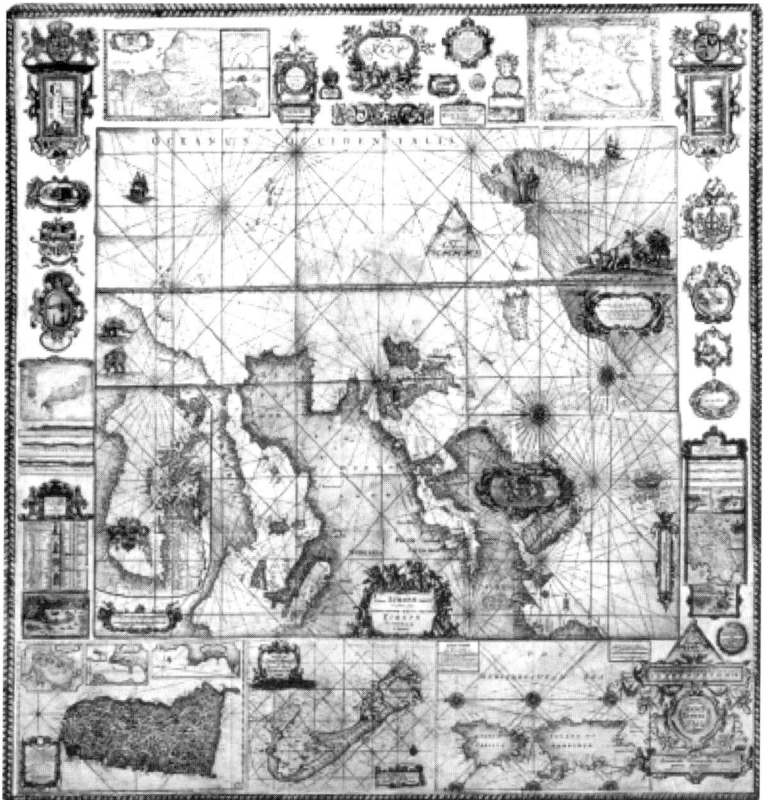

CAPÍTULO VIII

A CONQUISTA

"Ficar enfurecido é revelar-se assombrado de medo."

(William Shakespeare,
Antônio e Cleópatra.
Ato III, cena XI: Enobarbo.)

Ignorando a aragem fria da noite, Wanka meditava no jardim interno da Yachahuausi[1]. A antiga melancolia o abandonara por completo. Mantinha apenas o velho hábito de ficar a noite contemplando as estrelas, recordando velhos amigos e tempos passados, que se ofereciam a sua apreciação como um livro para ser lido com prazeroso vagar, degustando intelectualmente cada página, vivendo e analisando cada personagem, cada emoção.

Compreendia plenamente sua identidade de cidadão do cosmos e seus diversos mundos, sem um endereço fixo, sem uma raça, sem uma cor. Despia-se de todas as identificações materiais para apresentar-se como espírito consciente de que cada paragem do universo nos dá uma lição ampliada do que é o amor e do que seja amar. Sua ânsia de retornar "ao seu mundo" se esvaíra e, como por encanto, esse mundo tão clamado viera até ele.

As minúcias e delicadezas da natureza terrena se abriam ante seus olhos, e os amigos do passado o visitavam com mais freqüência em seus sonhos e em algumas meditações. Ensinaram-lhe a grande lição do respeito, da necessidade de aprendizagem pessoal, de que a solidão, em muitos momentos, é imperiosa à construção da compreensão profunda, à análise de si mesmo.

Emergia desse período, que durara desde sua primeira juventude até alguns meses antes, como alguém rejuvenescido, aliviado, transparente e leve. Sentia-se alegre, feliz, apesar de todas as calamidades e desgraças, pois via nelas o caminho de luta que aperfeiçoa, aprimora os espíritos e dá oportunidade de desenvolver a inteligência para minorar o sofrimento. Enxergava naqueles dias o conceito do verdadeiro trabalho espiritual: a visão clara das personalidades e a sua transformação. A dor não admite o afivelamento de máscaras. O ser é o que está sentindo; pode calar, endurecer, mas jamais ser hipócrita.

[1] "Casa do Saber" – lugar onde os jovens pertencentes à realeza e à nobreza eram educados – nm.

Sua mente mantinha-se tranqüila, confiante no Criador. Ele repousava de olhos abertos, sentado nas frias pedras que cobriam o pátio, apenas um agasalho de vicunha o mantinha aquecido. Porém, bastou sentir a aproximação de um servidor da casa para que erguesse a mão, indicando que a pessoa podia se aproximar sem receio.

– Venha! – convidou Wanka com voz serena, dirigindo-se ao servidor que sentia parado em uma das entradas do pátio às suas costas.

Depois de muitos anos trabalhando ao lado de mestre Wanka, o servidor não mais estranhava a sutileza das percepções do amauta.

– Quem vem com você, Wari? – perguntou Wanka.

Ainda caminhando pelo pátio, vários metros distante do amauta, Wari respondeu:

– Um dos vigilantes trouxe até a Yachahuausi o nobre Manco Yupanki. Ele veio a sua procura.

Wanka girou o corpo, pondo-se de frente para Wari e seu acompanhante. Algumas tochas, diligentemente dispostas nos muros a intervalos regulares, garantiam uma delicada e agradável luminosidade ao pátio, enchendo o piso com as longas e tênues sombras das plantas.

– Sê bem-vindo, Manco Yupanki. Sente-se comigo.

Manco aproximou-se, endereçou-lhe um sorriso cansado, depois se acomodou a sua frente, sentando-se também sobre o piso frio.

– Trago notícias ruins, mestre – declarou Manco.

– Notícias ruins? – repetiu o amauta, em tom indagador. – Não será melhor dizer simplesmente: notícias de mudança ou transformação. É ainda muito cedo para afirmar que sejam ruins. As conseqüências sempre são mais bem compreendidas e julgadas com o passar do tempo. De imediato, todo julgamento é frágil, muito frágil. Mas quais são as mudanças?

Com a mente ainda revolta, agitada pelos acontecimentos anteriores em Cuzco, que determinaram sua fuga para a cidade sagrada, Manco não registrou as advertências de seu anfitrião e logo pôs-se a falar:

– Huáscar e Athaualpa encontraram-se. Na verdade, Athaualpa montou uma armadilha para prender Huáscar, acabou capturando-o realmente.... – e relatou todos os sucessos havidos até sua partida de Cuzco.

Wanka o ouvia com total atenção e rapidamente deduzia por quais transformações estaria passando a capital.

– Agora, nosso exército está esparramado pelas montanhas, a relativa distância de Cuzco. Kara assumiu a direção. Preciso falar com Lawra e dar-lhe ciência desses fatos que lhe contei.

– Sabe algo mais sobre Thaluqui e os outros? – perguntou Wanka, sem esconder o tom de pesar na voz ao tomar ciência das ocorrências.

– Temo pela vida de qualquer cidadão em Cuzco. Athaualpa está enfurecido, enlouquecido. Não sei qual será a reação dele ao saber do destino que Huáscar deu a Wayna, por certo ele queria que ela fosse a sua Coya.

– Ele está inaugurando um tempo de exceção nestas terras. – afirmou Wanka – Há séculos povos sábios e inteligentes têm habitado estas terras. Tivemos grandes governantes, que nos legaram lições profundas de liderança, entendimento e capacidade de promoção e desenvolvimento dos potenciais dos homens que se abrigavam sob seu comando. Realizaram não só o que podiam, atingiram o limite das possibilidades. Sementes foram lançadas a mão cheia, agora vem o tempo em que a terra e suas forças abafam a semente, aquecendo-a e alimentando-a para que germine. Depois destes tempos difíceis, Manco, uma planta nova nascerá e se voltará em direção ao sol a procura da luz, alimento das nossas vidas. Assim será com as nossas gentes. As sementes lançadas em seus espíritos haverão de passar por este momento conturbado guardando muito bem nossa herança em seu miolo e, no tempo certo, essa herança virá à luz do dia. Então, todas as coisas serão compreendidas e reverenciadas em sua essência e verdade. Não desanime, amigo, nem permita que a Coya Lawra preocupe-se ainda mais. Todo excesso revela intemperança, que por sua vez demonstra os vícios do espírito. Preparemo-nos, pois algo me diz que a luta prosseguirá. Cada um de nós, em Cuzco, aqui ou em qualquer dos quatro cantos do império, responde por si, Manco. O que acontecer aos habitantes da capital servir-lhes-á como aprendizado.

Manco esboçou um meio-sorriso e retrucou:

– Em qualquer lugar ou situação aprendemos, mestre.

– É divino ouvir isto de sua boca, Manco! – exclamou Wanka, enfático. – Se já compreende essa verdade em profundidade e extensão, acalme-se e entenda que eles estão se exercitando no crescimento, não se aflija pela experiência alheia. Só podemos ser de fato úteis a nossos irmãos em aprendizado doloroso, quando somos capazes de não nos abater ante as dores necessárias ao desenvolvimento do ser. Ainda que sejam acerbas, são lições. Uma vez aprendidas, não mais será preciso repeti-las; é assim que a dor do presente se converte em prazer no futuro. Você governará esta nação, sabe que receberá um legado complexo. Lembre-se do que pensa, sente e vive hoje, extraia as lições para que amanhã não se repitam em seu caminho. Todas as horas destes dias são valiosas experiências.

– Durante os dias solitários em que peregrinava pela trilha subindo até aqui, pensei muito. As alturas, os sons, o vento, o cheiro das montanhas me deram paz. Andar ajudou a ordenar meus pensamentos; parecia que, a cada movimento de sobrepor um pé ante o outro, eu deslocava e reorganizava minhas idéias, convicções e propostas de vida. Sou ciente de todas as dificuldades que terei de enfrentar para refazer a organização e a confiança social e política dos povos que integram o Tahuantinsuyo, porém, isto não pesa. Sinto-me desafiado, minha paixão pelo império faz brotar muitas idéias em minha mente. Você tem razão, as dores e dificuldades desses meses foram grandes mestras, elas me prepararam para assumir o governo do império, me fizeram valorizar e entender as tradições, nossas leis e hábitos. Acima de tudo, em meio a elas, eu descobri o prazer de amar meu povo, nossas terras, crenças, os animais que nos auxiliam, enfim... coisas que nenhuma Yachahuasy havia conseguido: eu senti o que vocês me fizeram conhecer nos anos de estudo.

Encantado por notar sérias, profundas e sinceras mudanças no caráter de Manco Yupanki, o amauta, recordando o último Inty Raymi[2], pensou:

"Como és sábio, meu Criador! Eu louvo sua inteligência e sabedoria, que faz extrair do vício a virtude, que prepara no egoísta e invejoso o altruísta apaixonado, retirando dela a solicitude real, o desejo de compartilhar. Ah! As lutas! Como fazem amadurecer o espírito humano. As dores desses últimos meses de conflito interno transformaram Manco e o prepararam como nenhum de nós havia conseguido. As transformações do porvir são inevitáveis, mas de alguma maneira muito da memória dos exilados e dos grandes líderes que criaram o Tahuantinsuyo estará preservada pela ação consciente do novo líder que se apresenta. Que tenha seus caminhos e escolhas iluminados pela sabedoria, pela fé, pela esperança. Que não lhe falte a inspiração e o auxílio de nossos mestres ancestrais."

Voltando do minuto de devaneio, Wanka respondeu:

– Você verdadeiramente assimilou o conhecimento nesses meses e ele, agora incorporado ao seu ser, modificou sua maneira de pensar, sentir e agir. Antes ele apenas estava em você, agora ele é parte de você. É um processo natural de despertar e crescimento, passamos por ele inúmeras vezes na vida. – Estendendo a mão, tocou suavemente o peito de Manco e prosseguiu: – E lhe digo mais, meu amigo, quanto mais rapidamente esses processos se repetem conosco, tanto melhor. Sinalizam abertura para aceitação do

[2] Festa religiosa mais importante segundo a crença inca. Era celebrada na ocasião do solstício de inverno (24/06), quando se iniciava o novo ano solar. De grande importância religiosa, cerimonial, social e política, as comemorações se extendiam por todo império – nm.

novo, espaços amplos de crescimento e vida emocional saudável, livre de intransigências e comportamentos endurecidos. Na vida espiritual só se avança quando se conquista a humildade, porque ela é o tipo de comportamento que nos dá a lucidez de saber quem somos e onde estamos, abre a nossa mente à realidade de que estamos melhores do que fomos, mas ainda precisamos mais, bem mais; por isso, rompe com a inflexibilidade, com a rigidez de idéias e sentimentos, além de, por conhecermos quem somos e onde estamos, sabermos avaliar bem melhor quem são e onde estão nossos semelhantes, aceitando-os e entendendo que percorrem a mesma estrada, alguns talvez mais à frente enquanto outros transitam por onde já passamos. Enquanto os que vão à frente nos puxam, fazendo acelerar o passo, mostrando, ensinando, exemplificando com sua paz e conhecimento a postura a seguir, os que vêm atrás nos fazem exercitar os valores novos que vamos amealhando, como a compreensão, a solidariedade, a solicitude, a gratidão, a simplicidade, a verdade e tantos outros. É o grande objetivo das lutas da vida desenvolver nossas capacidades, fazer-nos evoluir, ensinando os caminhos do progresso.

Manco o ouvia atento, como nunca antes o fizera. Fora um aluno comum, não se sobressaíra em nenhuma atividade, vivera sempre à sombra dos filhos escolhidos para governar.

– Agora eu lamento, amauta, as horas desperdiçadas quando você queria me ensinar e eu deixava meu pensamento vagar, sem dar atenção a seus ensinamentos. Pensava que nada mudaria. Não considerava a morte como renovação, aliás nem pensava nela, menos, ainda, numa guerra aberta entre Athaualpa e Huáscar. Hoje me arrependo daquelas ações impensadas, do tempo desperdiçado. Espero que aceite me auxiliar na reconstrução do império e volte comigo a Cuzco. Eu o quero como meu Conselheiro.

Surpreendido com o pedido do nobre, Wanka sorriu e retirou a mão, juntando-a à outra pousada sobre um dos joelhos.

– É uma grande honra receber este convite, Manco. Agradeço-lhe. Preciso pensar no assunto. Estou muito bem aqui na cidade sagrada.

– O povo precisa de mim, mestre. Eu sei e não fugirei a esse compromisso. E eu preciso de pessoas que me indiquem as melhores decisões, sei que me falta experiência; por isso, eu preciso de você para ser justo, correto e bom com o povo.

– Você, de fato, aprendeu muito. Agradeça ao Criador, a Inty, a Pachamama e aos demais deuses pela lucidez alcançada – aconselhou Wanka, erguendo-se do chão. – Eu pensarei em seu convite depois. Agora precisamos descansar, é muito tarde; amanhã, melhor dispostos, conversaremos com a Coya e juntos decidiremos o que fazer.

Manco aquiesceu, em silêncio. Aproveitou a mão que Wanka lhe estendia e ergueu-se, sentindo as pernas fraquejarem, cansadas da extenuante jornada em direção à cidade no alto das montanhas.

– Um guerreiro cansado é um homem morto – disse Manco, deixando transparecer as dores musculares que sentia, agora que esfriara o corpo. – Preciso descansar. Minha mente tem sido mais difícil.

– Vou lhe preparar um composto de ervas. Você dormirá um sono reparador.

– Será excelente, mestre.

– Venha comigo – convidou Wanka, abraçando o jovem nobre e dirigindo-o pelo caminho de pedras em meio à vegetação do jardim até uma entrada lateral que dava acesso ao interior da construção, onde crepitavam gostosas e quentes chamas em uma lareira que aquecia os cômodos.

Nas dependências do templo de Inty destinado aos sacerdotes, Atipaj agitava-se no leito, a expressão do rosto congestionada, testa enrugada; suava e seus olhos fechados rolavam nas órbitas, denunciando que estava preso a fortes emoções durante o sono.

Sons angustiados e desconexos saíam de sua boca e cada vez mais rapidamente se revirava entre os cobertores.

Um grito desesperado o acordou; aflito, sentou-se de golpe no leito, o coração acelerado, a boca seca, a mente e o corpo cansados. Deparando-se com a fraca iluminação das chamas de uma pequena tocha quase à entrada do dormitório, suspirou aliviado; estava acordado. Apurando a audição, logo percebeu que fora ele mesmo o autor do grito.

Jogou os cobertores para o lado, colocando as pernas para fora da cama e permaneceu alguns segundos com os pés no chão e a cabeça apoiada nas mãos. Sentia um cansaço muito grande; com esforço, ergueu-se, indo até um móvel onde jazia um jarro com água e uma taça. Serviu-se e sorveu em pequenos goles o líquido frio. Caminhou até a janela e lentamente as lembranças do sonho ganharam contornos de nitidez precisos.

Enxergara ondas de sangue baterem nas praias da região litorânea do império. Em seu sonho, repentinamente o mar verde adquiria grandes manchas de sangue que vinham de longe, vagando sobre o oceano até atingirem as terras do Tahuantinsuyo. Depois elas se despejavam, violentas, sobre as ayllus à beira-mar e, conforme tocavam as cidades, delas surgiam estranhas figuras com rostos humanos, porém seus corpos pareciam feitos de metal ou estavam ocultos sob o metal; ele não tinha registros de ver tais figuras nem mesmo nas antigas mensagens impressas nas cerâmicas, nas paredes dos templos e demais lugares sagrados que narravam a trajetória desenhada pela passagem do tempo no seio do império.

Repentinamente, todos aqueles estranhos seres novamente se uniam e a mancha vermelha abandonava a ayllu, deixando atrás de si um rastro de devastação. Vira muitos mortos, outros que pareciam ter enlouquecido pelo sofrimento da estranha invasão e se jogavam à morte, buscando-a com as próprias mãos. Estranhamente, mortos ou sobreviventes, em seu sonho, não ostentavam os tradicionais adornos em ouro e prata, nem mesmo o medalhão do império carregavam no peito. Não tinham brilho, de tipo algum, seus rostos eram retratos da tristeza.

A onda fora se lançando rapidamente sobre as quatro regiões do Tahuantinsuyo. Vieram cenas de Cuzco banhada naquela maré de sangue e gritara ao ver as cabeças de Huáscar e Athaualpa dependuradas lado a lado, separadas de seus corpos. Por toda parte o povo clamava, chorava, doenças se proliferavam e matavam a população, a fome grassava pelas produtivas terras do império.

As recordações do sonho o perturbavam; sacudiu a cabeça fortemente, da direita para esquerda, correu as mãos rapidamente pelo alto da cabeça, respirou profundamente várias vezes. Sentindo-se um pouco melhor, murmurou:

– Coisa ruim! – afastou a pesada pele que fazia as vezes de cortina, deixando a aragem fria da noite bater em seu rosto e renovar o ambiente do cômodo; olhando a noite escura salpicada de estrelas, prosseguiu: – Sensação sufocante de impotência. Haverá algum significado oculto nesse sonho? Minhas sensações são diferentes. Será que não basta de desgraças sobre o Tahuantinsuyo?

Vagou pela noite mais algum tempo e, vencido pelo cansaço, voltou ao leito e adormeceu.

Na manhã seguinte, tão logo os primeiros raios do sol banharam o pico das montanhas, Wanka e Manco rumaram ao palácio que abrigava a Coya. Com espanto, foram recebidos pelos servidores que recém-iniciavam as atividades cotidianas.

– Não se assuste, amigo – comentou Wanka com um antigo servidor. – Temos urgência em falar à Coya. Peça que alguém a avise de nossa chegada.

– Há problemas na capital – afirmou o servidor, pesaroso.

– Sim – concordou Wanka. – O nobre Manco veio relatá-los a nossa Coya. Estamos seguros na cidade sagrada, fique tranqüilo.

– Por mim, estou tranqüilo, mas tenho amigos em Cuzco. Lamento que exista a intolerância e a incompreensão em nosso meio. O rebelde Athaualpa é apenas o vento que atiçou essas chamas que estavam adormecidas no íntimo dos seus seguidores. Construímos essa cidade sob sua orientação e de outros sábios, mestre Wanka. Nesta obra eu aprendi que ninguém realiza nada sozinho.

– Agradeça ao Criador o desenvolvimento de sua inteligência – recomendou Wanka, sorrindo. E, tocando o braço do servidor, insistiu: – Vá providenciar que a Coya saiba de nossa chegada. É o que de melhor pode fazer por seus amigos da capital e por todo o império.

Manco assistia à cena em silêncio, observando atentamente a forma como Wanka parecia exercer um poder sobre a vontade das pessoas, que se rendiam a seu comando com extrema confiança e facilidade. Sentindo-se observado pelo companheiro, o amauta virou-se e disse:

– Conquiste o coração de quem convive com você, Manco, sob qualquer título, desde o menor de seus servidores até aqueles que são iguais ou superiores. Faça-se amado e não temido, mostre que as pessoas podem chegar sem medo até você, dê-lhes atenção e respeito. Assim você será não só atendido, mas verdadeiramente servido; não será pesado a ninguém e nenhum dos que lhe estejam próximos será para você um peso. As verdadeiras leis da vida são iguais para todos, Manco, e se manifestam nos indivíduos conforme a sua compreensão.

– Vendo o servidor tratá-lo com tamanha liberalidade, julguei que ele não o estava tratando com a deferência devida; somente depois eu notei o tamanho da estima e do respeito que ele sentia por você – comentou Manco. – Conosco eles pouco falam.

– Você precisará mudar essa tradição de distanciamento entre as classes, Manco. A situação que está herdando é muito complexa; não incentive o rancor e a discórdia, use a força do amor, que é confiável. A Coya Lawra é muito importante nesse momento, pois ao longo desses meses de guerra interna ela despreocupou-se da rigidez das tradições e fez-se ainda mais admirada e amada pelo povo, mostrando-se próxima e solidária. Eles a seguirão e servirão com naturalidade, e esse afeto do povo ela poderá estender a você;

mas, para que exista real transferência, suas atitudes devem mostrar o mesmo entendimento. Não erga muros em torno de si, eles acabam em solidão. Seja aberto e receptivo às pessoas e à vida; agindo assim, tudo flui melhor no nosso dia-a-dia.

Permaneceram alguns minutos mais conversando na sala do palácio, lindamente adornada com muitos tapetes, cortinas, cerâmicas e peças de arte em ouro e prata, até Lawra apresentar-se acompanhada de uma servidora. Após os cumprimentos calorosos entre a Coya e Manco, notando que o olhar de Wanka vagava pelas aberturas da sala que davam para corredores, ela sorriu e informou:

– Naira sai muito cedo, mestre Wanka. Deve estar nos terraços, junto aos agricultores, abençoando-lhes o trabalho e as plantações.

– De fato eu esperava vê-la, devia ter imaginado que ela estaria nos terraços. Naira tem uma forte ligação com a natureza da Terra. Gostaria da companhia dela, mas não foi esta a razão de nossa visita. O assunto que nos traz a sua presença é grave.

Tomando a mão de Manco entre as suas, Lawra sorriu, embora seus olhos permanecessem graves, e falou:

– Fale, meu amigo e irmão. Atrevo-me a dizer que você tem mais a falar que o nosso amauta.

Manco recebeu as carícias da irmã, segurou firmemente suas mãos e, encarando-a, deu início à longa e minuciosa narrativa de todos os acontecimentos que presenciara na capital do império.

Lawra ouviu as histórias e informações sem interferir uma única vez. Sua expressão era de concentração e tristeza. Quando Manco silenciou, ela procurou soltar as mãos, graciosamente ergueu-se e perambulou em silêncio pela sala. Apoiando-se em uma grande cadeira, estofada com tecidos em tons de vermelho e amarelo, olhar distante, como se avistasse um futuro longínquo, ela comunicou:

– Você será meu novo esposo, Manco. Juntos, governaremos o império e restabeleceremos a ordem e a harmonia. Eu precisarei de você para organizar as forças do império e você precisará de mim para conquistar o povo.

O olhar de Manco iluminou-se, radiante. Wanka, percebendo a súbita transformação no jovem nobre, recordou a impressão que tivera na ocasião do Inty Raymi: julgara haver ciúme de Manco em relação ao irmão Huáscar; agora entendia que um dos motivos desse sentimento era Lawra ser a esposa do Inca. O amauta fixou o olhar no semblante de Manco e teve confirmada sua suposição: um sentimento apaixonado se desvendava no olhar dele.

"A vida sempre oferece compensações", pensou Wanka. "No momento em que Manco se dispõe a assumir o pesado fardo de tentar reerguer o império, que desmorona a olhos vistos, recebe a mulher amada em oferta de entrega total. Está na hora de deixá-los a sós."

– Coya, nobre Manco, acredito que minha pequena participação neste diálogo está encerrada. Vou deixá-los a sós para decidirem o que for melhor para o nosso povo. Se precisarem de mim, sabem onde me encontrar.

– Obrigado por sua atenção – respondeu Manco.

Wanka apenas fez um gesto como quem diz: "Não há de quê". Afastou-se apressado.

– Lawra – começou Manco, em tom carinhoso. – Sei que o momento que vivemos é delicado e preocupante, mas, ainda assim, eu gostaria de partilhar com você um ensinamento transmitido pelo amauta Wanka quando conversávamos agora há pouco. Ele me disse: "Conquiste o coração de quem convive com você, a qualquer título. Faça-se amado e não temido." Eu desejo pôr em prática essa lição, e quero começar com aqueles que me são mais próximos.

Lawra voltou-se, encarando o olhar decidido e terno do irmão e amigo, que agora notava ser também um homem firme, inteligente e dotado de uma gama de sentimentos bastante intensos. Um brilho diferente, refletindo uma emoção inconsciente, iluminou os olhos da soberana; sob o influxo desse sentimento ignorado, seu semblante relaxou e as faces se tornaram levemente ruborizadas.

Uma estranha e prazerosa sensação de leveza insinuou-se em seu ser, um leve sorriso esboçou-se em seus lábios incentivando Manco a prosseguir.

– Quero começar com você, Lawra. Se me aceita como esposo, mesmo sendo um filho ilegítimo de nosso pai, eu serei feliz em desposá-la. Você representa a deusa e, desde menino, fui ensinado a venerá-la, mas não era necessário que me ensinassem mais do que as crenças de nossos ancestrais. Eu sempre amei você, por muito tempo, como a querida companheira da infância, depois como a filha de Mama Quilla e, mais tarde, como o ideal de mulher que eu ansiava encontrar. Porém, você logo se tornou a esposa de Ninam e, desde menino, eu sabia que você pertenceria a um de seus irmãos legítimos, aquele que fosse indicado para suceder nosso pai. Aceitei Ninam, porque também o admirava e era um servidor fiel e devotado, entretanto Huáscar...

Manco sacudiu a cabeça, respirando profundamente para controlar seu desabafo. Percebendo-lhe as dificuldades, Lawra aproximou-se, apoiou-se em seu braço e disse:

– Huáscar você não aceitava. Julgava-o inferior a Ninam, a nosso pai e mesmo a você.

– Exatamente. Eu não aceitava a liderança dele, sua insegurança constante, seus medos, suas ausências e a maneira como ele a tratava. Não tolerava as intimidades e preferências dele com a accla Wayna. Sei que não tenho nada com a vida particular dele, mas para mim aquelas atitudes maculavam e magoavam você. Por isso, muitas vezes pensei em como seria bom eliminá-lo, seria um duplo benefício: libertaria você e toda a população governada pelo império. Eu o invejava e odiava.

– Perdeu energias. Meu casamento com Huáscar não passou de um compromisso público, de uma imposição social e religiosa. Ninam foi meu esposo e nós nos completávamos, compartilhávamos as lutas e as vitórias, discutíamos cada passo juntos. As preferências de Huáscar eram um alívio para mim. Apos Thaluqui chegou a sugerir explicitamente a necessidade de um herdeiro para o império, porém esse seria um supremo sacrifício pelo meu povo. Hoje, Manco, eu sou a última descendente de pai e mãe dos filhos dos deuses; sob as bênçãos deles, você me dará herdeiros. Reconheço que não foi educado, nem preparado, nem mesmo escolhido pelo Conselho para dar continuidade à linhagem que governa o Tahuantinsuyo, mas eu, Lawra, a mulher e a representante da deusa, o quero comigo, ao meu lado, e creio mesmo que o sentimento de amor referido por Wanka tenha mesmo se insinuado em mim ao longo destes meses que enfrentamos tantas lutas lado a lado. Aprendi a valorizá-lo.

– Nosso casamento será mais que uma necessidade política? – indagou Manco, levemente descrente de tudo que ouvira; era difícil crer que um sonho tão antigo e inatingível repentinamente se tornasse realidade. Entendendo as emoções que cruzavam o olhar do homem à sua frente, Lawra estendeu-lhe os braços, dizendo:

– Sim, assim será porque deve ser, porque nós assim desejamos.

Manco, tomado de inusitada força e felicidade, aproximou-se de Lawra envolvendo-a em seus braços, reverente como se tocasse a própria Mamaqüilla. Sentindo as reações do companheiro, ela aconchegou-se no abraço.

A manhã chegava ao fim. Nos aposentos reais, Lawra e Manco, unidos, deliberavam os próximos passos, inteirando-se da situação em Cuzco, tornando público o casamento deles e definindo estratégias de ação para retomar o controle da capital.

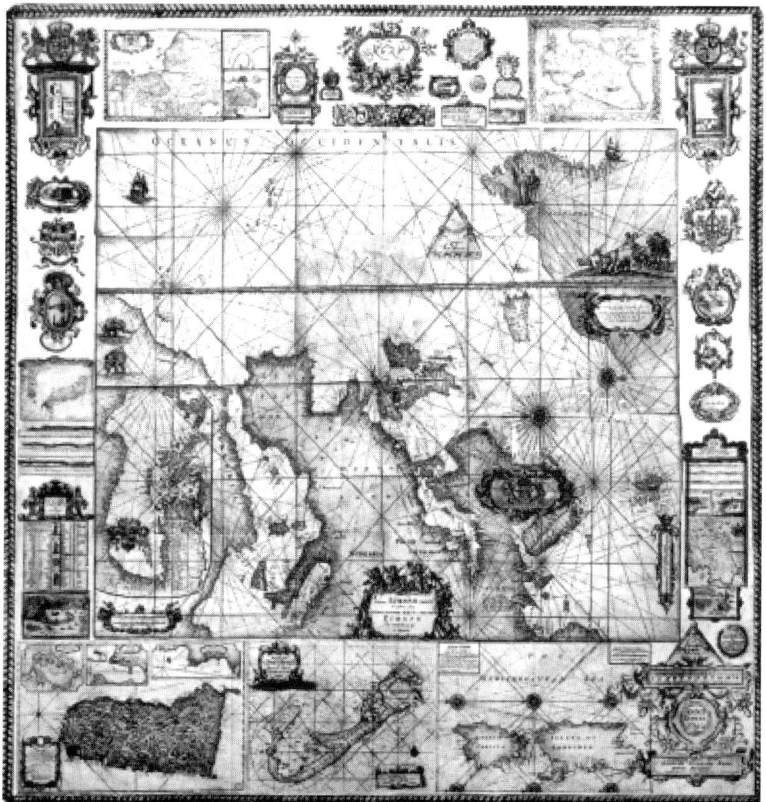

CAPÍTULO IX

CAJAMARCA

"A riqueza é um grande perigo. Todo homem que ama a riqueza não ama nem a si nem o que está em si, mas a uma coisa que lhe é ainda mais estranha que aquela que está em si."

(Citação da doutrina de Sócrates e Platão, extraída da introdução de *O Evangelho Segundo o Espiritismo*, item XIV.)

A notícia da chegada de estranhos visitantes vindos do mar no litoral do Tahuantinsuyo logo se espalhou pela região de Cuzco, acompanhada dos relatos das atrocidades cometidas pelo novo auto-intitulado Inca.

As tropas fiéis à Coya, que se haviam dispersado sob as ordens de Kara, acampadas próximas das cidades vizinhas à capital, tomaram conhecimento da informação e os mensageiros correram a esparramá-la. Tão logo Kara, cuja tropa estacionara nas montanhas do Vale do Rio Sagrado, tomou ciência dos fatos, destacou um guerreiro dos que o acompanharam à cidade sagrada no último Inty Raymi dos tempos de paz com ordens de falar apenas a Manco Yupanki, em pessoa.

A boataria tomava proporções vultosas. O povo, cansado das guerras e desordens, apegado às suas crenças, tinha a absoluta convicção de que esses estranhos de quem todos falavam eram deuses. Os mais exaltados afirmavam ser o próprio Viracocha, representado no imaginário do povo como um deus branco e barbudo – características comuns aos mercenários desbravadores espanhóis – que retornava à Terra para pôr ordem na situação.

Enquanto isso, os mais lúcidos, conhecedores dos mistérios da religião solar, mais instruídos que a maioria, sabiam que nada da boataria tinha razão de ser, que outras respostas havia para essa estranha visita de criaturas diferentes e cogitavam ser preciso confrontá-las, ainda que intimamente temerosos de ver esses seres estranhos descritos pelo povo. Especialmente porque, a cada semana, vinham do litoral novas notícias sobre o bando de criaturas desconhecidas que saqueava, destruía, matava e transformava as lindas jóias e adornos de ouro e prata do povo em simples e feias formas, semelhantes aos tijolos de adobe.

Athaualpa vivia dias de glória e regozijo, julgava-se o vencedor. Mandava e desmandava no palácio, requisitando novos servidores, nomeando membros de suas tropas para cargos no Conselho Imperial. Verdade seja dita que esse regozijo era apenas na capital, pois em diversos pontos do território inca as lutas prosseguiam. Um novo exército popular e voluntário se erguia em oposição ao novo soberano e os confrontos pipocavam, com declarações de muitos chefes de ayllus de independência em relação ao novo Inca, ameaçando partirem a nação, dividindo o território, negando o poder central de Cuzco. Essas lutas, ele relegava aos cuidados de Chachapuma, chefe de seu exército. Apenas a ausência de Wayna empalidecia alguns minutos do brilho de seus primeiros tempos como soberano.

Distante, mas ainda em território do Tahuantinsuyo, Francisco Pizarro vivia dias de estreita sintonia com as emoções de Athaualpa. Também ele se sentia um vitorioso, literalmente um conquistador. A invasão das primeiras comunidades do cobiçado império não poderia ter sido mais surpreendente. Os espanhóis deslumbraram-se com as estradas calçadas de pedras, pontes pênseis, aquedutos e todo um sistema de irrigação e construção arquitetônica que eles não julgavam existir entre os "selvagens, nativos indígenas", como os chamavam em seu cego conceito de orgulho e superioridade.

Diego relatava todas as impressões em minuciosos detalhes, segundo sua concepção, para os arquivos da Ordem, obviamente omitindo os assassinatos, os estupros, as barbáries perpetradas por muitos dos soldados liderados por Pizarro. Evitara envolver-se diretamente nesses atos, preferindo manter-se na supervisão dos saques aos despojos, contabilizando em quilos o ouro e a prata que amealhavam dos cadáveres, das casas e dos templos. Ignorando a beleza das criações da ourivesaria dos "nativos", derretiam os exemplares de uma cultura milenar nos Andes. Absolutamente despreocupados com a História, com o conhecimento, agiam simplesmente como animais famintos e ferozes que se deparam com sua presa e a estraçalham afoitamente. Assim se conduziam, os "heróicos desbravadores do Novo Mundo", ao contato com um povo de formação e valores diametralmente opostos aos seus. Que lhes importava se lançavam ao poder do fogo estátuas de divindades, jóias de cerimoniais, medalhões de identificação de um povo, braceletes e adornos pessoais que representavam o amor e o desejo de agradar a seu Criador! Para eles era fortuna, representavam a conquista de terras, títulos, do poder temporal concedido pela riqueza; amavam-na muito mais do que a si mesmos.

Athaualpa e Francisco Pizarro comungavam o mesmo sentimento, embora manifesto em dois aspectos: um, o poder de mando; o outro, o poder da fortuna, e cada qual se achava o maior dos homens pisando sobre aquelas terras. Triste engano! Eram os mais pobres, infelizes mendigos de espiritualidade. Não sabiam quem eram, não amavam a si mesmos como seres inteligentes, imortais filhos do mesmo Criador; ambos amavam algo que lhes era ainda mais desconhecido que seu próprio ser, pois desconheciam que a posse das coisas da matéria é transitória.

Como diriam os sábios amautas dos Andes antigos: os bens da Pachamama são fartos, ricos e belos apenas para o uso sensato dos homens, que deles se servem para atender suas necessidades de crescimento e aprendizado com a consciência de que não lhes pertencem, outra razão pela qual precisam preservar os recursos ofertados pela deusa mãe.

Amavam uma ilusão. Algo que não pertence à realidade, a essência de sermos seres espirituais, viajantes do universo, em aprendizado constante, estagiando em diversos mundos conforme nossa evolução.

Assim que as notícias chegaram ao palácio dos incas na cidade sagrada, Manco e Lawra convocaram uma reunião, chamando Atipaj e Wanka. Naira, mesmo após a nova união da soberana, prosseguia como sua dileta auxiliar e amiga.

Acomodados na grande sala do palácio, eles ouviam a narrativa do mensageiro. O jovem, apavorado com os horrores que presenciara no litoral e em Cuzco, tropeçava nas palavras e visivelmente sentia pânico só em pensar que teria de regressar; porém, a consciência do dever para com seu povo lhe dava forças para suplantar o medo e a ira, prosseguindo com sua jornada. Relatou minuciosamente não só o comunicado de que se fazia portador, como também respondeu as perguntas que lhe foram endereçadas.

– Obrigado por sua colaboração – agradeceu Atipaj dirigindo-se ao jovem. – Você pode ir descansar. Quando for o momento de retornar, o avisaremos.

Baixando a cabeça, o jovem reverentemente despediu-se de Lawra. O povo fora da cidade sagrada não conhecia a condição de Manco como soberano e marido da Coya e ele próprio não fazia questão que soubessem. Sentia intimamente que outros revezes os esperavam.

– A situação é muito grave – comentou Lawra, erguendo-se da cadeira dourada que ocupava e andando pela sala. – Perdeu-se o controle da violência. Todos se sentem ameaçados e agridem uns aos outros. Não há confiança. Para dificultar ainda mais a situação, estamos sofrendo uma invasão estrangeira.

– A credulidade e a ingenuidade do povo cobram seu preço. Lembro que meu mestre comentava sobre o receio que tinha de deixar se espalharem crenças do retorno dos deuses entre o povo. Mais uma vez, a visão superior de Kuchikuchi se mostra acertada – disse Wanka, compenetrado. – O povo vê nos invasores a realização dessa crença. Será difícil, muito difícil, fazê-los compreender que são simples seres humanos pertencentes a outros povos, que desejam saquear e, para isso, não medirão esforços. É preciso agir com cuidado na tarefa de esclarecê-los. Sugiro mesmo que se informe de antemão as comunidades mais distantes do litoral que sofremos uma invasão.

– Athaualpa está ignorando a ação deles. Isso não é nada bom – reprovou Manco. – Se ao menos ele comandasse as tropas rebeldes, teríamos uma unidade maior; assim, elas podem se deixar levar pela boataria.

– As tropas de Athaualpa estão divididas, segundo sabemos, desde as execuções de Cuzco. Esse boato surgiu forte na capital, repercutiu entre o povo e gerou o primeiro problema do novo governo. Não podemos contar com essa ação – lembrou Lawra. – Atipaj, Naira, que me dizem? Nada se revela às percepções de vocês?

– Enquanto Wanka falava sobre o fato de esses estranhos pertencerem a outro povo, surgiram-me imagens esquisitas na mente. Lugares que nunca vi, com construções muito diferentes das nossas, templos tristes com imagens de deuses mortos e sangrentos, rostos abatidos e sacerdotes trajados de negro. Nada tinha vida, nem celebrava a vida. Vi lugares onde pessoas sujas e malvestidas disputavam selvagemente restos de comida, enquanto outras se sentavam ao redor de grandes caixas de metal, contando medalhas pequenas de ouro e prata; os olhos dessas pessoas brilhavam de prazer e de medo, e a todo instante olhavam para os lados e para as portas, como se temessem ser atacadas pelas outras. Foram lembranças desagradáveis.

Wanka, ao ouvir o relato da accla, recordou o encontro, em sonho, com ela e Sariri e a visita ao distante território europeu. Nada comentou, apenas guardando para si mais um elemento de convicção e confiança na suprema sabedoria do Criador, que, ao dotar os seres humanos de capacidades sensoriais que eles só vão descobrindo ao longo da evolução, não os deixa ao desamparo; e que elas agem obedecendo a leis de providência e equilíbrio, buscando preservar a paz e a serenidade dos que a possuem, fazendo eclodir a informação, a percepção, a lembrança, na hora e com o conteúdo certos.

Como a Coya mantinha uma expressão de indagação no olhar e na fisionomia enquanto dirigia a atenção a Atipaj, ele antecipou-se, respondendo:

– Coya, dias antes do último Inty Raymi celebrado em paz, eu já tinha sonhos e visões que me preocupavam. Elas foram muito constantes num dado tempo, depois se espaçaram; alguns dias atrás, tive um desses sonhos horríveis que me enchem de temor. Sonhei que, do mar, vinha uma grande onda vermelha – como sangue – que batia nas praias do nosso território, alcançava e invadia as comunidades e cidades da região e, dessas ondas saíam homens estranhos; havia mortes e muitos crimes. Roubavam demais, vi muitos cadáveres e templos saqueados. Por fim, eles todos se uniam, formando novamente uma onda, e prosseguiam invadindo e destruindo. A última lembrança que tenho foi ver as cabeças de Huáscar e Athaualpa decapitadas. As notícias que ouvimos me perturbaram muito. Até hoje, todas as minhas visões e as de Naira têm se confirmado e realizado. Atrevo-me a dizer que enfrentaremos tempos muito ruins, que Athaualpa não sobreviverá e será necessária a sua liderança, ao lado de Manco, para que se tenha alguma esperança. Lamento não ter palavras melhores para auxiliar nesta hora, mas não posso fugir à verdade das minhas experiências. Peço, imploro a Inty que afaste de nós a realização dessas profecias.

Lawra e Manco ouviram a exposição do sacerdote em profundo silêncio e concentração. Desde crianças, estavam habituados às visões e aos contatos com as almas dos ancestrais através dos sacerdotes e sacerdotisas, acreditavam na realidade das comunicações com o mundo além da matéria e da vida física. Pelo mesmo número de anos, conheciam as profecias dos antigos quanto ao fim dos tempos, o fim do Tahuantinsuyo e a volta dos deuses.

Percebendo, pela expressão facial e lendo no olhar do casal o que pensavam, Wanka, sentindo como nunca antes sentira a presença de Kuchikuchi, a ação do pensamento dele sobre sua mente, entendeu que era a hora de esclarecer a eles vários temas.

– Não se aflijam. Não resolverá nada, ao contrário, só dificultará a situação. Desenvolveremos ansiedades, medos, tristeza, adoeceremos do espírito e do corpo, desperdiçando forças em sentindo contrário à nossa causa. Vamos cultivar a paciência, a fé, a esperança, elas nos darão coragem para lutar e mesmo as pequenas vitórias serão para nós motivo de alegria e estímulo. – A pequena assembléia o olhava atentamente. – Todos sabemos que vivemos muitas vidas na matéria, mas o Criador, em verdade, nos dá apenas uma, verdadeira e ininterrupta: a vida espiritual. Tudo na natureza da Pachamama e do universo nos fala da diversidade na unidade; a base de todas as formas de vida que conhecemos é a mesma, entretanto, dessa base única surge uma infinidade de formas diversas. Conosco se dá o mesmo. Temos uma só e real vida: a vida espiritual, somos espíritos. Mas experimentamos uma multiplicidade de vidas, de experiências e existências materiais, com sua sucessão de vida e morte, no grande ciclo da natureza deste planeta. Assim como vivemos aqui na Terra, deveremos viver em outros mundos do espaço infinito, cada um oferecendo uma oportunidade nova de aprendizado e trabalho, de desenvolvimento de nossos potenciais intelectuais, emocionais e morais, no aprimoramento do nosso ser. Tal qual surge agora em nossas vidas esses viajantes dos mares, também surgem viajantes de estrelas, tomando corpo e forma entre os homens da Terra. Há milhares de anos aportaram neste planeta espíritos vindos de outras regiões; aqui retornaram à vida na matéria, viveram e vivem alguns ainda, no afã de melhorarem-se e contribuirem para o progresso. Espalharam-se por diversas regiões, originando ou influenciando muitos povos e culturas. Entre os povos que habitaram o nosso território, muitos deles viveram e nos legaram sua sabedoria nas áreas da matemática, da astronomia, da arquitetura, das curas, da política, da organização social e tantas outras, mas nos legaram também suas crenças, sua religiosidade e as descobertas e certezas que amealharam nessa viagem migratória. A religião solar é o exemplo maior. Em todas as suas lendas, em sua cosmologia, na compreensão dos seus deuses, podemos e devemos buscar a própria trajetória que eles percorreram. Elas falam de que um dia o Criador, em razão das ações deles, os exilou em um mundo diferente do que habitavam e os fez aí trabalharem pelo progresso pessoal e coletivo, aprendendo lições que antes haviam sido relegadas. E falam da esperança de retorno. O fim dos tempos de exílio com o retorno ao Criador, e não o retorno dos deuses materializados e o fim da vida na Terra para todos os seres. É apenas o fim, o término, aqui nesta escola bendita, para retornarem ao mundo donde vieram, que havia avançado muito além das capacidades deles, ou nova viagem a outro mundo, outra escola, que lhes ofereça novos desafios à conquista da evolução.

Naira ouvia as palavras de Wanka envolta em encantamento mesclado com uma incompreensível nota de tristeza e saudade, cuja origem naquele momento não conseguia identificar.

Atipaj permanecia atento; a Coya e seu novo marido buscavam acompanhar os raciocínios do amauta, tentando encontrar o elo entre suas palavras e a problemática enfrentada no seio do império.

Como se captasse o pensamento dos dois, Wanka encarou-os e prosseguiu:

– Vocês são os herdeiros do conhecimento de alguns desses espíritos, cujo tempo de exílio já se cumpriu, e eles partiram vitoriosos para outras jornadas. Usem a herança que receberam. Eles tiveram em mãos a direção da nossa nação e construíram aqui, como em outros lugares, uma grande e organizada civilização. As desordens que presenciamos desde a morte de Huyna Cápac são fruto dessa transição; o governo agora pertence a espíritos mais jovens, menos experientes, daí essas lutas fratricidas e todas as suas conseqüências. A chegada desses estrangeiros ao nosso território é sinal de tempos novos na Terra. O homem busca desvendar os mistérios da escola que o abriga, os mistérios do planeta, lança-se no conhecimento exterior. É uma etapa necessária. Surge impulsionada pela ganância, pela cobiça de bens, que, segundo a cultura donde eles vêm, tem valor bem diverso do nosso; mas, de todo mal, nasce um bem, e do erro, um progresso. Outros saberão usar as informações e os bens para fazer progredir a espécie humana na Terra.

Eles são cruéis e violentos, endurecidos, agora; amanhã, no futuro distante, serão corajosos defensores da paz, exemplificarão a fé e o desapego, desejarão conhecer para salvar da dor e aprenderão a amar o Criador da vida. Hoje, entretanto, são uma horda de criaturas lamentáveis. Neste confronto, todos nos aperfeiçoaremos e descobriremos capacidades, valores e sentimentos que ignorávamos possuir, para isso servem todas as lutas. Enfrentem o dia com firmeza, atentem para as orientações espirituais com a consciência de que elas nos são dadas como demonstração do amparo e zelo do Criador, não para que fiquemos de braços cruzados, aguardando simplesmente a sua realização. Lutem, defendam suas crenças, pensem, trabalhem em prol dos seus objetivos. Se não fizerem isso, tudo terá sido em vão, pois o fruto sagrado do crescimento não será colhido. A história de muitos exilados está encerrada; deixaram os monumentos erguidos como lembrança de sua passagem; todas as profecias se cumpriram. A de vocês está sendo escrita sobre a Terra, ainda terão que construir seus monumentos e legar sua herança de experiências; não percam tempo deixando o medo abatê-los. A vida tem um sabor mais agradável quando se cultiva a coragem e a alegria.

O silêncio seguiu a manifestação de Wanka, que, sereno, permanecia acomodado entre eles. Manco foi o primeiro a quebrá-lo.

– Entendi suas palavras, amauta. Precisamos lutar, trabalhar para construir novamente a sociedade que tivemos, segundo suas palavras, o privilégio de integrar e dela receber ensinamentos. Eu empenho minha vida nessa luta e reitero meu pedido de que participe dela como nosso conselheiro.

Wanka sorriu e nada respondeu. Logo, Lawra apoiava as palavras do marido; Atipaj sentia reacender suas forças e participava ativamente da discussão de planos. Naira, ainda presa dos sentimentos de encantamento e tristeza, encontrava o olhar de Wanka e, lendo nele uma mensagem de amor e despedida, sorriu com ternura, mesmo sentindo lágrimas brotarem em seus olhos.

* * *

Outra cidade caía sob o peso das botas dos conquistadores espanhóis. As estranhas criaturas que carregavam a cruz como símbolo não titubeavam em matar. Irmãos, segundo sua concepção, eram apenas os irmãos da Ordem; esses eram do bem, eram de Deus e do Cristo. Todos os demais eram animais ou infiéis, que maltratavam e matavam sem piedade, empunhando cotas e luvas de metal pesadíssimo marcado com os símbolos tão cultuados por eles. Meramente um culto exterior, despido de qualquer repercussão nos sentimentos e no caráter de seus profitentes. O grande elo emocional que os unia era o culto ao ouro e à fortuna. A lei de afinidade os aproximava, tendo por base a ganância e a ambição.

A população, na tentativa de salvar-se, abandonava desesperada suas casas e fugia assombrada para as montanhas. Perseguidos pelos soldados de Pizarro, logo se davam conta de que os "deuses" eram vingadores e exigiam a retomada dos adornos com que desejavam adorá-los; largavam, então, suas jóias e objetos de ouro e prata, deixando uma trilha reluzente à sua passagem – que, obviamente, retinha o avanço dos espanhóis, ocupados em recolhê-las; de posse do ouro que os "selvagens" portavam, deixavam que fugissem à vontade.

Em meio a destruição, Ephraim e Jesaías olhavam-se desolados.

– Que espetáculo lamentável! – disse Jesaías. – Quanta dor e sangue semeiam nossos inconseqüentes amigos!

– Agora que vejo a vida de outro ângulo, concordo com você. Entretanto, não são distantes os meus dias de participação em lutas desse tipo. Arrependi-me delas ainda na matéria e lamentava minhas lembranças. Mas, aqui, sentindo esse cheiro de sangue e restos humanos misturados com fumaça, vendo corpos despedaçados, armas retorcidas e quebradas, destruição por todo lado... envergonho-me do que fiz, tenho horror de lembrar que um dia empunhei essas espadas e com elas atravessei outro ser humano. Que horror, Jesaías! As erguíamos rubras de sangue quente, escorrendo por suas lâminas afiadas, e nos sentíamos poderosos, verdadeiros heróis de batalha. Quantos erros! Tudo por poder, fortuna e fanatismo de idéias. Ah, se pudesse voltar atrás e apagar esses rastros do meu caminho!

Aproximando-se do companheiro, Jesaías colocou fraternalmente o braço sobre seus ombros e o fez erguer a cabeça.

– Voltar atrás é impossível, mas prosseguir com outras idéias, sentimentos e atitudes não é. Não baixe a cabeça vencido pelo passado, olhe para frente e, de posse da compreensão que tem no presente, trabalhe. Trabalhe com garra e força, transforme esse sentimento de poder que sentia antes em combustível para alimentar seu desejo de ver o progresso instalado na Terra. Transpasse os homens com a espada do conhecimento e da compreensão que angariou nos anos de arrependimento e meditação que viveu; você verá que ela também matará muitas coisas – todas de ordem moral e emocional –, mas não aniquila vidas; ao contrário, as exalta.

Um sorriso débil floresceu no rosto deprimido de Ephraim, ao responder:

– Eu confio no que me diz.

– Muito bem. Deve realmente confiar, não tem razões para descrer. Então por que esse ar triste, desanimado, essa expressão de vencido?

– Nos anos que vivi na cabana, sepultei muito fundo o sentimento de poder; agora, enfrentando a seu lado esta experiência, há momentos em que me sinto fraco, impotente e incapaz.

– Os nossos sentimentos seguem as leis divinas iguais para toda a criação, Ephraim. Da mesma forma que ocorrem as transformações da matéria, e de um mesmo elemento surge uma gama de diversidades, seja por ação natural, seja pela interferência humana, ocorrem transformações emocionais. Você usou a palavra certa quando disse "sepultei"; você simplesmente enterrou muito fundo um sentimento que identificou como nocivo. Se abrir as entranhas, ele estará lá onde o deixou. Diga, qual é a razão da sua impotência? Por que se sente fraco?

Ephraim delicadamente desvencilhou-se do contato com o amigo e afastou-se alguns passos, fugindo ao olhar penetrante de Jesaías, que, muito tranqüilo, o deixou ir, sem fazer qualquer menção de retê-lo.

– Eu não queria dizer, mas...

– Eu insisto, fale o que está sentindo.

A voz de Ephraim tremeu e o tom de raiva contida era facilmente perceptível ao responder:

– Nós não conseguimos absolutamente nada. Olhe bem à nossa volta. Mortos, feridos, destruição. Eles não mudaram em nada. Tudo o que fizemos foi jogado fora; lançamos palavras e esforços ao vento. Não temos resultado algum. – O desabafo foi seguido de grossas lágrimas. – Sinto-me mal, culpado, não cumpri meu dever. Quando você me chamou para ajudá-lo, não disse que seria assim, que me sentiria tão mal.

Jesaías sorriu complacente, uniu as duas mãos sobre o baixo ventre, deixou que Ephraim aliviasse pelas lágrimas seu mundo emocional conturbado e depois falou, em tom propositadamente provocante:

– Que bom seria se pudéssemos matá-los todos! Então os traríamos para o nosso lado, vencidos, os faríamos ouvir e obedecer à força. Tudo seria mais rápido, não haveria dor e morte desnecessária. A justiça seria feita. Mas não é assim, e fica algo lá no fundo, dentro de nós, reclamando satisfação, como um animal faminto. Incomoda. Impulsiona, cobra uma ação imediata e eficaz, p...

– É exatamente o que estou sentido – interrompeu irritado Ephraim, dando vazão à torrente de sentimentos violentos que o consumia. – Tenho raiva do que eles fazem. Sinto-me agredido, culpado, quero vingar essas atrocidades e fazê-los reconhecer que existe uma justiça além da deles, que essas barbaridades não ficarão impunes. Sim, se necessário mataria um por um, os colocaria de castigo; se preciso, tão cruéis quanto os da mitologia grega, e enquanto eles não se arrependessem e se modificassem, não lhes daria liberdade. Olha, pensando bem, o inferno deveria existir...

Jesaías ouvia, imperturbável, a explosão do auxiliar. Era natural e necessária. Deixou que por bom tempo prosseguisse com o que muitos denominariam blasfêmias e ingratidões. Até que, cansado, esvaziado das emoções em conflito, Ephraim jogou-se ao chão e, pondo as mãos na cabeça, declarou com voz sumida e fraca:

– Mas hoje não posso fazer nada disso, porque sei que a vida e a inteligência das leis que a regem são superiores a mim... Sou um fraco, um inútil.

Aproximando-se serenamente, Jesaías sentou-se a seu lado e, olhando a linha do horizonte onde o sol lançava seus últimos raios sobre a desolada paisagem da cidade, comentou:

– Eis aí a força que você reclama não possuir, Ephraim. Ela vive em você, apenas está bem enterrada e se encontra em forma bruta. Se pensou que estávamos em alguma missão salvacionista, enganou-se, meu caro. Aqui havia apenas um espírito necessitando de aprendizado: era você. Pensou que trabalhando pelos outros você faria grande coisa pela humanidade e tinha uma missão divina? Enganou-se. Trabalhava apenas por si mesmo, para conhecer-se, descobrir-se e aperfeiçoar-se no contato com os outros. Precisou voltar ao meio do qual fugiu, conviver com eles e compartilhar suas ações, para de fato averiguar o quanto mudou. Isolar-se do mundo como você fez foi pouco útil, Ephraim. Concordo que meditou muito, analisou a vida e a natureza, desenvolveu conceitos novos, reconheceu muitas de suas dificuldades e aprendeu que precisamos cultivar raízes de fé, esperança e crença no Criador. Entretanto, isolando-se, fugiu da luta real. Sozinho, distante de tudo e de todos que nos incomodam, é fácil crer que atingimos grandes alturas espirituais e podemos sair pelo mundo afora a fazer conversões, curas e sei lá o que mais. Só que estamos cegos de nós mesmos, pois é no contato com nossos irmãos e suas dificuldades que podemos conhecer e avaliar as nossas. É na luta de inteligências que transformamos e desenvolvemos as capacidades superiores da alma. É assim que evoluímos. Você havia enterrado a força emocional que o impulsionaria para realizações mais complexas.

Surpreso com a informação de que não estava envolvido em tarefa alguma com a Ordem, Ephraim sentiu-se cair de boa altura e tomar consciência do que carregava em si.

– Fúria, raiva...

– Suas forças – reforçou Jesaías, lendo nas expressões do protegido as emoções que o assolavam. – A fúria é uma expressão do medo que ainda carrega dentro de si, ela destrói de dentro para fora.

Muitas pessoas morrem num ataque de fúria. O medo que sentem é tão forte, lhes dá uma sensação tão aterradora, que, desesperados, começam a quebrar e destruir o que têm pela frente; apenas desconhecem que essa força, antes de explodir no exterior, explodiu no interior de sua constituição, quebrando, arrebentando e destruindo órgãos vitais. É a causa de sua sensação de incapacidade, falta-lhes coragem.

Jesaías fez uma pausa, observando as emoções de Ephraim acalmarem-se, e prosseguiu:

– A raiva é seu instinto de defesa, de conservação; acionado, alerta, preparando-se para reagir ao ataque. A proporção do uso da força e seu direcionamento é no que você precisa avançar em compreensão, para usá-la a seu favor. Ela faz parte da nossa constituição espiritual, ainda; aceite-a, conheça-a, não lute contra ela. Discipline-a com o apoio da razão, use todos os conceitos que conquistou, veja a vida em sua expressão maior e os seres humanos com os quais convive exatamente como são: aprendizes, falhos como nós mesmos, sujeitos às leis sábias da vida que nos conduzirão a todos, embora cada um a seu tempo, a um mesmo fim de aprendizado, evolução e felicidade. Confie no que conhece. Sinta, experimente as verdades que estuda. Então, quando surgir a raiva contra alguém, você entenderá que nela está a semente da determinação para prosseguir em seu próprio caminho de experiências, auxiliando a quem aceita e aprendendo com todos que o cercam. O mundo não precisa de salvadores, Ephraim, precisa de homens conscientes de si e dispostos à mudança pessoal. O restante é decorrência disto; na natureza, tudo se origina de diversas transformações do mesmo material.

– E o trabalho de resgate dos espíritos endurecidos que acompanham a Ordem?

– Prosseguirá, com paciência. Entendo que eles precisam de um tempo certo de amadurecimento. Depende deles persistir no engano e sofrer, ou despertar. Não podemos obrigá-los a ver o que enxergamos, não percorremos ainda o mesmo caminho. Se Deus consente e espera, por que deveríamos agir de outra forma?

Uma expressão desolada marcou o rosto de Ephraim, e trouxe um sorriso aos lábios de Jesaías, que, recuperando o bom humor, comentou, descontraído:

– A casca do orgulho é grossa e pesada. É difícil aceitar que não podemos tudo e que também a nossa justiça tem limites. Aceite o outro como ele é, fale a sua verdade se questionado ou quando ela for aceita. Se rejeitada, deixe-o. Isso também é humildade. Agora basta. Vamos retornar ao nosso abrigo, nossos amigos nos esperam.

Voltando o rosto na direção de Jesaías, Ephraim, pacificado e envolto na atmosfera de intimidade amistosa com o companheiro, encarou-o nos olhos e, segurando-lhe o braço, reteve seu movimento de se levantar:

– Espere – pediu ele. – Preciso lhe fazer uma pergunta que, desde que me encontro neste plano, desejo fazer.

Jesaías tornou a sentar-se e aguardou em silêncio, dando implícita autorização ao desejo do amigo:

– Por que você está ao meu lado desde que cheguei?

Jesaías sorriu e, sustentando com expressão meiga e amorosa o olhar de Ephraim, esclareceu:

– Eu o acompanho há muito mais tempo do que imagina, Ephraim. Estive ao seu lado antes de nascer na Espanha das Ordens e Cruzadas, acompanhei todos os lances de sua vida desde a infância até a morte; tão logo despertou e tornou-se lúcido no mundo espiritual, prossegui meu trabalho. Muitas vezes, quando você erguia a espada rubra de sangue, jogando bem longe meus pedidos e alertas, eu apenas podia velar por você, ao longe; quando se recolheu à solidão daquela cabana, eu habitei contigo; nas longas noites, incentivava tuas reflexões e leituras; com muita alegria vi nascer teu afeto pelo bom Companheiro e com ele aprender sobre a natureza. Como me senti feliz quando o vi retornar e retomar a fé de seus pais! Ainda que incompleta e com muitas distorções, uma fé é sempre melhor que nenhuma.

Forte emoção atingiu Ephraim ao ouvir as palavras de Jesaías e compreender o papel que ele desempenhava em sua existência. A garganta comprimida não deixava passar nenhum som; os olhos vertiam lágrimas, muito diferentes das anteriores; quase poderia apostar que, contrariando a natureza, elas eram doces e suaves. Sem outra forma de expressão que não os gestos, o velho judeu atirou-se aos braços de seu protetor, agradecido e confiante.

Jesaías, também fortemente emocionado, o amparou em seus braços e elevou o pensamento ao Criador, agradecido por, enfim, após muitas lutas, seu protegido ter encontrado caminhos de evolução, abrindo-se ao conhecimento e à vivência. Ephraim nem sequer percebeu que deixavam aquele cenário desolado e, com a velocidade do pensamento, se deslocavam pelo espaço em busca do lar que os acolhia, em uma das muitas moradas celestiais.

Na terra dos incas, a pesada bota do conquistador impingia sua marca e caminhava para o confronto final.

* * *

Seguindo as trilhas, os espanhóis se afastavam do litoral e se embrenhavam em direção ao centro do império, viajando para Cuzco.

A surpresa com as descobertas das construções e organização do grande império inca os acompanhava a cada passo. Admiradores das façanhas dos antigos romanos, diziam que as belezas das trilhas e as construções que as pontuavam eram superiores às estradas romanas que cruzaram a Europa e parte do Oriente.

Eram superiores em organização e conforto e, em toda a extensão, era fácil notar que haviam sido laboriosamente planejadas, não se vendo uma única pedra inútil ou desperdiçada, muito menos devastação da natureza além da estritamente necessária às melhorias de vida do povo. As construções para descanso dos viajantes estavam situadas conforme a capacidade humana e eram alcançadas com facilidade, especialmente para o pequeno exército invasor, que trazia de retorno àquelas terras um animal ali extinto há centenas de anos: o cavalo.

Encontravam água com fartura e alimentação variada, composta de muitas espécies desconhecidas para eles, como a batata, o cacau e grande quantidade de frutas.

Os estoques de alimentos, em baixa naqueles tempos conturbados do império, eram para os espanhóis assombrosamente abundantes.

Estranhavam não existir moeda para aquele povo. Mesmo não sendo os maiores e melhores observadores, eles se detinham no que lhes interessava e logo notaram a inexistência de valor de troca e que o apreço dos "indígenas selvagens" ao ouro e à prata tinha motivações diferentes. Não amealhavam, todos possuíam jóias e adornos conforme o papel que desempenhavam na sociedade, e não era por tê-los em maior ou menor quantia que eram posicionados na escala social.

Khalil os esclarecia conforme podia, pois também ele, apesar dos anos passados entre os incas, pouco buscara saber sobre sua organização social. Ensinava o idioma quíchua, divertindo-se com as dificuldades dos compatriotas na pronúncia das palavras. Pizarro empenhara-se em aprender o que julgava essencial e, cansado, certa noite declarou:

– Você será meu intérprete oficial. Sabendo entender expressões básicas, estou satisfeito. Além do mais, oficialmente você não tem uma função entre nós, capitão. É justo que seja meu intérprete. É também, medida de sabedoria, pois é o único que conhece a língua desses selvagens.

"Nem precisava dizer", pensava Diego, observando Pizarro desfazer-se como sempre em gentilezas com Khalil, como se ele fosse muito influente na Ordem. "Não temos muitas alternativas, os outros sabem línguas indígenas, mas muito pouca desta, pelo que pude notar. Pizarro é mesmo um imbecil; não vejo a hora e o minuto de livrar-me desta criatura. Tão logo mestre Yusef esteja aqui, pedirei que seja determinada a fração de terras que governarei e a quero bem distante das de Pizarro. E esse Khalil? Que homem estranho! Frio, sanguinário. Não teme nada, é verdade. Encontrá-lo foi excelente, pois tem os mapas para se chegar à tal cidade do rei, mas não gosto dele."

– Como está a contabilidade dos despojos de guerra? – indagou Pizarro dirigindo-se a Diego, arrancando-o de suas cogitações pessoais.

– Promissora. Os quilos de ouro e prata aumentam a cada passo. Nesta terra nova, parece que eles são intermináveis. Não a chamam o Eldorado, à toa – respondeu o neto de D. André, lacônico, expressão vazia de significado; quem o olhasse, o julgaria um baldo de inteligência; de certa forma, um pouco diferenciado, ele retomava nestes últimos dias a encarnação do idiota.

– Khalil, segundo seus mapas e conhecimentos, estamos muito distantes da dita cidade? – inquiriu Pizarro.

– Deveremos alcançá-la em aproximadamente dois, no máximo três dias de jornada; meus mapas apontam de quatro a cinco dias – respondeu Khalil, seguro, observando os mapas que tinha em mãos e refazendo mentalmente cálculos. – Porém, é preciso considerar que anotei o tempo de percurso das distâncias realizando-as a pé, à moda dos nativos; como estamos de posse de boas montarias, esse tempo se reduz à metade ou menos.

– Excelente. Quando estivermos mais próximos, um dos soldados será enviado ao tal rei, chamando-o a um encontro; o atrairemos para fora da cidade, que, segundo sabemos, possui boas fortificações e seria difícil atacá-la em minoria; mas, como são muito ingênuos e ignorantes esses infiéis, se tomarmos seu líder, eles nos darão o que quisermos. Nos encheremos de ouro e prata e voltaremos ricos para a Espanha.

O vozerio dos homens logo se fez ouvir apoiando a decisão do líder, incentivado vivamente por Khalil, que desejava com todas as forças retornar a pátria.

"Esqueceram-se do trato com a Coroa. Retornar, resgatar as hipotecas, tomar posse dos meus bens somados aos de Alícia e, com que amealhar desta pilhagem, seria suficiente para garantir uma existência de conforto, prazer e riqueza nas melhores cidade da Espanha e mesmo na corte; juntos, possuiríamos uma das maiores riquezas do país. Mas não é assim tão simples, a situação política da Ordem não nos permite ignorar o acordo com a rainha, precisamos do seu apoio", refletia Diego, ouvindo o burburinhos dos homens ao redor e seus planos de como gastar suas cotas dos despojos da guerra. Observando-os, considerou intimamente:

"Não posso recordá-los desse compromisso. Não agora, é preciso que primeiro dominemos esse povo e, quanto a isso, apesar de sua imbecilidade, Pizarro pensa direito, sua estratégia é boa. Seria loucura total nos arriscarmos contra os guerreiros desse rei. Mesmo enfraquecido pela disputa interna, como contou Khalil, ainda assim deve ser considerável. Fraco por não contar com a magnífica pólvora, as armas, os carros, é verdade, mas o número de homens é mil vezes, no mínimo, maior que os nossos míseros cento e poucos homens. Depois, se tudo correr conforme pretendido, eu lembrarei a Pizarro que devemos aguardar mestre Yusef nestas terras para que se inicie a colonização; deveremos tomá-las para os reis da Espanha."

..*

Em Cuzco, Athaualpa não conseguia descansar. Sentia-se agitado e, a todo instante, estendia a taça para uma das acclas dos estados, que se estirava indolente e sensual, expondo as longas e bem torneadas pernas morenas aos pés de seu trono, a fim de que ela o servisse de nova dose de chicha, enquanto discutia com Chachapuma as enervantes rebeliões das comunidades fiéis aos antigos líderes, que se declaravam independentes, negando-se a contribuir com suas cotas de produção para o império.

– Meu Inca, a situação está bem mais complexa do que imaginávamos. Não cogitávamos essas rebeliões de descontentes contra nós, também não se esperava a chegada dessas criaturas estranhas em nossas terras. Elas me preocupam mais do que nossos rebeldes – declarou o novo chefe do exército. – Não gosto das notícias que temos recebido.

– Não passam de um bando qualquer. Pouco mais de uma dúzia de homens, como irão enfrentar nossos guerreiros? Não se perca em coisas menores e sem importância – retrucou Athaualpa, ingerindo em um só gole o conteúdo da taça, que novamente estendeu para ser servida pela mulher.

– Pois não penso dessa forma. Concordo que são em menor número, mas eles têm algum poder estranho. Senão, como se explica que tenham arrasado tantas ayllus e nenhum dos nossos tenha conseguido detê-los?

– Não me diga que você também acredita que eles são deuses que vêm vingar a morte de Huáscar – comentou Athaualpa, irônico.

Irritado com o tom debochado e displicente com que Athaualpa o tratava e à questão em debate, Chachapuma ergueu-se, impondo seu poderoso físico ao olhar do amigo e retrucou, também ironizando:

– Se são, é você quem deve conhecê-los bem melhor do que eu, não só por ser seu descendente, mas também porque cultivou a amizade de um deles por muitos anos. Parece que, se são deuses, eles o estão traindo.

Athaualpa incomodou-se com a resposta, enrugou a testa, franziu o cenho, seus olhos brilharam enraivecidos, todas as emoções potencializadas e sem controle pela farta quantidade de bebida alcoólica que vinha ingerindo.

– Não gosto que meus subalternos se refiram à minha pessoa com expressões como as que usou. Humilhe-se ante seu Inca – ordenou Athaualpa. – Eu sou o filho de Inty e governante do império. Você está sendo petulante e abusando das regalias que lhe concedi.

– Eu não tenho medo de você, Athaualpa. Sim, eu sei que você é o Inca, mas sei também que foi com a ajuda das minhas mãos que você conquistou esse lugar. Quando você não era mais que um descendente bastardo do grande Huyna Cápac eu o apoiei, porque confiei que você seria melhor governante que Huáscar. Mas não tenho visto as realizações que esperava. Vejo-o vomitando soberba pelos corredores deste palácio, vejo-o noite após noite embriagando-se de chicha, engravidando tantas acclas quantas possa possuir por noite, comparecendo às cerimônias dos templos e fazendo o povo tremer de medo só ao vê-lo passar. Mas governando, decidindo, trabalhando pelo progresso do império, isso eu não vi acontecer. Agora mesmo, é fácil ver que nossas terras estão sendo invadidas, que nossas aldeias estão sendo saqueadas e que o povo está sendo chacinado sem razão alguma, e o que você faz? Nada, além de dizer um dia depois do outro que eles são apenas um punhado de homens.

A discussão entre os dois tornou-se acirrada, fazendo os olhos da accla se arregalarem de medo; nunca imaginara que alguém pudesse confrontar um inca. Depois de algum tempo, Chachapuma notou que Athaualpa estava completamente embriagado e de nada adiantaria prosseguir aquela discussão, era preciso aguardar a manhã, ou melhor, a tarde do dia seguinte. Convencido da inutilidade da refrega que havia começado, o líder do exército simplesmente deu as costas ao Inca e retirou-se, sem saber que naquela noite conquistara a admiração da bela moça que servia o novo soberano.

Na manhã seguinte, acomodado em seu leito, cercado de mordomias, Athaualpa sofria forte dor de cabeça e severa indisposição gástrica; a luz o incomodava e o som de vozes ou de qualquer ruído era-lhe penoso e desagradável.

Ao lado do novo Inca, se desvelavam as entidades espirituais que zelavam pelo Tahuantinsuyo, entre elas o mestre Kuchikuchi e Sariri. Trocavam olhares de consternação, ao contemplarem a triste figura de Athaualpa.

– Não fosse minha confiança no futuro, o entendimento de que cada um escolhe e constrói seus caminhos, que vemos, ouvimos e enxergamos conforme nossas convicções e interesses, sendo por essa razão inviável tentar convencer alguém a mudar de caminho ou a ver sob outro ângulo uma dada situação, confesso que, hoje, seria um dia de profunda tristeza e decepção. Mas, vivendo, aprendi essas grandes verdades e sei que mesmo que não sobre pedra sobre pedra do império que ajudei a construir, o importante, o essencial, os valores que tornaram possível a existência, a construção e a manutenção desta civilização nestas terras, não desaparecerá, prosseguirá como experiência no patrimônio dos espíritos que a compartilharam conosco – dizia um antigo inca, há muito de retorno ao plano espiritual. – Viverá como um sonho de fraternidade e justiça social, como sementes e certezas de que uma sociedade humana pode viver, conviver e progredir com bases em valores morais superiores e não em valores apenas materiais.

– Entendo suas emoções – disse outro antigo líder. – Pedras e construções não são nada, se fazem e desfazem milhares de vezes na poeira dos tempos. Apenas os sinais necessários a marcar nossa passagem nesse mundo resistirão, são o nosso legado ao futuro. Daqui a muitos anos, os espíritos que habitarem a Terra terão condições de estudar e extrair delas os conhecimentos que deixamos sobre este planeta e, então, compreenderão muitas coisas. Nosso pobre amigo, aí deitado, apenas colhe o fruto que cultivou. Não só com os achaques físicos, mas também as dores morais que se desenham em seu porvir. Como é fácil ler o futuro!

– Para os que têm ciência e percepção das leis universais – completou Kuchikuchi. – Basta conhecer o presente, quem somos, como estamos pensando, sentindo e agindo e assim será nosso futuro, salvo circunstâncias de vidas anteriores que obrigatoriamente surjam no caminho mais adiante, mas mesmo assim elas apenas se somam ao momento. As leis são sempre as mesmas a governarem todos os reinos da criação, e uma das mais fáceis de ser lida é: aquilo que semeio é o que vou colher. Athaualpa semeou discórdia, medo, rebeldia e violência, apossou-se do que não lhe cabia. Se sofrer, a ninguém pode culpar, senão a si mesmo. O tempo fez com que essas sementes germinassem. Sentimentos crescem e contaminam, proliferando em uma proporção arrasadora, difícil de ser suplantada. Ele agora vai receber essas mesmas cargas emocionais, indisciplinadas e potencialmente multiplicadas.

– É – concordou Sariri. – Infelizmente, ele faz opções cheias de comprometimentos para o futuro. Desejou tanto ter o poder, ser o governante da nação, criticou tanto as deficiências de seu antecessor, e agora nos mostra que tudo era por estar dominado pela inveja e motivado pela ira, desejava apenas ser o Inca, o restante foram palavras jogadas ao vento. É um exemplo triste o que ele nos dá neste momento de sua evolução.

– Perdoe-me corrigir sua forma de expressão, querida amiga – retrucou mestre Kuchikuchi. – Entendo que desejou dizer que elas carecem de significado para ele. Mas não existem palavras jogadas ao vento, elas sempre são destinadas a algum ouvinte, já que ninguém está absolutamente sozinho no mundo; alguém as ouve e, ouvindo-as, reflete, pensa, e pode direcionar atitudes para o bem ou para o mal, conforme o que ouviu e como entendeu. Somos seres comunicantes. A transferência de informações, pensamentos, idéias e sentimentos são tão naturais que, regra geral, não nos apercebemos delas, mas elas ocorrem seguindo o mesmo princípio da contaminação orgânica, invisível a olho nu, mas perceptível por quem tenha um pouco mais de apuro sensitivo. Athaualpa distribuiu discursos, idéias, acendeu paixões; simplesmente porque ele atingiu os objetivos que o moviam, não significa que elas tenham se extinguido em seus ouvintes. Insatisfeitos, decepcionados, alguns exigirão o cumprimento das promessas, outros o renegarão, uns e outros o abandonarão, formando um grande grupo de descontentes difíceis de serem dirigidos. Ele insuflou o próprio e o alheio egoísmo. Suas palavras foram as sementes, os canais de transferência, não foram ao vento, foram para outros seres e gerarão conseqüências, inevitavelmente.

– Sempre detalhista e objetivo – comentou Sariri, sorrindo para o amigo. – Não tenho o que lhe perdoar. Você distingue-se como um amauta, dos mais sábios de nosso grupo; eu sou uma parteira, aprendi mais pelos sentimentos do que pela razão. Como você diz, eu contaminei-me de natureza e aprendi a ler na vida dos animais e dos homens as leis que regem a vida, a conhecer a função das plantas para os males humanos e a ver onde eles nascem: nas nossas emoções. Graças ao Criador, já me despi das tolas vaidades de antigas eras. Fique à vontade, vou lembrar dessas colocações quando ouvir ou, impensadamente, repetir essa idéia.

– Tem razão, Sariri, sou mesmo como disse, faz parte da minha construção de vivências. Quando mudarmos para uma morada de regeneração, vou pedir para exercer uma atividade semelhante à sua, preciso cuidar deste meu lado mais sensitivo, mais ligado à afetividade. As experiências reencarnatórias voltadas ao conhecimento das ciências materiais aprimoram o intelecto, mas é preciso cuidar das outras faces... Poderia ter ficado calado, não era preciso corrigi-la, todos sabemos o que desejou expressar.

– Foi bom que tenha falado. Concordo com tudo o que disse e vou recordar sua lição. A linguagem que usamos por aqui ainda é muito pobre; aliás, é um bom exemplo para se ver o fenômeno de contaminação ao qual você se referiu: mesmo minhas palavras expressando literalmente uma idéia contrária a que eu desejava, todos vocês entenderam meu pensamento, prova de que eu o comuniquei a vocês, independentemente do uso correto das palavras – respondeu Sariri. E, notando o olhar indagador dos demais recaindo sobre eles, riu e comentou: – Mestre Kuchikuchi, nossos amigos não estão acostumados à nossa maneira de trabalhar e conviver, devem estar pensando que esquecemos por que estamos nos aposentos de Athaualpa.

Mestre Kuchikuchi fez uma expressão de fingido susto e sorriu; voltando-se para os outros espíritos que os acompanhavam, disse:

– Desculpem nossa divagação. Vamos retornar ao trabalho que nos trouxe. Sariri, cuide de auxiliar para melhorar o ânimo e o estado do nosso socorrido.

Apontando com gesto amplo os demais visitantes, pediu:

– Inspirem idéias a Athaualpa. Não podemos mudar o curso dos acontecimentos, mas tentar minimizá-los, sim.

Após muitas tentativas, o grupo logrou observar que o novo Inca apresentava uma reação de melhora; mas, apesar de todas as idéias sugeridas, ele formou a noção de que precisava enfrentar os invasores para provar a Chachapuma que tinha razão. Decidido, ergueu-se do leito e, chamando os serviçais, logo era atendido e preparado para apresentar-se no grande salão.

Mal acabava de instalar-se em seu trono e já determinava ao intérprete que mandasse trazer à sua presença o chefe do exército.

Quase uma hora depois, Chachapuma se apresentava ao Inca e ouvia a ordem seca:

– Prepare nossos guerreiros, marcharemos todos contra essas criaturas estranhas. Eu estarei no campo de batalha acompanhando as operações. Será nossa primeira guerra, teremos uma vitória esmagadora e consolidaremos a dominação sobre os povos aliados ao império. Será como esmagar insetos.

Chachapuma ouviu a ordem e, em silêncio, respondeu com uma mesura, que sinalizava seu acatamento ao comando do soberano. Não sentia necessidade de trazer à tona a discussão da noite anterior. Estava satisfeito com a decisão de atacar os invasores e nem mesmo a última provocação o fez reagir.

– Que pode afinal um punhado de seres estranhos contra um exército de guerreiros do império? Nada. Vamos acabar logo com esses temores infundados e mostrar quem tem o poder.

O líder do exército tinha grandes inquietações internas. Estava muito longe de sentir a temerária segurança do Inca em relação às estranhas criaturas, porém, manteve o silêncio e a obediência.

Raiava a manhã quando a liteira conduzindo o Inca parou junto aos grandes portões da fortaleza que protegia a capital e os sentinelas, reverentemente, abriram passagem ao interior da edificação, onde se encontrava perfilado um grande número de guerreiros, tendo Chachapuma à frente no posto de comando. Assim que Athaualpa saiu da liteira, o exército o reverenciou, dando mostras de grande disciplina e organização nas ações.

– Estão prontos – constatou o Inca, correndo o olhar pelas fileiras. – Ótimo!

– Meu Inca – chamou Chachapuma, respeitoso. – Nossos mensageiros informaram a localização das criaturas; estão bastante próximos daqui. Acredito que deveremos encontrá-los antes do meio-dia.

– Muito bom! Quanto antes terminarmos essa tarefa, melhor. Ao cair da tarde estaremos de volta e os homens poderão celebrar a vitória. Teremos uma noite esplêndida – respondeu o Inca, confiante.

– Creio que os deuses falem por sua boca – comentou Chachapuma, parcimonioso em compartilhar a eufórica segurança do Inca e cauteloso, embora se notasse um certo toque de satisfação em sua voz e um brilho traidor no olhar de emoção que tinha, ao informar: – Não recordo se o avisei de que o Chinkasqa se aliou com as criaturas que vamos atacar e faz parte do bando.

– Chinkasqa?! Aliou-se com os estranhos? Não pode ser. Ele é fiel a mim. Eu o convidei para ser um dos meus conselheiros. Não pode ser. A informação deve estar errada. – A surpresa e a incredulidade se estampavam em todas as expressões do soberano.

– A informação procede. Foi nosso antigo mensageiro quem o identificou, conhece-o muito bem. Não há engano. Além do mais, não foi o único a me falar do fato, outros governantes de comunidades próximas às trilhas pelas quais transitam as criaturas têm me relatado seus movimentos e a participação do Chinkasqa.

Athaualpa permaneceu em silêncio alguns minutos. A fúria crescia em seu peito. Traído pelo amigo, sua mente inflamava-se em pensamentos agitados e sem direção, que faziam crescer as emoções que ele abrigava. Tinha verdadeiro horror à traição; segundo sua forma de ver, a fidelidade aos ideais e aos amigos era a maior virtude que tinha e a admirava nos outros.

– Ele não será esmagado na batalha junto com os outros – disse por fim, com inflexão de voz que denunciava todas as emoções que carregava consigo; era uma voz taciturna, cavernosa; desaparecera a confiança para dar lugar à raiva e ao desejo de extermínio. – Quero-o vivo, para ser executado em público, servindo de exemplo da minha justiça com os traidores.

Chachapuma baixou a cabeça em concordância e tratou de dar a informação aos guerreiros.

– Vamos partir – determinou o Inca, irritado. – Já perdemos tempo demais.

Novamente Chachapuma baixou a cabeça reverente e, observando o Inca afastar-se para voltar à sua liteira, deu voz de comando ao exército, que se pôs em marcha. Pouco depois, uma grande fila serpenteava pelas trilhas que saíam da fortaleza empunhando a bandeira e vestimentas com as cores do arco-íris – símbolo do império inca.

***

À mesma hora, Manco Yupanki, Lawra, Wanka, Naira e Atipaj deixavam a cidade sagrada para se juntarem às tropas lideradas por Kara. No dia anterior inúmeros mensageiros haviam partido a mando de Manco, com ordens de reunir os homens para retomar Cuzco.

Foi intenso o deslocamento de tropas guerreiras pelas montanhas e vales do Tahuantinsuyo naqueles dias. Athaualpa seguia em direção a Cajamarca – última localização conhecida das criaturas brancas. Marchavam acelerado; logo avistavam as colinas que cercavam a cidade, formando uma proteção natural para a comunidade que vivia em seu vale. Erguendo a mão direita para fora da liteira onde viajava, o Inca sinalizou parar a marcha. Atento, Chachapuma fez cessar imediatamente o movimento e, rápido, aproximou-se de Athaualpa, encarando-o com um olhar indagador; porém, obediente às tradições do império, manteve-se em silêncio, aguardando o pronunciamento do soberano.

– Disperse os guerreiros sobre as montanhas que cercam Cajamarca – ordenou Athaualpa. – Separe os melhores homens que temos; seguiremos apenas com eles, entrando em Cajamarca pelo centro. Do alto das montanhas, os demais apreciarão nossa vitória. Será um estudo prático de estratégia militar.

– Será muito bom – concordou Chachapuma no tom condescendente que estava empregando desde que haviam deixado a capital e sugeriu: – Mas será também muito bom deixarmos orientação para o caso de ocorrerem inesperadas complicações em nossos planos.

– Você está muito descrente nos últimos dias – constatou o Inca, levemente irritado. – Eu não lhes darei ordens alternativas. Confio na minha estratégia. Mas concedo que dê suas próprias orientações, para a eventualidade de nossos planos não serem de execução imediata.

Chachapuma baixou a cabeça em reverência e acatamento ao Inca e, também, para esconder o rosto, onde um ligeiro sorriso de vitória erguia-lhe os cantos da boca, fazendo brilhar seus olhos escuros, cheios de satisfação.

Cumpriu diligente a ordem do Inca, acrescentando que, em caso de haver demora na derrota das criaturas invasoras, estava autorizada a imediata ação dos guerreiros localizados nas colinas ao redor do centro da cidade, que deveriam descer em bando e atacando.

Ainda que tomando as providências exigidas pela consciência e que o conhecimento, aliado à experiência, apontavam como certas e necessárias, faltava-lhe, desta vez, aquela certeza interior de vitória. Um estranho pressentimento o acompanhava. Era um sentimento paradoxalmente forte e indefinido ao mesmo tempo. Despertava nele um estado de atenção máximo, prendendo-lhe a mente a um sentimento de medo, a ponto de sobressaltar-se com o roçar da vegetação em seu corpo. Lutava bravamente consigo mesmo; entretanto, nessa luta interior, justo naquele dia estava sendo impotente.

Acompanhando a marcha do Inca à praça de Cajamarca, coração da ayllu, o líder do exército sentia aquele pressentimento crescer incontrolavelmente, tanto que dominar os tremores era tarefa muito árdua. Contra sua vontade, sentia medo. Em sua mente desfilavam as cenas dos ataques e das mortes que comandara na disputa interna pelo governo; depois, uma a uma, revia as execuções na capital. Era como se, ao marchar para a praça de Cajamarca, estivesse refazendo os passos das vítimas, quando respirava sentia o cheiro de sangue. Incomodado, enrugava e erguia o nariz, farejando o ar.

"Há cheiro de sangue no ar", pensava Chachapuma, enquanto seu olhar corria pelas construções em torno, examinando tudo, avaliando as expressões das pessoas que se reuniam à volta e muitas que, silenciosamente, seguiam atrás do grupo de guerreiros e do Inca. "Mas é estranho, a cidade parece tranqüila, embora as pessoas estejam com medo e haja ânsia de lutar em seus olhos; elas nos acompanham, demonstrando apoio. Onde estará o Caraca? Por que não veio nos receber à entrada da cidade? Não. Não posso me enganar, aqui as coisas estão apenas aparentemente calmas. Há, sim, cheiro de morte no ar."

Um guerreiro tocou levemente no seu braço, chamando-lhe a atenção e cochichou rapidamente a notícia dada pelos moradores que se integravam às colunas do exército:

– As criaturas brancas mataram o Caraca ontem à noite. Estão alojadas na casa que lhe pertencia, perto da praça.

Chachapuma o olhou firme, lutando bravamente com o nó formado em sua garganta e o aperto angustiado que carregava no peito. Não podia dar demonstrações de covardia aos subordinados. Era a primeira vez que enfrentava uma batalha com a sensação de medo tão forte, desejando fugir, embrenhar-se nas montanhas, certo de que só assim salvaria a própria vida.

Sufocando o medo e as advertências que recebia, decidiu prosseguir, ignorando os chamados interiores. Apresentou-se ao lado da liteira do Inca e deu-lhe a conhecer a informação.

– Para a praça. Rápido! – determinou seco Athaualpa, após ouvir as notícias trazidas por Chachapuma.

Quanto mais se aproximava da praça central, maiores eram as sensações de medo de Chachapuma, agora degeneradas em pânico e horror. Lutando por negar as emoções, sentia que andava lado a lado com a morte; nunca antes tivera tal sensação no início de uma batalha.

A lembrança dos mártires de Cuzco só o fazia sentir-se pior, pequeno e desprezível. A canção entoada por Kusisa repercutia em sua mente, mas não encontrava ecos de fé e esperança em seus sentimentos e agora, ante o pânico que se apoderava dele, parecia que a lembrança da Mamacomas vinha debochar de sua covardia moral. Com esforço, tentou desvencilhar-se das lembranças e concentrar-se na proteção ao império. Era ingrata, desgastante e inglória a batalha emocional que travava.

Chegaram ao centro da praça. Grande parte da população estava reunida e observava a pomposa comitiva do Inca.

Parados em frente à residência do Caraca, que haviam invadido na noite anterior, Pizarro e seus homens, montados em altos cavalos armados e trajando as cotas de malha metálica, armaduras e elmos empenados, observavam Athaualpa.

Correndo o olhar pelos arredores, Khalil identificou guerreiros posicionados sobre as colinas a relativa distância, mas em grande número.

– Estamos cercados – cochichou Khalil para Diego, que se posicionara a seu lado. – Olhe sobre as colinas.

Diego rapidamente observou a situação e constatou o perigo que corriam, indagando:

– Eles são violentos? Que armas possuem?

– Sim, são muito violentos. Sacrificam seres humanos brutalmente para seus deuses pagãos – respondeu Khalil, entre dentes. – Chachapuma, aquele homem grande com roupas diferentes dos demais, é o líder do exército.

– Isso não era muito difícil de imaginar – retrucou Diego, irritado. – Diga-me, quais armas eles têm? São apenas as que carregam?

– Acredito que sim, mas são muitos. Que chances temos? Será que conseguiremos chegar perto de Athaualpa para prendê-lo? Pizarro não contava ser afrontado, menos ainda sermos cercados como estamos agora.

– São apenas essas armas? – insistia Diego. – E cavalos?

– Sim, já disse, são apenas essas armas, mas lutam muito bem com as mãos, são fortes e rápidos, certeiros com as flechas – respondeu Khalil, com o rosto afogueado pela excitação do momento. – Aqui não existem cavalos, fazem tudo a pé.

– Então, temos algumas chances. Boas chances, eu diria. – Diego tinha a expressão concentrada e o olhar era frio, um brilho de astúcia o iluminava. – Vou falar com Pizarro. Proteja minhas costas.

Khalil respondeu com um monossílabo, enquanto o companheiro se afastava em direção a Pizarro. Aproximando-se, postou-se às costas do capitão, segurando firme as rédeas do cavalo e, falando próximo a seu ouvido, indagou:

– Como pretende executar seu plano, agora que estamos cercados?

– Estava justamente pensando nisto. Não sei até que ponto esse rei estranho tem medo de nós. O certo é que ele não fugiu como os outros e devo dizer que, para um selvagem, foi bastante inteligente em nos cercar pelas montanhas.

– Tenho uma idéia – disse Diego. – Talvez dê o resultado que queremos, mas precisamos ser rápidos.

– Diga.

– Khalil informou que as armas deles são apenas as que vemos, não usam pólvora nem armas de fogo, também não usam cavalos. Aproxime-se deles montado como está, diga qualquer coisa bem alto e forte e atire para matar no líder do exército – aquele com roupas mais coloridas que os demais. Enquanto isso, nossos homens se jogarão sobre a população, fazendo-a correr para todos os lados e confundindo os guerreiros. Atiradores abrirão fogo contra os guerreiros nas montanhas, no meio do entrevero e muito rápido, para não dar chance de reação. Você deve se apossar do rei. Agarre-o firme. Depois, prosseguiremos com o plano como você traçou.

Pizarro mais uma vez lançou um olhar pelas colinas e o deteve na guarda que acompanhava o Inca. Numericamente, os "selvagens" tinham tudo a seu favor para ganhar aquela batalha, mas a idéia sugerida por Diego fazia sentido e, como não lhe ocorresse nenhuma outra estratégia, declarou:

– Faça. Arrume o entrevero que garanto apanhar o dito rei branco. Não vim da Espanha até aqui para morrer tão pobre como cheguei. O ouro que já apanhamos irá conosco ou não me chamo Francisco Pizarro.

Confiante na determinação do comandante, Diego afastou o cavalo, sentindo os milhares de olhos dos selvagens cravados em seus movimentos; ignorando-os, passou a distribuir ordens entre os homens.

Rapidamente a notícia chegou aos que se alinhavam rente ao prédio, que oferecia, em suas laterais, saídas para as montanhas e abertura para contornar o povo aglomerado ao redor da praça. Disciplinados, os cavaleiros foram se afastando sem chamar muita atenção, partindo os mais próximos das saídas. Tão logo contornavam a população, emitiam gritos de guerra e impulsionavam os cavalos a pisotear as pessoas.

No centro da praça, impávido e decidido, Pizarro, acompanhado de alguns homens, se lançava ao encontro do Inca. Identificando-o, disse em alto e bom som, falando o melhor espanhol que sua condição intelectual autorizava, mas com inflexão dura e irada, tanto que Athaualpa e Chachapuma, tendo que erguer as cabeças para encará-lo, sentiram-se acuados.

– Em nome de Deus, Jesus Cristo e dos reis da Espanha católica, eu tomo suas... – o som das últimas palavras foi abafado pelo estampido de tiros certeiros no peito de Chachapuma, que, assustado, levou as mãos ao ferimento sentindo o sangue borbulhar e jorrar fartamente. A dor que o assaltou foi forte e o fez tombar, os olhos desmesuradamente abertos, e gemidos incompreensíveis saíam de seus lábios. Ainda consciente, ouviu as expressões de espanto e medo pronunciadas pelos guerreiros incas; girando a cabeça com esforço, viu Athaualpa literalmente cair de costas e ser aprisionado pelo mesmo "ser" que o ferira. Foi a última cena que seus olhos registraram; o som apavorado dos gritos da população, os estampidos mortais deixando um rastro de fumaça com cheiro ruim no ar e aqueles animais emitindo sons estridentes foram as sensações finais do guerreiro. Com o espírito repleto de medo, em verdadeira crise de pavor, ele encontrou a morte.

Diego observava a dispersão dos guerreiros incas do alto das montanhas e um brilho vitorioso irradiava de seu olhar, apesar do semblante ainda tenso e concentrado. Parado à porta da residência do Caraca, mais uma vez ele evitara tomar parte ativa na matança. Permanecera em seu cavalo, gritando ordens e supervisionando a batalha. Sentia que só chegaria de fato a matar se sua vida fosse ameaçada, mas os selvagens nunca o haviam feito temer pela existência. Eram ingênuos e medrosos demais, segundo sua visão.

Vendo Pizarro aproximar-se, desceu do cavalo e foi recolher o rei branco, que jazia amarrado sobre a cela do capitão.

– Branco? – indagou Diego com ironia, ao contemplar a face morena de Athaualpa. – Quem o definiu não era muito bom em reconhecer as cores.

– Bobagem – respondeu Pizarro. – Se é branco ou não, pouco importa. Veja quanto ouro ele ostenta! Nem nossa rainha usa quantidade igual de jóias. Deve haver muito mais, ele deve ter muito ouro.

Khalil se aproximara deles trazendo um dos guerreiros incas que conhecia, devidamente amarrado e amordaçado.

– Este é um dos homens de confiança de Chachapuma. Ele servirá para pedir o resgate.

Athaualpa, amordaçado, olhava com incredulidade para seu antigo amigo Chinkasqa. Não acreditara nas informações de Chachapuma e agora, sob o domínio do medo e da impotência, sentia-se também vilmente traído, usurpada sua confiança e desprezada sua amizade.

Lendo nos olhos do Inca as emoções que o acometiam, tão freqüentes nos meios a que pertencia e a si mesmo que a reconhecia com grande facilidade, Khalil riu e, falando em quíchua, anunciou:

– Você é nosso prisioneiro, Inca Athaualpa.

– Você é um traidor desprezível – respondeu Athaualpa. – De onde vêm essas criaturas? O que querem?

– E você, Athaualpa, por acaso não fez o mesmo que eu, não traiu seu povo, seu irmão? Cale a boca. Queremos ouro. Dê-nos muito ouro e nenhum mal lhe será feito.

– Quan... quanto querem?

Ante a pergunta do Inca, Khalil voltou a atenção para Pizarro e Diego, que acompanhavam a conversa controlando os movimentos de Athaualpa, pressionado contra a grossa parede de pedra.

– Ele quer saber quanto queremos para soltá-lo.

Os outros dois homens olharam-se e juntos, como se a idéia ocorresse a ambos ao mesmo tempo, fixaram o interior da residência; colocando o pensamento em palavras, Diego sugeriu, em tom especulativo:

– Um desses aposentos repleto de ouro e prata?

Pizarro levou a mão ao queixo, coçando a barba, enquanto contemplava avaliativamente a construção; então, após rápida reflexão, sem dar qualquer satisfação, decidiu:

– Diga-lhe que enquanto o maior dos aposentos desta construção não estiver abarrotado de ouro e prata, ele não será libertado.

Khalil ergueu as sobrancelhas, surpreso com o pedido. De imediato, a visão da grande sala coberta do piso ao teto de ouro e prata formou-se em sua mente e o brilho da cobiça incendiou seu olhar. Falando rapidamente em quíchua, informou a Athaualpa o preço de sua vida e liberdade, orientando-o a ordenar ao guerreiro capturado que levasse a Cuzco e aos outros membros da realeza a notícia de sua prisão e o pedido de seu resgate.

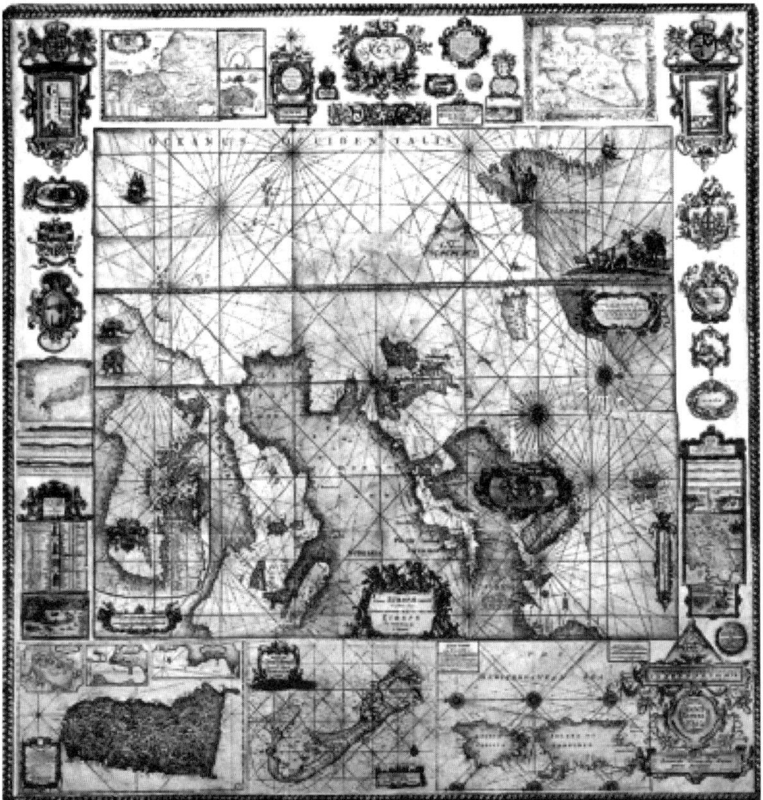

CAPÍTULO X

A RESISTÊNCIA DO IDEAL

"Por toda parte eu vou persuadindo a todos não se preocuparem com riquezas e com o corpo, e sim preocupar-se com a alma."

(Sócrates. *Vida e Pensamentos*, pág. 16. Perfil bibliográfico.)

Dias depois...

Manco reunira-se às tropas lideradas por Kara e formavam um exército respeitável.

Apesar das grandes dificuldades enfrentadas nas montanhas, como o frio, a alimentação à base de caça e frutas e a lenta recuperação dos ferimentos da última batalha, a chama do ideal, do amor ao império e aos descendentes de Huyna Cápac os fortaleciam, inspirando-lhes força para superar as dificuldades.

Localizavam-se a menos de um dia de viagem da capital. O clima de ansiedade dominava os membros mais próximos ao casal real; somente Wanka mantinha-se sereno, embora calado; seu olhar refletia tristeza, não aquela tristeza dolorida que descamba para um sentimento patológico, mas aquela nascida de um lamento, fruto de uma observação lúcida e imparcial dos acontecimentos. Sentado, solitário, à beira do rio sagrado, no vale do Wilcanota, ele olhava fixamente a correnteza, que levava velozmente as folhas que lançava às águas. Concentrado, não notou a aproximação de Naira e Atipaj.

– Mestre Wanka não anda muito bem nos últimos dias – comentou Atipaj, apontando o amigo sentado à beira do rio.

Naira sabia que, ao cair da tarde, Wanka tinha prazer em recolher-se a algum local isolado para pensar. Ela, que sempre gostara de andar em meio aos campos cultivados evocando a proteção dos deuses, aprendera com ele este prazer ignorado por muitos, de ficar só, de falar consigo mesmo, ajustando os pensamentos e sentimentos com o domínio da vontade, cultivando ações para tornar-se senhor de si, dono consciente de suas ações, conhecedor dos próprios limites e sentimentos.

– Não se preocupe – respondeu Naira, baixando a voz e falando suavemente: – Ele está bem. Wanka tem uma espécie de culto particular com os deuses e as forças da natureza. Todas as tardes, ao pôr-do-sol, ele se recolhe para algum lugar, a fim de pensar e sentir a si mesmo.

– Ele é estranho, sempre foi, mas é um grande homem.

– Realmente – concordou Naira, deixando escapar um suspiro e não tendo como impedir o brilho do sentimento amoroso em seus olhos, ao contemplar a figura do mestre.

Atipaj, atento às reações da accla, notou a sutil transformação em sua expressão.

"Naira está apaixonada por Wanka!", constatou o sacerdote em pensamento. "Como não vi isto antes? Esse sentimento pode lhe custar a vida. Preciso alertá-la."

– Você conhece mestre Wanka há pouco tempo. O que a leva a concordar com minhas idéias?

– Ora, Atipaj, não é preciso muito para saber que mestre Wanka é um homem muito especial. Algumas poucas horas conversando com ele são suficientes. Além disso, veja bem, ele poderia estar muito tranqüilo na cidade sagrada, distante de todos os problemas e riscos que estamos vivendo. Entretanto, que fez ele? Abandonou por livre vontade as comodidades que tinha para auxiliar o povo neste momento difícil, sem pedir, mesmo sem aceitar, qualquer retribuição. É absolutamente desinteressado, age somente movido pelo amor que tem a todos nós. Quantos outros iguais a ele você encontra entre nós agora?

Atipaj ouviu a argumentação de Naira. Ela tinha razão no que dizia, e sua defesa fervorosa das virtudes do amauta o convenceram sobre os sentimentos que a moviam. Julgamos conforme nosso entendimento e parâmetro; Atipaj julgou que ela movia-se presa às teias da paixão, que sofria tanto quanto ele por seu amor não correspondido. Traiçoeiro ciúme se infiltrou no interior do sacerdote.

– Cuidado, Naira – alertou ele. – Não se esqueça: você é uma mulher proibida aos homens. Quem a ouve falar assim do amauta pode pensar que rompeu seus votos de virgem devotada a Inty.

Surpresa e medo se estamparam no rosto miúdo da accla.

– Não! Não é nada disso. O que sinto... – tentava explicar Naira, quando foram surpreendidos pela chegada de Wanka, que, calma e firmemente, advertiu:

– Guarde para si seus problemas com o amor e a paixão, Atipaj. Eu e Naira conhecemos suficientemente bem nossos compromissos. Ela não quebrou nenhum dos votos que proferiu por amor e pela convicção de que, como accla, está cumprindo seu destino e fazendo o melhor por seu crescimento. Conhece seus deveres e os ama como guardiões de sua consciência. Não está obrigando-se, violentando-se, para cumpri-los. E eu, por minha vez, já aprendi que esperar e receber as coisas no tempo certo é um caminho seguro de felicidade e realização. Não tenho a pressa dos incautos. Tenho vivido muito até aprender que viver bem é o fundamental. Que de nada valem as alegrias de um minuto se as conseqüências serão horas de dor e lágrimas. Prefiro esperar, o tempo é meu amigo.

Encabulado pela inesperada e flagrante interrupção de Wanka, o sacerdote ainda procurava palavras para justificar suas suspeitas, quando o ouviu prosseguir:

– Lembre-se, no futuro, do que lhe disse hoje. A paixão é uma torturadora de homens. Conheça-a e lute por se tornar senhor dela. Não a deixe conduzir sua vida. Ela, forte e poderosa, nos cerca e submete aos seus caprichos, quando não exercitamos a razão para bem discipliná-la e dar-lhe tão-só o justo apreço que merece. Não se deixe comandar por ela, meu jovem amigo. Faça-a sua bem-amada, trate-a bem e respeite seus espaços e funções na vida. Assim, ela será uma aliada, dando-lhe força e coragem, impulsionando-o para a frente, para a vitória real; porém, não se deixe prender entre as ilusões que ela engendra. E, outra coisa, livre-se dos julgamentos precipitados, eles são uma das ilusões que a paixão usa para nos enredar; exercite a capacidade de ver os fatos que estão ante seus olhos. Observe-os com atenção, deixe-os falar por si mesmos, não ponha suas palavras na boca deles, interpretando-os conforme seus sentimentos. A vida dos outros, com certeza, é diferente da sua.

Desconcertado, pois em verdade atribuíra à suposta conduta de Wanka tudo o que ele mesmo faria se tivesse seu sentimento correspondido, Atipaj baixou a cabeça, envergonhado; entendera que o amauta sabia do que se passava em seu íntimo.

– Levante a cabeça, Atipaj – falou Wanka, suavemente. – Sua reação é normal e esperada; nas suas condições, eu pensaria e agiria da mesma forma, tenha certeza. Mas a vida tem identidades e diferenças, meu amigo. Eu sou diferente de você, já vivi bem mais, compreendo o que está sentindo. Você não tem do que se envergonhar. Só posso lhe dizer que lute e lute muito, para entender qual o nosso dever na vida. É essa a luta que hoje eu travo, e por isso renuncio, embora me cause certa dor, aos prazeres imediatos. Sei que, diante do que me propus a fazer e ela também, a entrega teria amanhã um custo de dor maior. É preciso que sigamos o curso da vida sem opor barreiras ilusórias.

– Mesmo assim, me desculpem – murmurou Atipaj, olhando alternadamente para Wanka e Naira, que acompanhara, silenciosa, a conversa dos dois.

– Está desculpado, Atipaj – respondeu Naira, serenamente. E, como demonstração de que não lhe guardava mágoa, ergueu-se na ponta dos pés e depositou suavemente um beijo na face do sacerdote. – Fico feliz que saiba do nosso segredo e o entenda.

Wanka sorriu cheio de carinho e ternura para a pequena accla e, tomando-lhe a mão, olhou para Atipaj e pediu:

– Agora que conhece a verdade, tenho um pedido a lhe fazer: quando eu partir, cuide de Naira, ajude-a a cumprir seus deveres, ame-a e proteja-a como ela merece e espera que você o faça.

Atipaj viu nos olhos do amauta tristeza e saudade; havia em sua voz uma nota de melancolia e saudade, soava como se previsse uma despedida próxima.

– Eu cuidarei, Wanka, e a respeitarei como a virgem do sol que ela é e deseja continuar sendo, e também como a mulher que o ama e é correspondida.

– Obrigado, amigo. Não esperava de você outra atitude, sei que fará o máximo possível para honrar sua palavra. Agora, já que interromperam minha meditação, que tal voltarmos ao acampamento? Aliás, por que vieram aqui?

– No retorno lhe contamos – respondeu Naira, colocando-se entre os dois homens. Tomou um braço do amauta e outro de Atipaj e, com passos lentos, iniciou a volta ao acampamento. – Recebemos um mensageiro vindo de Cuzco, as dificuldades se agravaram.

Enquanto caminhavam, relataram para Wanka as informações recentes do confronto entre Athaualpa e os invasores brancos, resultando na prisão do primeiro e dizendo do estranho pedido de resgate.

"A boa e velha cobiça", pensou Wanka, ouvindo a narrativa da accla. "O apego do homem à fortuna, aos bens terrenos, é causa de muitos sofrimentos. Quanto é preciso viver e, freqüentemente, sofrer, até entender a transitoriedade deles, até saber distinguir o que é permanente em nossas vidas daquilo que é meramente de uso temporário? Quantos estragos por causa de uma ilusão."

– O que Manco diz a respeito? – perguntou Wanka quando Naira concluiu.

– Pensa abordar os invasores apresentando-se como membro da realeza. Pretende averiguar-lhes as pretensões. Acha que desejam apenas o resgate; você sabe que as cidades litorâneas e as localizadas nas extremidades do império várias vezes já sofreram saques e roubos de outros povos. Ele crê que eles desejam roubar, estranha pedirem ouro e não comida ou agasalhos – respondeu Atipaj sério, compenetrado no assunto. Após a conversa de minutos atrás, algo mudara em seu interior. A presença de Naira a seu lado lhe dava o mesmo prazer e alegria de antes, mas a ânsia fora substituída por um respeito profundo, que lhe dava paz e segurança, acabando com a torturante aflição da paixão.

– É uma boa estratégia. Uma abordagem pacífica é sempre melhor. Quanto menos traumas sofrer a população, tanto mais confiança ela terá nele como seu líder e governante. Entretanto, preocupa-me essa invasão. Não creio que eles deixarão facilmente nosso território. Eles pedem ouro; sei de povos que cultuavam o ouro como se ele fosse um deus; para possuí-lo, faziam as coisas mais absurdas e incompreensíveis, sacrificavam os bens da vida maior pelos da menor, sem se importarem com a enormidade de sofrimento que acumulavam sobre suas cabeças. Esses povos são insaciáveis na sua necessidade de ouro – disse Wanka, lançando um olhar ao firmamento. – Vocês já devem ter visto os animais disputando uma presa morta. Estraçalham-na, não é mesmo? Cada um puxa para um lado, colocando aí toda a sua força. Um rosna ameaçadoramente para o outro, desejando que ele abandone a presa para que possa tê-la só para si. Ficam tomados de fúria. Temo que esses invasores, ao conhecerem a abundância de nossas minas, queiram transformar nosso lar, nosso pedaço da Terra, em presa morta.

– Não, Wanka, isto não pode acontecer – interveio Naira com firmeza. – Nosso pedaço na Terra, como você diz, não é morto como uma presa; ele tem vida, muita vida, somos milhares de pessoas, há nossos animais, nossas plantações, nossos rios, fontes, enfim, neste pedaço da Terra existe vida e ela merece respeito, gratidão ao Criador. Não podemos ser estraçalhados por causa da existência de minas de ouro e prata, os seres vivos são muito mais importantes.

Wanka sorriu complacente ante a indignação da accla à sua colocação e respondeu acariciando-lhe a mão, que repousava sobre seu braço:

– Nós sabemos disso e pensamos assim, munasqa. Eles são diferentes, vêm de outro local, e lá devem existir outros valores, ou eles não agiriam como estão fazendo, concorda?

Como Naira permanecesse calada, ele prosseguiu:

– Povos que cultuam esses valores são compostos de pessoas egoístas e orgulhosas. Eles pensam em si, somente em si; se sua ação causa sofrimento a outro, pouco lhes importa, desde que estejam bem; o custo desse bem-estar pessoal não é considerado nos cálculos que fazem.

– Você é um amauta muito considerado, mestre Wanka, sabemos que conhece muito, por isso eu creio no que diz – afirmou Atipaj. – Lembro que quando estudei na sua Yachahuasy ensinavam que pessoas assim se comparam a crianças, nas quais por algum tempo temos que aceitar esse comportamento, mas educando-as, ensinando-lhes o valor da vida em sociedade, que precisamos uns dos outros e, por isso, é necessário respeitar-nos, convivendo em harmonia e obedecendo as leis. Se os invasores não conhecem esses valores, Wanka tem razão em temer os dias futuros, Naira. Pense nas crianças birrentas e em como é difícil aturá-las; será igual com os invasores.

Naira mantinha-se em silêncio, pensativa; algo daquela conversa despertou-lhe a sensação de um conhecimento anterior.

– Vamos conversar com Manco e a Coya – falou Wanka, notando a proximidade do acampamento. – Eles precisarão de todo o apoio nos próximos dias; pelas informações, Cuzco deve estar em total confusão. É necessário assumir o controle, para que o pânico e o desgoverno não atinjam todo o império, já tão devastado.

***

Com a fácil prisão do Inca, Pizarro e os invasores espanhóis decidiram fazer de Cajamarca seu quartel-general, sua fortaleza nas terras novas.

Assustado, o povo desaparecera das cercanias da praça; para a residência do Caraca nem sequer se atreviam a dirigir o olhar. Líderes de ayllus próximas, ao tomarem conhecimento dos fatos, fechavam o semblante, preocupados. Verdadeira legião de líderes marchou para Cuzco. Eles caminhavam por trilhas alternativas, fugindo das oficiais, na intenção de evitar qualquer contato com as "criaturas".

Entre as camadas menos instruídas do povo, a crença de que os estranhos eram enviados dos deuses, senão o próprio Viracocha retornando à Terra, grassava. Era a explicação perfeita da justiça divina segundo as concepções e a compreensão que tinham da vida, era-lhes impossível outra leitura ou outra concepção de Deus. Para eles, Athaualpa usurpara o lugar sagrado que pertencia a Huáscar – verdadeiro filho de Inty; nada mais justo que o pai vir fazer justiça ao filho. Ingenuamente, regozijavam-se com a prisão do novo governante. Claro, essa não era mais a visão daqueles que viam a face dos invasores e sentiam o peso de suas armas.

No inesperado interlúdio de saques, os homens de Pizarro aproveitavam parte do tempo derretendo as jóias e objetos de ouro e prata que carregavam, transformando-os com total insensibilidade em lingotes inexpressivos, despidos de encanto e beleza; outra parte, dedicavam ao cuidado com as armas e às incursões para identificação do território próximo.

Essas incursões eram violentas e o desrespeito com as mulheres, rotineiro. Humilhadas, feridas no corpo e na alma, muitas delas suicidavam-se. Por onde pisava a bota dos invasores, um rastro de sangue e morte era deixado.

Sem nenhuma preocupação ou cuidado com a natureza, destruíam plantas e animais. Cadáveres eram deixados na beira dos rios e fontes, provocando contaminações nos recursos naturais. A água se tornou agente de distribuição de vírus e bactérias causadores de males desconhecidos; correndo pelos vales e montanhas, disseminava doenças, matando e enfraquecendo o povo.

A Europa era nesta época infestada de doenças venéreas e os aventureiros que acompanhavam Francisco Pizarro tinham, em sua maioria, algumas dessas doenças. Com os estupros, começaram a contagiar as mulheres, fazendo com que as que não se suicidassem logo após os atos de barbárie humana de que eram vítimas acabassem adoecendo e morrendo, por não terem em seus organismos resistência alguma àquelas infecções.

Em meio a estes horrores, os dias passavam. Athaualpa preso, sofria toda sorte de humilhações. Este sofrimento ele não soube aproveitar: revoltou-se, deixou que a ira o invadisse, atribuiu culpas a torto e a direito sem medir a própria responsabilidade no desencadeamento dos fatos. Nem mesmo seu pai, morto, escapou de sua indignação, e culpou-o por não viver para protegê-lo, desenterrou antigas mágoas por não ser filho legítimo e pôs-se a dirigir impropérios até mesmo aos deuses.

Manco e Lawra chegaram a Cuzco juntamente com as tropas de Kara. Não encontraram qualquer oposição, reinava um caos absoluto no centro do império. O palácio, habitado por líderes inexperientes e despreparados, era o lar das contradições. Apos Thaluqui era insubstituível. Athaualpa era mais seguro e determinado, mas não tinha nenhum preparo para comandar o império, faltava-lhe a indispensável habilidade política para governar e liderar uma nação. Comandar pode ser simples e fácil de se conseguir, entretanto, para ser reconhecido como líder, é imprescindível conquistar confiança, aglutinar pessoas e extrair delas o máximo em boa-vontade, disposição e cooperação.

Seus meio-irmãos – Lawra e Manco –, ao contrário, reuniam as habilidades necessárias para se imporem como líderes naturais.

Haviam decidido, antes de chegar a Cuzco, que a identidade de Lawra não seria divulgada; apenas o povo conheceria o regresso de sua soberana. Lembrando as instruções de Wanka, ela tudo fez para tornar aceito Manco Yupanki como o novo Inca e seu irmão-marido, fato que realmente consolidou-se. Ante o massacre de Cajamarca, até mesmo os guerreiros fiéis a Athaualpa vacilaram e a grande maioria acabou voltando a integrar o exército dos descendentes de Huyna Cápac. Principalmente, sobre eles pesou ver a figura da Coya apoiando e assumindo como marido Manco Yupanki.

Porém, havia um Inca vivo – Athaualpa. Não era possível, segundo as tradições do império, que outro também se autonomeasse o soberano. Assim, Manco permaneceu no palácio na condição de Pihuichuri[1], herdeiro legítimo, com direito a reivindicar o trono. Usando as bem traçadas redes de comunicação, man-

[1] Título equivalente a príncipe – nm.

dou informar a todos os cantos do império a situação política e a forma como estava lidando com o problema, conquistando a admiração e a aquiescência dos diversos povos aliados ao império.

Recebera o emissário de Pizarro com o pedido de resgate pela vida do irmão. Numa estratégia para conter a ação dos espanhóis, respondeu pedindo prazo indeterminado para reunir a quantidade de ouro exigida e para, depois, providenciar meios de transportá-la até Cajamarca. Os invasores não acreditavam que o preço ajustado pudesse ser pago, mas eram contidos por Khalil, que mantinha firme a convicção, repetindo sempre:

– Estes selvagens têm muito ouro e prata. Acreditem em mim; é só eles arrecadarem todos os medalhões usados pelo povo que encherão até mais do que um destes aposentos.

Pizarro olhava-o com certa desconfiança, nunca esquecera a opinião de Diego quanto à possibilidade do antigo noivo de Alícia haver enlouquecido; nestas horas, lembrava seu comportamento em batalha e reconhecia os valores de antes do naufrágio. Mas, como era uma história muito estranha a sobrevivência dele ao longo de três anos naquela cabana, acabava ficando presa da dúvida. A cobiça que guardava em seu interior respondia acabando com a dúvida, e dia após dia ele ordenava aos homens que esperassem; afinal, tinham tudo naquelas terras, comida, ouro, estavam bem abrigados e podiam se divertir como quisessem com as nativas, aliás muito bonitas.

Passados mais de quarenta dias, eles se reuniam na residência utilizada como forte; os lingotes de ouro e prata estavam formatados. Não havia mais peças a serem derretidas. Os homens, durante o dia, exploravam território e "divertiam-se"; à noite, recolhiam-se aos ambientes mais aquecidos, em conversas que freqüentemente degeneravam em discussões.

Diego tolerava, em silêncio, aquele estado de coisas. Ansiava por retornar à Espanha; lembranças de sua vida antes de tornar-se o herdeiro de D. André perturbavam-lhe as horas vagas e as noites, levando-o a questionar, afinal, o que ganhara naquela troca? Como resposta muda, seus olhos eram atraídos para as barras de ouro e prata empilhadas no canto da sala onde dormia Pizarro.

"Eis aí o que ganhei", concluía.

Nas ocasiões em que a razão lhe acudia, forçando-o a questionar de que lhe servia aquela riqueza assim acumulada, servindo unicamente para deleite de seus olhos – e, sejamos francos, não há beleza nenhuma num lingote de ouro ou de prata; é simplesmente para olhos gananciosos que ele tem encanto; aos demais, é mera forma geométrica despida de graça. Uma voz estranha e fria, acompanhada de uma sensação gelada e irritante, soava em sua mente como uma voz interior a dizer:

"Isso é a vida, é o poder, não se iluda: um homem vale pelo que tem. Quanto mais fortuna, melhor. Donos desses metais, poderemos fazer o que quisermos, até mesmo mandar nos reis da Espanha. Ninguém ousa questionar as ações de um homem poderoso, rico. Você escolheu com sabedoria. Prossiga, nem mesmo a morte lhe tirará os privilégios que o poder e a posição na Ordem lhe darão. Confie no que lhe ensina um mestre."

Apesar do desconforto, que nessas ocasiões atribuía ao frio das montanhas andinas, mesmo porque desconhecia qualquer noção da realidade das trocas de energias entre encarnados e desencarnados e dos fenômenos de intercâmbio entre os dois planos, Diego ignorava estar agindo sob a ação espiritual de seu avô desencarnado – aliás, não só ele, mas os principais responsáveis pela expedição. E pensava:

"Na Espanha e em qualquer outro país 'elas' são a garantia de portas abertas e minhas vontades satisfeitas. Sou jovem; que será um ano ou dois nestas terras ou até mais, se depois terei uma vida de rei. Preciso ter calma e suportar um pouco mais. Já conquistamos muito, não posso pôr tudo a perder só porque eles me incomodam. Eu sei que um homem vale pelo que tem, e eu quero pegar tudo que estiver a meu alcance. Depois, não quero vê-los nunca mais."

Feliz com a receptividade fácil a suas idéias, o espírito de D. André se comprazia em vê-lo fazer planos e, observando-o, dizia a si mesmo:

"Essa idéia de abandonar a Ordem e nossos planos não tem sustentação. Sempre que tocar em novos bens, sempre que tiver uma de suas vontades realizadas, surgirá outra. Conheço bem esta necessidade! Ela é a nossa melhor garantia de que novos membros sempre serão fiéis. É fácil, muito fácil."

***

Parados em frente às grandes escadarias da escola Caminho da Paz[2], Jesaías observava com um sorriso a surpresa de seu protegido.

– Que lugar estranho! – exclamou Ephraim. – Belíssimo, como os templos do Oriente, mas muito estranho. É relaxante olhar para ele; mesmo sendo diferente, transmite uma sensação de tranqüilidade, de paz. Não sinto medo ou receio. Você conhece esse local há muito tempo? Nunca havia me falado dele.

– É de fato uma construção diferenciada – comentou Jesaías. – Tem suas razões conceituais e históricas para ser desta forma; mais tarde lhe contarei, está bem? Agora somos aguardados por antigos amigos, que terá o privilégio de conhecer.

Profunda satisfação interior induzia Ephraim naturalmente a aceitar as colocações do benfeitor. O sentimento de paz era tão forte que ele não queria quebrá-lo nem mesmo com uma simples e curiosa indagação.

Recordando quando conhecera aquele lugar, muitos anos antes, Jesaías sorriu e, tomando o braço do elevado Ephraim, conduziu-o pelas escadarias até a entrada, onde os esperava a alegre Sariri.

– Meu querido amigo! – saudou ela, estendendo as mãos a Jesaías – Que prazer!

[2] Instituição situada na esfera espiritual, descrita no segundo volume desta obra – nota do autor espiritual.

– Tenho absoluta certeza que o prazer maior é meu. Usufruir deste local é uma benção de renovação para minhas forças. Revê-la é uma alegria. – respondeu ele, tomando carinhosamente as mãos de Sariri; notando que ela olhava benevolentemente para Ephraim, tratou de apresentá-los. – Este é Ephraim. Já conversamos sobre; finalmente, pude trazê-lo.

– Nossa alegria é aumentada com sua presença, Ephraim. Seja bem-vindo.

– Ephraim – chamou Jesaías. – Esta é Sariri, uma amiga a quem amo profundamente. Sariri é a personificação da perseverança e exemplo de bondade.

Desajeitado, Ephraim não sabia muito bem como comportar-se, faltava-lhe a espontaneidade na demonstração do afeto que tinha Jesaías, e notava ainda maior expansividade na conduta da mulher simpática e risonha, de longas tranças, que o encarava e exalava o agradável e penetrante aroma das matas.

Notando a insegurança do recém chegado, Sariri adiantou-se e, tomando-lhe o braço, o fez adentrar a grande pirâmide. Comprendia a atitude de Ephraim e tudo fez para deixá-lo à vontade.

– Muito prazer – falou Ephraim. – Este local me impressiona muito. É belíssimo, dá uma sensação de paz difícil de ser descrita. Estou feliz de poder conhecê-lo.

– É por isso que o chamamos Caminho da Paz. Jesaías deve ter lhe contado que se trata de uma escola, onde reproduzimos esteticamente as formas do mundo de onde viemos – uma estrela que abriga espíritos regenerados.

– Sim, ele deu-me algumas informações, mas acredito que foram bem poucas, para não me privar da surpresa. E mesmo que ele as tivesse dado minuciosamente, eu não conseguirira imaginar esse local.

– De fato – interferiu Jesaías. – Dei-lhe poucas informações. Toda vez que venho aqui recordo as emoções vividas na primeira vez; desejei que Ephraim experimentasse algo semelhante.

Sariri riu e prosseguiu a caminhada pelos extensos corredores da construção, dando a Ephraim todas as informações sobre o local. Via as salas repletas de estudantes, semblantes calmos, concentrados.

– Todos os freqüentadores desta escola são espíritos exilados? – indagou Ephraim, atento à grande quantidade de aprendizes.

– Muitos são. Mas a maioria está na mesma condição que você. Vêm até aqui para ampliarem seus conhecimentos, desenvolverem outros potenciais, numa etapa preparatória para retornar a uma nova encarnação na Terra, ou simplesmente preparando-se para alguma atividade a ser desenvolvida em nosso plano; em um outro setor, acolhemos amigos que deixaram recentemente a matéria e que se vinculavam aos povos onde ainda temos companheiros exilados em tarefa reencarnatória – informou Sariri. – Mas vamos prosseguir, nos aguardam no grande salão.

Nova surpresa aguardava Ephraim, ao adentrar no grande salão onde, sobre uma mesa cuja aparência lembrava pedra, pairava um astro azul, com recortes em verde e marrom. Atrás da mesa, um espírito de aspecto envelhecido, mas cercado por uma aura de nobreza e bondade, dava sinais de aguardar que todos se acomodassem no recinto – havia uma pequena platéia reunida, à qual se juntaram. Acomodando-os em local próximo de onde se encontrava o nobre espírito, que Ephraim deduzia ser o responsável pela condução da reunião, Sariri lhes falou:

– Vou deixá-los aqui. – E, voltando o olhar à porta, onde adentrava mais alguns convidados, sorriu e completou: – Creio que chegaram todos, direi a Kuchikuchi que podemos começar.

Jesaías concordou, acomodando-se no local indicado junto com Ephraim. Sariri afastou-se, dirigindo-se à mesa atrás da qual posicionava-se o dirigente da reunião.

– Você não me disse que viríamos assistir a uma reunião – comentou Ephraim, em tom baixo.

– E por que deveria? – indagou Jesaías, descontraído. – Não confia em mim?

– Claro que confio – respondeu Ephraim imediatamente. – Apenas, se não se importar, gostaria de saber do que se trata esta reunião e a razão de eu estar presente.

Apontando a movimentação de Sariri e do expositor logo à frente, Jesaías cochichou:

– Você já vai ficar sabendo. Garanto que será muito útil.

Conformado, por reconhecer que não tinha outra alternativa senão aguardar o desenrolar da reunião, já que a platéia silenciara na expectativa do pronunciamento, Ephraim voltou sua atenção àquele que Sariri chamara mestre Kuchikuchi e que naquele exato momento saudava os presentes. A voz firme, o brilho de inteligência no olhar do expositor, aliados à vibração amorosa que ele emitia para a platéia, logo cativaram Ephraim, fazendo-o render-se aos encantos e à sabedoria do velho mestre dos amautas incas.

– A existência sobre a Terra e em outros mundos a ela assemelhados nos oportuniza observar grande número e diversidade de personalidades. É uma grande e abençoada escola, onde a cada momento somos chamados a aprender, especialmente a exercitar os valores maiores da benevolência, aí incluídas as virtudes co-irmãs da indulgência, da tolerância, da paciência e da bondade, propriamente falando. Dia a dia vamos amealhando em nossos espíritos vivências, em contato com nossos semelhantes, que nos fazem reconhecer as nuances delicadas desses sentimentos. Até onde ser indulgente não significa conduta conivente com o erro? Até onde ser tolerante não é sinônimo ou máscara para a fria indiferença? Até onde a paciência não é descaso? Até onde a bondade é desinteressada? São questionamentos que merecem análise, para aqueles que realmente desejam se autoconhecer. Virtudes existem no âmago de cada um de nós. São valores que vivem na parcela iluminada de nossos seres, aquela parcela iluminada por um sol imorredouro, porque tem o divino toque do Criador; são todas as potencialidades de evolução de nossos espíritos, estão em nós desde o momento primeiro de nossa vida, à maneira de sementes que o tempo se encarregará de fazer germinar. Na bendita escola que usufruímos, esses valores vivem mesclados das problemáticas do momento, das ilusões dos sentidos materiais e de tudo aquilo que fala da superfície, do imediato. A alma, o ser real, é ainda preocupação menor na vida da maioria dos habitantes da Terra. O futuro há de se encarregar de modificar essa consciência e tornar o homem desperto para os valores e as verdades da vida maior, do ser transcendente à matéria. Enquanto esses dias não se avizinham no horizonte deste lar azul, as mil e uma faces do desenvolvimento humano aqui se apresentam. Temos desde alguns remanescentes de estados primitivos até aqueles irmãos maiores, que nos servem de modelo e guia na trajetória de evolução que percorremos. É um grande jardim de caracteres, e cada um merece ser apreciado, estudado, compreendido e, acima de tudo, respeitado na condição e forma em que se apresenta. É a sua realidade, o seu momento, o seu possível, não sendo justo, bom ou caridoso exigir algo além de suas forças ou desejar comparar-nos com aqueles que estão já bem mais adiantados no caminho. Por essa razão, os grandes mestres que habitaram conosco nas mais diferentes culturas, povos e épocas, sempre ensinaram as verdades da ética e do amor. Ensinamentos imorredouros que são o mapa das estradas de ascensão espiritual; trilhá-las, desenhando-as em nossa conduta, é uma certeza de felicidade hoje e amanhã.

Kuchikuchi fez uma ligeira pausa, contemplando a platéia que o ouvia atentamente. Como que desejoso de tornar os ensinamentos que transmitia bem próximos de seus ouvintes, ele afastou-se da mesa atrás da qual se posicionava; aproximando-se daqueles que o escutavam, dirigindo o olhar a um e outro, caminhando suavemente por entre as fileiras, tocando delicadamente este ou aquele membro da platéia, ele prosseguiu:

– Quando despertamos um pouquinho para as verdades espirituais que nos cercam, e creio estar falando para companheiros que compartilham este entendimento, descobrimos a importância de fazer explorações, descobrimentos – não como os que ora se processam no seio da Terra, estes são de acordo com a realidade da maioria ainda adormecida para as verdades espirituais que explora e estuda o exterior, – mas de ordem interior; buscamos conhecer o Ser e não o que parece ser, queremos a verdade que temos condição de assimilar e ela está todinha em nosso interior. Ouvir a nós mesmos se faz essencial e, então, embarcamos na grande viagem em busca das nossas verdades, das nossas realizações e dos nossos ideais. Descobrimos como estamos e como fomos, passamos a sentir a evolução se processando em nós e, mais do que isso, sentimos o sabor do poder real de dominar as experiências que esta escola nos oferece e guiar nossos destinos com plena consciência. Que descoberta fantástica! Que sensação poderosa de liberdade e confiança! Como o amor começa a crescer dentro de nós, saindo daquelas fases primárias e subindo, subindo, nos levando a pairar acima de tantas mazelas morais que infelicitam milhões de criaturas, empobrecidas de compreensão. Contemplando-se a vida deste alto, nós podemos descer aos maiores charcos de dor e sofrimento e trabalhar em clima de paz, porque então já estamos descobrindo, desvendando a grande estrada do espírito. Sabemos que o caráter mais infeliz, mais vil, mais abjeto, mesmo o mais endurecido, um dia se modificará, porque vemos que, se não nós mesmos, outros já estiveram naquela condição e dela saíram. Os vemos andar mais adiante carregando as marcas lodosas dos charcos por onde passaram. Felizes, todos nós que temos mãos e pés manchados, porque ontem estávamos na lama, pois saímos com a aprendizagem das dificuldades daquele caminho, da conduta que nos conduziu à dor. Felizes, meus queridos, porque aprendemos.

Ante o olhar compenetrado dos expectantes, Kuchikuchi sorriu, pensando em quantos estariam se identificando com o que ele dizia e, por suas expressões embevecidas e ansiosas, imaginava como cada um transportava para sua vida aqueles conceitos que ele próprio aprendera ao longo de inúmeras existências, confiando que lhes seriam úteis para avançar na caminhada espiritual. Após a curta pausa, tornou a falar:

– E, se viajando para o nosso reino interior, para o Eldorado da alma, descobrimos as imorredouras riquezas que o Criador nos ofertou, como somos amados e protegidos, é impossível que nosso olhar para o mundo exterior não se modifique. Sabem, meus bem-amados amigos, não é que nos tornemos seres perfeitos, pois que isto ainda está mais além no nosso caminho. Mas amadurecemos, aprendemos a usar a benevolência com todas as suas co-irmãs, dirigida pela justiça e pelo amor que também conquistamos. Então, a ética é nossa norma de conduta e, por termos aprendido que as leis divinas são as mesmas para todos os seres da natureza, sob todas as formas evolutivas em que se apresentem, desde as que regem a matéria básica até as que governam o imenso oceano de emoções e pensamentos que cada um tem em si, passamos a exercer o julgamento nos colocando na condição do réu, daquele que recebe a nossa ação e, tão natural quanto respirar, passa ser a atitude de fazer e dar aos outros o que gostaríamos fosse feito ou dado a nós. – Suavizando a voz e lançando um olhar penetrante por sobre o auditório, comentou com intimidade: – Noto que alguns de vocês suspiram e me olham como se estivesse falando de sentimentos e coisas muito distantes. Ah, meus queridos, falo de coisas próximas, mas tão próximas que é preciso apenas levar uma mão à consciência e outra ao coração. Falo do Ser profundo, do anjo adormecido; lutemos, pois seremos em breve anjos acordados.

Observando reações involuntárias na platéia, sorriu, percebendo que alguns erguiam o olhar para o alto, outros levavam a mão à testa, alguns uniam as mãos sobre o colo, expressando desejo de unir as parcelas de seu ser dividido entre o anjo e o demônio, querendo conciliar a realidade do Ser com o Parecer; mais adiante alguém tocava, massageava o peito, querendo falar de sentimentos doloridos, machucados nas lutas do cotidiano. Em todos os olhos, porém, a ânsia, o desejo de compreender. Feliz por sentir o auditório irmanado com seu pensamento, Kuchikuchi, após uma pausa mais prolongada, retomou a palavra:

– Olhando-os, eu percebo que há em cada um, sob mil formas diferentes, as mesmas perguntas: Por que o sofrimento? Por que as lutas?

A platéia acomodou-se absolutamente silenciosa e atenta; nenhum gesto, nenhum movimento, apenas os olhos corriam acompanhando o deslocamento do palestrante, e as mentes aguardavam. A colocação, criteriosamente posta entre duas pausas, tinha o objetivo de fazer pensar.

– Não é real que essas são as duas grandes perguntas que nos fazemos de milhares de maneiras diferentes? Mas, no fundo, resumidas nessas duas formas. Os nomes que damos ao sofrimento – perda, desilusão, morte, dor, doença, decepção, tristeza, amargura – importam no contexto pessoal, definem um estado momentâneo, porque a palavra de entendimento universal para essas e outras situações é: sofrimento. Assim, também as lutas que denominamos – problemas familiares, divergência de opinião, incompatibilidade de gênios, conflitos políticos, sociais, econômicos, miséria, riqueza, conflito de gerações, diferenças culturais, guerras internas e externas –, tudo isso podemos resumir como lutas da existência humana. E tudo porque de um lado está um ser e do outro lado está também um ser, e eles manifestam diferentes experiências evolutivas. E simplesmente não se compreendem, pois, ao invés de cantar glórias à diversidade, querem impor a igualdade a qualquer custo. Sem atentar que a natureza nos aponta a absoluta impossibilidade de tal realização, já que não há um ser absolutamente igual ao outro. Não existe! Entretanto, na diversidade da criação reina a harmonia em todo o universo. Só o universo do homem sobre a Terra, por não admitir a diversidade e não aprender com ela, vive em luta. Esta luta é o que separa o grão maduro da semente não germinada. Nessa refrega desenvolvemos o intelecto e os sentimentos até que, exaustos dela, aprendemos a evitá-la, desenvolvendo condutas compreensivas das diversidades de manifestação dos seres. Sofremos e lutamos para nosso aprendizado, evolução – lei divina universal. Para muito especialmente cultivarmos o bom uso da liberdade, sabedores que somos os construtores de nosso destino, evitando os charcos que anteriormente nos fizeram sofrer ou lutar. O Criador, o Deus Supremo, não importa o nome pelo qual o designamos, é a essência do amor, e a vida é a expressão desse amor. Ele não nos criou para lutar e sofrer, essas são necessidades evolutivas do nosso atual momento. Quanto antes aprendermos a viver a essência divina, a acordar o anjo que vive em cada um, mais rápido nos libertaremos dos grilhões das lutas e do sofrimento.

Retornando lentamente e em silêncio para junto da mesa Kuchikuchi carregava sobre si o olhar da platéia. Aproximou-se do grande globo que representava a estrela Terra e respeitosamente tocou-o, traçando com o dedo indicador alguns contornos. Erguendo novamente o olhar, distendeu um amplo sorriso para seus ouvintes e comentou:

– A Terra. Jardim de diversidades humanas. Quanto nos oferece de aprendizado! É sobre o solo dela, envergando corpos à base de carbono, que precisamos desenvolver conscientemente nossa capacidade de amar. Justamente porque existem todas as espécies é que esta é a escola de redenção. Daqui saímos aptos a viver num mundo ainda material, onde ainda experimentaremos sensações e desejos, mas livres das paixões desordenadas que escravizam moralmente tantas criaturas; já estaremos livres do orgulho que cala os sentimentos, das torturas indizíveis e cruéis da inveja, do ciúme; o medo perderá seu império; a ira cederá lugar à ponderação e ao equilíbrio no comportamento humano; a justiça será conhecida e praticada por todos, as desigualdades sociais desaparecerão, pois, cientes da verdade maior, todos quererão apenas o suficiente dos bens do mundo físico; o Criador, independente do nome sob o qual seja cultuado, será bandeira de união e não de guerra, enfim, lá encontraremos a aurora da felicidade para nossas almas. Só, meus queridos, que tudo isso pode e deve ser cultivado desde agora. A aquisição de morada nesses mundos não é obra do amanhã, mas do agora. Enquanto habitantes desse Jardim de Diversidades, estudemos todos os caracteres que ele nos oferta à apreciação. Encontraremos os signos da imperfeição e, conhecendo-a, dela poderemos mais rapidamente nos libertar: nesta imensa diversidade há, em diversos graus, a predominância dos interesses da matéria sobre os do espírito; há ignorância, orgulho, egoísmo, falta de conhecimento e de domínio das paixões. Há luta entre instintos, paixões e racionalidade no íntimo dos seres. O Criador vive em estado intuitivo nas consciências; poucos esforçam-se por tentar compreendê-lo e às suas leis. Por que sabemos que a maldade não passa de ausência do bem, entendemos que não são caracteres maus, são irrefletidos, inconseqüentes, maliciosos, desatentos ao aproveitamento do tempo e das oportunidades de avanço que recebem. Há também aqueles que se comprazem nas paixões que os escaravizam; aliam às suas atitudes inteligência e malícia; estes possuem idéias e ideais pouco elevados, têm sentimentos muito próximos do bruto, empregam o intelecto às aventuras e buscas do exterior; o Ser real é ainda pequeno e engatinha nos caminhos da espiritualidade, em geral são seres de condutas muito rígidas, por isso são cruéis consigo e com os outros, negam o próprio sofrimento que voluntariamente buscam para si em permanecendo em estágios inferiores de evolução e o impingem aos outros, sem medir conseqüências, no afã de terem realizadas suas paixões, as senhoras de suas almas. Entre estes, nós encontramos como derivações aqueles caracteres levianos, os vaidosos de seu saber, os indiferentes, enfim, todos aqueles que pagam o pesado tributo do apego à matéria. Estes são aqueles que mais barulho fazem à sua passagem e cuja conduta desperta inúmeros comentários. A história registra sua passagem e os estuda como fenômeno. Porém, o número daqueles que despertam o anjo em si é também grande neste jardim, e são quase o oposto dos anteriores; entre eles também é grande a diversidade de manifestação das potencialidades desenvolvidas; lutam por fazer crescer as virtudes que jazem latentes nos primeiros, por isso priorizam as preocupações com a alma, buscam a ciência, a sabedoria, a bondade e o conhecimento de Deus, buscam controlar e dominar as paixões, tornando-se senhores de si e da experiência material, conquistam o amor ao bem pelo bem. Esses vivem anonimamente, não são muito estudados, embora a história também lhes registre a passagem. São mãos estendidas, a amparar muitos do gênero precedente, sob as diversas formas que a divindade oportuniza como meios de auxiliar.

Ephraim, que ouvia atentamente cada palavra dita por Kuchikuchi, repensando e identificando muitas de suas vivências, absolutamente esquecido de que não se encontrava sozinho naquele auditório, ao registrar as últimas frases recordou-se daquele que o havia levado ao Caminho da Paz. Enternecido, tocou a mão de Jesaías, que estava apoiada no braço da poltrona; ao sentir o olhar dele sobre si, encarou-o e, com um sorriso, disse:

– Muito obrigado por me estender suas mãos.

A felicidade pelo amadurecimento de seu protegido tornou-se visível no semblante de Jesaías. Ele não desejava agradecimento ou retribuição de seu protegido, agira apenas movido pelo desejo do bem que dominava em sua personalidade; por isso, com um gesto pediu silêncio.

Kuchikuchi finalizava sua exposição. No ar, uma vibração amorosa era facilmente sentida, dava aquela sensação de "me deixa aqui", "quero ficar contigo", "não vá embora, não me manda embora". Mas era preciso partir.

Após as últimas palavras do velho mestre inca, um prolongado silêncio e total imobilidade se fizeram sentir entre os presentes. Cada um guardava para si e aplicava conforme suas possibilidades e vivências as lições recebidas. Feliz com a atitude da platéia, Kuchikuchi trocou um olhar revelador de seus sentimentos com Sariri, que prontamente se aproximou dele abraçando-o, colocando em gestos a afinidade que compartilhavam. Sua atitude foi seguida por muitos outros, que formaram extensa fila, aguardando para abraçar o velho mestre dos Andes.

De volta à instituição que o abrigava desde o desencarne, Ephraim ainda meditava nos conceitos que ouvira, como se montasse intrincado quebra cabeças. Nem ao menos notou que Jesaías o observava; por isso, surpreendeu-se ao ver sua mão passar ante seus olhos.

– Em que pensa, tão concentrado?

– Procuro encaixar as explicações de mestre Kuchikuchi com as minhas experiências. Tentava ver algumas das pessoas com quem convivi sob a ótica que ele ofereceu – respondeu Ephraim.

– E então?

– Inegavelmente, o velho mestre é um sábio. Gostei muito de ouvi-lo. Se puder, leve-me até ele outras vezes. Entendi muitos comportamentos meus e de outros. Estava conseguindo lidar mais ou menos bem com os meus, justificando os erros passados com a mudança de atitude, mas tinha dificuldade de aceitar os outros, não perdoava que eles não vissem as coisas da minha maneira e cobrava, intimamente, que eles fizessem os mesmos esforços. Kuchikuchi me ajudou a encarar as coisas de outro modo; ouvindo-o, reorganizei alguns conceitos e, acima de tudo, entendi por que certas coisas são como são. Simplesmente, porque as pessoas não têm condições de fazê-las de forma diferente naquele momento, e por isso tudo está certo e conforme as leis da vida, que agem sempre e não exigem de ninguém o que não pode ainda ofertar. Afligia-me a ação de companheiros endurecidos, como os da Ordem, as violências e atrocidades que praticam; agora sei que, enquanto muitos no império inca partem por terem aprendido o que a Terra tem a oferecer e outros, mesmo permanecendo, têm aperfeiçoado seu entendimento ajudando, estendendo as mãos, como ele disse, os meus amigos da Espanha ainda engatinham espiritualmente tal como uma criança que destrói um brinquedo na tentativa de aprender. Só que esse "brinquedo" tem vida e sentimentos; espero que eles descubram rapidamente que o endurecimento e o apego às coisas da Terra acabam por gerar dor e infelicidade.

– O Criador não tem pressa, Ephraim. Ele é eterno. Mas voltei aqui para convidá-lo a me acompanhar em uma atividade muito interessante. Espero que goste.

Disposto, Ephraim estendeu a mão ao benfeitor espiritual e o acompanhou.

***

Entre os conquistadores espanhóis os dias e as noites prosseguiam inalterados. O único ideal a movê-los e a manter a relativa unidade do grupo – diga-se de passagem, conseguida a preço de indiferença e reforço dos interesses pessoais de cada um dos envolvidos – era a sede de ouro e prata. A ânsia de possuir fortuna, de amealhar para si, para seu gozo.

Tornou-se comum vê-los beber chicha em quantidade, oferecendo cenas deprimentes aos expectadores forçados de suas condutas.

A algazarra dos homens de Pizarro desgostava até mesmo o sensível Companheiro. O pobre animal acompanhara fielmente seu dono. A travessia marítima os havia tornado muito próximos; entretanto, tão logo o sol refletiu-se no dourado dos medalhões do povo inca, Diego esqueceu-se completamente da herança que lhe legara o velho judeu e o cão perambulava sozinho pelas trilhas nas montanhas, recuperando seu instinto de viver livremente, conforme as regras de sua espécie. Pouco a pouco, desapegou-se de seu dono.

Por muitos dias, após a tomada de Cajamarca, ele andara pelos arredores da cidade, depois enveredara por vales próximos, mas acabara voltando à presença do dono, fiel à relação que estabelecera com Diego. Porém, recebendo diversas vezes a indiferença por paga e maus tratos de outros elementos do bando de conquistadores, que o repudiavam a pontapés, ele acabou partindo definitivamente para viver nas montanhas, juntando-se aos lobos entre os quais, com o passar dos dias, estabeleceu sua nova família. Provinham de diferentes partes do planeta, tinham se desenvolvido de forma diferente, mas a essência divina os identificava como irmãos.

Diego, uma noite, deu-se conta de que não via o cão há dias. Indagou se alguém o tinha visto, uns disseram tê-lo visto no vale, outros nas montanhas, mas foram unânimes em dizer que isto fazia já algum tempo e que, se o animal estava desaparecido, por certo algum puma o havia atacado. Indiferente, o herdeiro de D. André sacudiu os ombros, aceitando as informações e dando Companheiro como morto.

A indiferença que a mãe lhe ensinara e fizera dele um hipócrita dissimulado e interesseiro nas cortes da Espanha, agora apertava seu cerco, fortalecendo-se no seu caráter. Os laços de afetividade desinteressada rompiam-se tal qual um tecido roto e imprestável. A rigidez, o endurecimento de suas emoções ganhavam terreno no contato com o grupo físico e espiritual ao qual se vinculava. Não se vislumbrava qualquer mudança em sua personalidade.

A neutralidade, ou a indiferença, é um estado muito dúbio; tanto pode significar um avanço, em comparação a um estágio de se comprazer nos lados obscuros da personalidade, quanto pode significar a simples falta de experiência no trato com as paixões, e daí o não saber do que se pode tornar capaz de realizar movido por elas.

Era o caso de Diego; como espírito, ele vagara de uma existência a outra sem grande avanço; desenvolvera o intelecto, mas muito pouco de afetividade e ainda integrava a legião dos mornos e econômicos no prazer de viver. Não se conhecia nem conhecia as paixões que a matéria pode insuflar, isto até aquela existência. Nela, descambou nas intempéries e arrastamentos pela posse do ouro, desenvolvendo um caráter endurecido, à semelhança do avô, comprometendo-se diante das leis divinas que, irrefletidamente, infringiu.

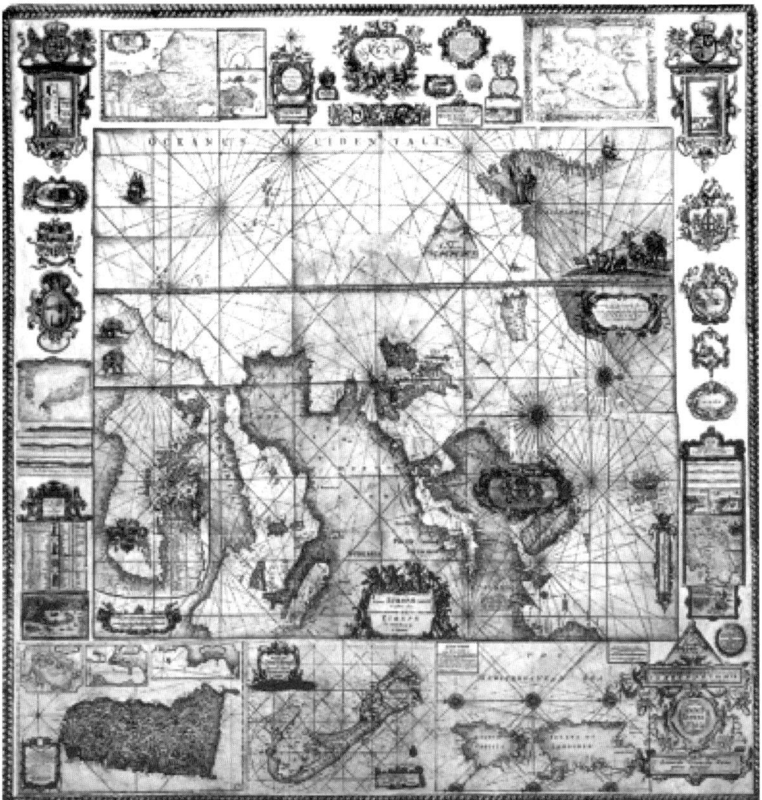

CAPÍTULO XI

O Fim e o Começo

"Cada homem é um caso, mas há em cada ser humano um deus, o qual, se tu quiseres, ordenará, em cosmo e em felicidade, o teu caos doloroso."

(Sócrates.)

Em Cuzco, Manco ordenava que fosse entregue o resgate de Athaualpa. Ele próprio iria ao encontro dos invasores, acompanhado pelo exército de guerreiros.

Aqueles atribulados dias tinham para ele um sabor muito especial. O exercício do poder não o intimidava, mas também não o fascinava, perdera as tolas ilusões e adquirira nas lutas internas um amadurecimento ímpar para enfrentar as dificuldades. Organizara-se interiormente; em sua hierarquia de valores sobressaía o interesse coletivo, o amor à nação. Seu único interesse particular era a apaixonada devoção à esposa. Lawra era o centro de seu mundo pessoal, em torno dela depositava todo o seu afeto; a seu lado, era o homem realizado na companhia da mulher amada e o governante nato, equilibrado entre a razão e a sensibilidade.

Mesmo em meio a desertos áridos existem oásis de refazimento. A relação dos dois adquirira essa exata conotação. Amavam-se, e desse amor extraíam força para cumprir sua tarefa de governantes de um império devastado, assolado por crises consecutivas. Desejavam ardentemente a concepção de filhos, herdeiros para o Tahuantinsuyo; porém, para desgosto da soberana, os deuses negavam fecundidade a seu ventre.

Muitos carregadores foram recrutados para transportar a Cajamarca o pagamento do resgate. À frente, um grupo de guerreiros protegia a liteira de Manco.

O povo aguardava ansioso o surgimento do descendente da realeza, que se desdobrava para manter a unidade do império, o conforto e a segurança da nação. Uma ruidosa saudação se fez ouvir assim que ele e Lawra surgiram de mãos dadas na grande porta de acesso ao palácio, acompanhados por líderes de ayllus, sacerdotes e acclas. Manco julgara por bem conservar as tradições do império, aceitando que fossem escolhidas jovens para servi-lo; porém, diferente de seus irmãos, não tinha nenhum interesse ou paixão por qualquer das acclas do estado, que poderia tomar por amante.

O casal respondeu à saudação da população. Depois, Manco

voltou-se para a esposa e, encarando-a frente a frente, carinhosamente beijou-a, solicitando:

– Peça aos deuses que protejam a mim e a todos que me acompanham.

– Eu pedirei. Mas tome cuidado, esses invasores são perigosos, possuem armas que não conhecemos, que matam a distância. Não confie neles.

Manco sorriu para tranqüilizar a mulher, acariciou-lhe suavemente a face morena com o dorso da mão.

– Eu voltarei, prometo.

– Fico tranqüila sabendo que mestre Wanka seguirá com você. Ouça-o.

– Não se aflija – pediu Manco. – É por reconhecer a sabedoria do amauta que lhe pedi que retomasse as funções de conselheiro do império. Cuide-se, quero que me diga quando eu retornar que o nosso filho está bem.

Lawra sorriu enternecida ante os cuidados do marido. Somente eles sabiam que talvez ela estivesse gerando um filho, ainda era muito cedo para afirmar.

– Peço dia e noite a Mama Quilla que torne tão fértil meu corpo como são as lavouras do império. A deusa-mãe há de ter me concedido esse pedido e, quando você voltar, anunciaremos o nascimento de um herdeiro legítimo.

Manco ergueu as mãos da esposa e as beijou reverentemente; diferente dos outros governantes, ele não tinha nenhum pudor em mostrar seu amor pela companheira; olhou-a mais uma vez cheio de carinho e afastou-se em direção à liteira que o aguardava.

Wanka, que se postara alguns metros distante do casal, acompanhado por Atipaj e Naira, observava a cena pacientemente. Desenvolvera grande afeição por Manco e confiava que o jovem líder faria o melhor a seu alcance para o bem do império. Assim que Manco se afastou, ele voltou-se para os amigos e os abraçou.

Ao abraçar Naira, sussurrou em seu ouvido:

– Quando alguma tristeza tocar seu coração, lembre-se de que eu a amo e onde quer que esteja olharei por você. Seja feliz, munasqa.

Surpresa com a frase, Naira emudeceu. A onda de emoção que a invadiu encheu seus olhos de lágrimas e ela pôde apenas segurar a mão de Wanka, como se não o quisesse deixar partir. Ele, porém, soltou-se e sorriu para a accla. Aproximou-se de Atipaj e o abraçou fortemente, pedindo:

– Não esqueça a promessa que me fez, amigo.

Também surpreendido com a lembrança da conversa mantida há tantos dias passados, Atipaj encarou-o, notando que o amauta tinha o olhar triste, mas rapidamente Wanka deu-lhe as costas, caminhando em direção à liteira que compartilharia com Manco, sem dar chance de resposta.

Cada qual envolto em seus próprios pensamentos, mas irmanados no desejo de que os viajantes tivessem êxito na empreitada e retornassem com a garantia de paz no império, permaneceram no alto dos degraus da escadaria de acesso ao palácio vendo a comitiva liderada por Manco partir em direção a Cajamarca.

* * *

Khalil observava o serviço de vigilância em torno da residência que ocupavam quando um movimento inusitado no alto de uma trilha distante da cidade, mas perfeitamente visível do local onde se encontrava, chamou-lhe a atenção. Uma grande fila se movia pelo caminho e vez ou outra a luz do sol incidia sobre objetos brilhantes, lançando clarões aos céus.

– Traga-me a luneta – ordenou ele, aos gritos, a um dos homens que fazia a vigia. – Depressa. Ande.

Apressado, o vigilante correu ao interior da casa, invadindo a sala que Diego usava para realizar suas anotações sobre a expedição, mapear o caminho e os arredores explorados, além de contabilizar os metais.

O herdeiro de D. André, sentado em uma cadeira de madeira,

com pés e espaldar esculpidos com desenhos de animais da região, escrevia apoiado sobre uma mesa cujo traçado acompanhava os detalhes da cadeira, fazendo um belo conjunto. Assustou-se ao ver o vigilante invadir sua sala esbaforido.

– Que foi, homem? Por que essa correria?

– D. Diego, é o capitão Khalil... – começou a explicar o vigilante, fazendo uma pausa para normalizar a respiração.

Diego olhava-o pacientemente, pensando:

"Criatura infeliz! Para tudo há que se ter paciência com ele. Ou corre demais e não consegue dizer o que quer ou então é tão lerdo quanto uma tartaruga. E nunca sabe ser objetivo, a história sempre é longa."

– O capitão... o capitão... – dizia o vigilante com voz entrecortada. – Ele viu... alguma coisa... parece assustado... gritou comigo... está com pressa. Deve ser algo que dá medo... talvez algum demônio... desses infiéis.

– Khalil viu alguma coisa – repetiu Diego, batendo com os dedos na mesa. – O que foi?

– Não sei – respondeu o vigilante, agora refeito. – Ele não disse.

– Então, homem de Deus, por que foi que entrou correndo feito louco aqui dentro?

– É por causa da luneta – disse o homem.

Diego o olhou frente a frente, lembrando que nos primeiros tempos da viagem até se divertia com o jeito atrapalhado do visitante, mas, com o passar do tempo ele passou a cansá-lo e irritá-lo.

– Você quer a luneta? – deduziu Diego formando o raciocínio. – Khalil o mandou aqui para pedir a luneta?

– Isto. Devo levar a luneta. O capitão mandou andar depressa.

– Volte para seu posto. Eu levarei a luneta ao capitão.

O atrapalhado vigilante saiu em disparada para retomar seu posto.

Diego dirigiu-se ao baú onde guardavam os instrumentos de

viagem e enquanto a apanhava, ouviu os brados do vigilante, dando a resposta a Khalil.

Vestiu o casaco que jazia sobre o espaldar da cadeira, pegou a luneta e partiu.

Logo avistou Khalil sobre um alto e grosso muro de pedra. Diego reparou que o outro tinha a expressão compenetrada.

– Khalil – chamou Diego ao pé do muro. – Eu trouxe a luneta.

– Ótimo! Suba aqui para eu lhe mostrar uma coisa – convidou Khalil. – E o capitão Pizarro, onde está?

– Creio que está dormindo.

Khalil balançou a cabeça em sinal de desagrado com a notícia.

– Ele comeu e bebeu muito no almoço – constatou Khalil com desapreço, justificando depois. – A tal da chicha acaba viciando. Sei como é. Veja. Há um movimento estranho na descida das trilhas daquela montanha.

Diego escalou rapidamente o muro e logo estava ao lado de Khalil, empunhando a luneta e observando o local apontado.

– Jesus Cristo! Nosso Senhor! – exclamava Diego, tomado de assombro. – O que é aquilo?! Que maravilha! É divino!

– Diga logo, o que é? – exigiu Khalil, arrancando da mão de Diego a luneta.

– Veja por você mesmo – respondeu Diego, soltando a luneta. – Eu acredito que seja o carregamento dos nativos com o pagamento do resgate.

Khalil tomou o instrumento e, posicionando-o ante os olhos, mirou na direção observada; emudeceu por alguns instantes; o único movimento perceptível nele era a respiração compassada; depois, começou a assoviar alto e continuamente, mais um pouco e pulava eufórico, berrando:

– É ouro! Ouro puro! Muito ouro! Esses selvagens reuniram o preço do resgate de Athaualpa. Estamos ricos, riquíssimos! Voltarei à Espanha tapado de ouro, não precisarei mais fingir nenhum amor pela filha do mouro, estou livre! Não me caso mais com aquela mercenária, ela é pior que o pai. Eu não preciso mais de mestre de porcaria nenhuma, de filha mimada que pensa que é melhor que um homem. Tomara que tenham arranjado outro infeliz para casar-se com ela. Eh, eh, eh... maravilhoso. Vou para bem longe dos integrantes da Ordem, nunca mais subirei em um navio. Eu não acredito. É bom demais! Livre e rico, é tudo o que eu queria.

Diego ouvia a explosão de Khalil estupefato. Percebendo-lhe a euforia quase beirando o descontrole e sabendo que a comitiva que vinha com o resgate ainda demoraria a apresentar-se no centro de Cajamarca, ergueu as mãos decidido, pousando-as com força sobre os ombros de Khalil e sacudindo-o sem piedade, enquanto gritava para falar mais alto que as risadas e frases que brotavam aos borbotões da boca do companheiro.

– Controle-se, Khalil. Você está parecendo um louco, insano. Acalme-se.

O pedido não foi atendido e a crise de descontrole emocional continuou, tal qual uma represa rompida. Extravasava anos de revolta – não só aqueles após o naufrágio, mas também alguns antes, desde que, para fugir à miséria extrema a que fora relegada sua família pelos reis da Espanha, em razão da perseguição aos descendentes de mouros, ele obrigara-se a ingressar na Ordem. Através dela, conhecera mestre André e Yusef e vira-se repentinamente guindado à condição de objeto de desejo, de posse de Alícia; lutara bravamente para refrear o nojo que sentia dela, por ser obrigado a vender-se em troca de posição social e econômica. Fora uma luta sem quartel para sufocar a si mesmo, mas a sua ânsia de livrar-se de tudo aquilo morria quando recordava que, longe deles, o que o esperava era a miséria, a exclusão social. Agora, a luneta anunciava a libertação tão sonhada, porém reprimida pelo desejo de enriquecer, pelo medo da pobreza. Sem perceber, Khalil expôs tudo isso em palavras, absolutamente esquecido da presença de Diego e ignorando os fatos vividos pelo parceiro.

Olhos arregalados, Diego ouvia as palavras e os gritos de felicidade descontrolada de Khalil, que parecia não cansar de gritar que se tornaria um homem rico e livre.

Entendeu que o náufrago resgatado fazia parte do misterioso passado de sua mulher. No rompante de euforia, Khalil confessava seu ódio a mestre André, a quem chamava usurário, manipulador, torturador de mentes, acusando-o mesmo, de ter pacto com o demônio; dizia o quanto tivera vontade de denunciá-los aos tribunais da Santa Inquisição que ainda vigorava na Espanha e em Portugal. Como sonhara ver os encapuzados sacerdotes recolherem os encapuzados mestres da Ordem! Mas este sonho não se realizara. O ouro, o poder, buscado por mestres e sacerdotes, naturalmente os afastava. Aos reis, interessava o controle de ambos; assim, nada melhor que mantê-los satisfeitos e distantes uns dos outros, apesar do ódio figadal de uns por outros, e vice-versa.

O diário que recebera como presente de núpcias e ao qual não dera atenção, sem ter se dedicado a sua leitura, agora era cantado em seus ouvidos.

"Meu Deus!", pensava Diego, desistindo de interromper a crise, deixando que a euforia de Khalil o informasse do passado. "Que loucura! Ele foi noivo de Alícia e a odiava. É membro da Ordem e a detesta. É homem do mar e anseia nunca mais pôr os pés em um barco. Fez tudo isso por desejar a riqueza."

Enquanto Khalil gritava sua alegria pela libertação e ao mesmo tempo satisfação de seu ego, Diego o olhava e, num rápido reflexo, a consciência se manifestou muito clara, gritando em seu interior tanto quanto ou mais do que o outro gritava aos ventos.

"Fizeste um caminho igual."

Imediatamente, ao tornar-se consciente da constatação, outra idéia o acudia:

"Não, não é bem assim. Eu aprecio algumas qualidades de Alícia, não a odeio, simplesmente não a amo. Precisávamos nos casar, era o melhor a fazer."

"Desculpa, mera desculpa", urrava a consciência. "Casaste com ela por amor à fortuna. Querias mais, querias segurança. Também não aceitaste o olho da rua como opção."

Torturado pelos íntimos pensamentos, Diego sacudiu fortemente a cabeça e falou em voz alta para si mesmo:

– Chega! O que está feito, está feito, não há como voltar atrás.

Khalil, agora mais calmo, tinha um brilho de vitória no olhar e, no rosto, uma expressão radiante; o esforço da euforia, do extravasamento das emoções represadas o cansara, e ele permanecera alheio ao que se passava com o outro; somente ao ver e ouvir as reações de Diego foi que voltou ao presente.

– Por que diz isto? – indagou Khalil preocupado, pensando:

"Será que Diego fez alguma coisa para ajudar os nativos, alguma armadilha para ficar com o ouro todo para si?"

– O que foi que você fez? – insistia Khalil, empregando um tom ameaçador, raivoso.

– Casei-me com Alícia.

Desconcertado, Khalil não sabia o que dizer; encarou Diego, apesar da desconfortável situação.

– Espero que sejam felizes – disse por fim. – Não pretendo ver mestre Yusef e a filha outra vez na minha vida. Se ela lhe falou alguma coisa do que eu lhe dizia, esqueça. A paixão era toda dela e, como já disse, me desagradava. Acho ótimo que ela tenha se casado com você.

– Ela nunca disse uma só palavra a seu respeito, eu é que desconfiei e fiz algumas investigações. Julguei até que tivesse existido um romance, uma paixão, entre ela e um outro homem, porém ninguém me esclareceu. Pelo que pude saber, pensam que você está morto.

– Se não falou nada, é porque me esqueceu. Excelente. Desejo que sejam felizes. Alícia é uma linda mulher, apenas não apreciava seu gênio forte; de resto, é muita sorte desposá-la: é rica, única herdeira. Você tem tudo para ser um homem realizado. Eu pretendo pegar minha parte nos despojos do resgate e das lutas que travamos até agora e partir no primeiro navio; talvez decida ficar em uma das colônias espanholas esparramadas por estes mares.

– É compromisso da Ordem com a Coroa conquistar e colonizar estas terras. Não poderemos simplesmente pegar o resgate e partir. Pizarro sabe disto, ainda ontem conversamos e trocamos idéias de como agir. Mestre Yusef deverá estar aqui em breve.

– Alguém terá que providenciar que ele seja avisado. Terá que sair daqui e ir pelo menos até o próximo porto controlado por nós a fim de enviar a mensagem, certo?

– Correto. É o que precisará ser feito.

– Eu serei o enviado. Falarei com Pizarro, tão logo terminada as tratativas para receber o ouro dos nativos; partirei com destino ao próximo porto e de lá remeterei no primeiro navio com destino à Espanha sua carta com a notícia da conquista do Inca – propôs Khalil, ainda encarando Diego. – Estou morto para eles, que permaneça assim. O que quero, terei de outra forma. Ficaremos todos felizes com esse arranjo.

Diego refletiu alguns minutos:

"Não tenho nada a perder. Afinal, isso não muda coisa alguma. Ele que desapareça em alguma dessas colônias."

– De acordo – respondeu, estendendo a mão a Khalil, selando o trato. – Está tudo esquecido.

– Eu direi a Pizarro a minha vontade. Ele conhece o passado, por isso não deve ter falado nada. Vou lhe dar meus mapas e anotações sobre esse lugar. Aqui não tenho mais utilidade, já aprenderam o suficiente da língua dos selvagens.

– Muito bem – concordou Diego, voltando a olhar em direção à caravana. – Vou avisar Pizarro da chegada do pagamento.

Khalil assentiu em silêncio; nos olhos, o brilho de vitória, da conquista de sua libertação, voltava a acender-se com força, iluminando seu rosto de contentamento.

***

Athaualpa vivia dias de intenso conflito: ora tinha esperança de que algum dos seus homens tivesse assumido a direção do governo em Cuzco, ora quedava-se desesperado, imaginando que algum de seus liderados resolvesse aproveitar a oportunidade para tomar-lhe o lugar. Isso seria muito ruim, seria o fim de tudo, a desgraça do império. Tinha certeza que o matariam se a recompensa não fosse entregue aos invasores.

Movia-se nervosamente pelo aposento que lhe servia de prisão, lançando olhares freqüentes pela janela da construção. Até então, tudo o que vira tinha sido a magnífica paisagem dos Andes, deserta, solitária, vasta. Contudo, insistia, inúmeras vezes durante os dias e as noites olhando através dela; enfim, naquela hora divisou a aproximação da caravana com o carregamento. Vinham libertá-lo. Encheu-se de alegria e gratidão; enlevado, voltou o olhar ao sol, a Inty, cheio de júbilo, e lhe dirigiu palavras de reconhecimento pela proteção de que se julgava merecedor. Acompanhou a chegada da caravana e, feliz, antegozando sua libertação, ouviu as vozes dos invasores e alguém falando em quíchua.

Athaualpa tinha uma vaga noção de familiaridade daquela voz e esforçou-se, buscando na memória o reconhecimento. Num rompante, lembrou-se do amauta que os ensinava em Cuzco e era um dos conselheiros de seu pai.

– Amauta Wanka – reconheceu Athaualpa, na solidão de seu cárcere. – O que faz aqui? Há muitos anos não vivia mais na capital.

"Quem terá vindo me resgatar? Por que o amauta está aqui? Quem está usando minha liteira?", indagava-se o prisioneiro. "Depois tratarei disto, agora quero que essas criaturas desapareçam logo de nossas terras. Vou cuidar para que nenhuma delas retorne viva à beira-mar. Eles receberão a resposta dos deuses, não se aprisiona um filho de Inty impunemente."

Enquanto Athaualpa tramava em pensamento mil estratégias para vingar a afronta de seu seqüestro, Wanka negociava com Pizarro – servindo Khalil como intérprete – o recebimento do resgate e a libertação do prisioneiro.

– Trouxe-lhes o pagamento exigido pela vida e libertação do Inca Athaualpa. Desejo vê-lo, saber se está bem e com saúde, então nosso povo fará a entrega do ouro e da prata pedidos. Como podem ver – para enfatizar suas palavras, Wanka girou moderadamente o tronco e a cabeça o suficiente para apontar a curta distância a caravana parada, o sol incidindo sobre as peças de metal, que tinham um brilho ofuscante – lá está o ouro e a prata suficientes para encher o aposento da residência do Caraca.

– Ele quer apenas ver o prisioneiro? Saber se está vivo? – repetiu Pizarro coçando a barba. A cobiça o fazia manter o olhar fixo na caravana; não enxergava um único ser humano, apenas via ouro e prata: o maior tesouro que seus olhos já haviam contemplado era todo seu naquele momento. – Esses selvagens realmente têm muitas riquezas, nunca vi coisa igual. Se reuniram tudo isto é por que devem possuir muito mais, inúmeras vezes mais, do que imaginávamos na Espanha.

– Eu lhe disse, capitão Pizarro, que aqui há muito ouro, prata, pedras preciosas, riquezas incontáveis se escondem nas mãos desses selvagens – reforçou Khalil, atiçando ainda mais a cobiça do lendário invasor e saqueador.

– Este animal[1] estranho – começou Pizarro referindo-se a Wanka, olhando-o especulativamente de maneira descarada e desrespeitosa – tem uma certa inteligência. Diga-lhe que poderá ver o prisioneiro sozinho e muito rapidamente. A visita será acompanhada por nossos guardas. Enquanto ele estiver conversando com o prisioneiro, quero que seus homens façam o depósito dos metais.

Obediente a sua cultura de paz, Wanka não revidou as agressões, uma vez que isso não o levaria à conquista dos propósitos que

[1] A Igreja Católica ensinava, na época do mercantilismo, que os habitantes das terras "descobertas", melhor seria dizer conquistadas, eram animais, não possuíam alma; por isso, matá-los, escravizá-los, roubá-los, fazer-lhe toda sorte de maltratos, não constituía pecado. Eram mesmo abençoados pela Santa Igreja todos os atos de perfídia, crueldade e maldade perpetrados pelas ordens guerreiras/exploradoras a ela vinculadas – nota do autor espiritual.

o traziam à presença dos invasores. Ouviu a resposta traduzida por Khalil, que apesar de suprimir algumas palavras do seu capitão, mantinha inalterado o conceito dos invasores para com os nativos.

– Será feito. Cumpriremos nossa palavra – respondeu Wanka sucintamente, encarando os invasores.

Ao olhar o "selvagem", Diego sentiu algo de incômodo, algo no seu íntimo se perturbava com a presença do amauta. Lutou contra os sentimentos que se sensibilizavam por alguma razão que ele desconhecia ao identificar a dignidade na postura do nativo; seu olhar era altivo, inegavelmente, mas não era aquela altivez arrogante que julga os outros inferiores.

O homem de vestes estranhas à sua frente, de cabelos longos e que trazia uma tiara de prata na testa com desenhos da natureza local, de grandes olhos escuros amendoados e pele morena, os observava como os preceptores fazem com seus pupilos tentando resolver um exercício difícil: havia toques de paciência e laivos de piedade refletidos em seu olhar.

Quando por um breve momento se encararam, Diego sentiu-se pequeno, miserável. Sem palavras, o amauta inca lhes comunicava com suas vibrações, com seus sentimentos, tudo o que lhe passava na mente e na alma naquele instante, e na mente do herdeiro de Dom André surgiram cogitações:

"O que estamos fazendo aqui? Estas pessoas – sim, eles são gente, são iguais a nós, só têm outra cor, outros hábitos – nunca nos fizeram nada, vivem nestas montanhas e jamais ameaçaram a Espanha, nem sabem que existe a Ordem. O que estamos fazendo aqui? Não temos esse direito. Eles são uns coitados, nem ao menos têm armas, cavalos, cotas e escudos de metal para se protegerem. Morrem feito moscas em nossas mãos ou adoecem e morrem de qualquer jeito, alguns fazem gestos de adoração, parecem que pedem perdão a nós. Que absurdo tudo o que está acontecendo! Tenho vontade de partir, não posso encarar este homem, sinto-me um verme rastejando na terra; entretanto, ele não diz nada, não tem um gesto de revolta ou desprezo conosco. Há uma aceitação muda desse absurdo. Sim, ele nos olha com piedade. Como pode isso? Ele ter pena de nós, não faz sentido. Mas como pode ser que eu sinta que ele está certo em ter pena de nós, que os infelizes, os coitados, não são eles, mas nós. Que homem estranho! Não lamenta a imensa fortuna que está nos entregando – até parece nada para ele, não lamenta as ameaças que pairam sobre eles, mas, tenho certeza, ele lamenta por nós, por nossas atitudes, e, absurdo dos absurdos, nós estamos sendo vitoriosos. Como pode isso e como pode ser que eu sinta que ele tem razão?"

Khalil também se remexeu, sacudindo-se ao sentir pousar sobre si o olhar de Wanka, que aguardava a transmissão de suas palavras a Pizarro.

– Ele diz que cumprirá a palavra.

Pizarro acercou-se do amauta, insensível à vibração que atingira Diego e Khalil; ele era mais endurecido e não via nada nem ninguém além de seus próprios interesses. Intelectualmente limitado, sua mente era incapaz de cogitações maiores, vivia bastante próximo da animalidade que atribuía aos outros; examinou as roupas do amauta, apalpando-lhe o corpo para ter certeza de que ele não portava nenhuma espécie de arma.

– Diga a seu líder que não uso armas – pediu Wanka, dirigindo-se a Khalil. – Ele não precisa perder tempo inspecionando meu corpo.

Envergonhado, sem entender a razão, com o procedimento de Pizarro, Khalil falou, grosseiro:

– Chega, Pizarro. O homem não é perigoso.

– Bobagem. Todo homem é perigoso, tem dentro de si uma fera. Não quero ser surpreendido por estes selvagens.

– Pare, Pizarro – insistiu Khalil, sinceramente incomodado com a atitude do capitão. O olhar e a expressão de Wanka o tocavam e sensibilizavam, fazendo-o reagir com atitudes, enquanto Diego permanecia apenas em cogitações, sem mobilização suficiente para agir. – Eu acompanho o homem até a cela de Athaualpa para garantir que ele não fará nada.

– Boa idéia! – concordou Pizarro friamente. – Vá com ele.

Aliviado, embora continuasse sem entender as razões de seus sentimentos, Khalil comunicou a Wanka a decisão de Pizarro.

– Se quiserem, todos vocês podem me acompanhar à sala onde está Athaualpa – respondeu Wanka, impassível.

– Venha – convidou Khalil, aliviado por concluir a conversa com Pizarro. – Eu o levarei ao prisioneiro.

Wanka moveu-se com passos seguros e cabeça erguida; sua postura não revelava tensão, medo ou desejo de agredir.

Subiram as escadas que levavam ao prédio e seguiram pelos corredores de altas paredes em pedra. Wanka andava sem pressa, observando seu acompanhante e meditando na situação que vivia.

Pararam em frente a uma sala cuja janela havia sido fechada com pedaços de madeira e tinha barreiras que impediam a entrada e a saída pela porta. Khalil, com esforço, afastou algumas pedras amontoadas, permitindo que Wanka olhasse o interior, onde havia pouca luminosidade. Com certa dificuldade, distinguiu o vulto de Athaualpa sentado no piso, com as costas escoradas na parede e a cabeça escondida entre as mãos; percebendo a movimentação dos visitantes, ergueu a cabeça, encarando o amauta.

– Athaualpa – chamou Wanka. – Como está? Venha até aqui, não consigo vê-lo muito bem, está escuro.

– O que faz aqui, amauta? Há muito tempo não o vejo.

– Vim libertá-lo e conversar com você.

– Libertar-me? De que forma?

– Seu irmão Manco reuniu o pagamento pedido pelos invasores por sua vida. Estamos fazendo a entrega. Ouça o barulho dos carregadores.

– Manco Yupanki quer a minha libertação? – indagou incrédulo Athaualpa. – Por quê? Para ele é melhor que eu morra, sei que ele apoiava Huáscar e Lawra, deve ter a pretensão de tomar meu lugar.

– Ninguém toma o lugar de ninguém nesta vida, Athaualpa. Cada um de nós é um filho do Criador, com uma história pessoal e um lugar próprio no mundo. Cada um tem o seu e se souber viver conforme sua verdade e condição onde lhe compete, será feliz.

Khalil, escorado na parede próxima à improvisada janela atrás da qual os nativos conversavam, ouviu a resposta de Wanka e ela mexeu ainda mais com seu estranho estado interior, fazendo-o refletir.

– Manco ou qualquer outro jamais tomará seu lugar. Ser o Inca é condição passageira, como chuva de verão, Athaualpa, e seu irmão amadureceu muito, compreendeu essa verdade. Ele não odeia você.

– Não posso acreditar. Ele deve querer alguma coisa.

– Paz para ajudar o povo que atravessa o momento mais difícil de nossa história – respondeu Wanka. – Manco compreende o dever que lhe assiste neste momento e, agindo de acordo com ele, tem sua consciência tranqüila.

Notando que o rebelde Athaualpa não dava indícios de atender a seu pedido, Wanka prosseguiu:

– Você gosta do escuro. Ficará aí até que resolva atender aos chamados da vida, que convoca todos para a luz. Você está sofrendo, e atrevo-me a dizer que sofre há muito tempo e continuará sofrendo se mantiver essa forma de pensamento e de comportamento. Depende de cada um de nós ser feliz ou desgraçado, e isso não tem nada a ver com a posição que ocupamos no mundo, mas sim com a maneira como a ocupamos, como vemos a nós mesmos e a nossa situação. Você, desde pequeno, se julgava alguém prejudicado por não ser filho legítimo de Huyna Cápac. Mas não era a sua filiação o que incomodava – era a sua ambição que o torturava. Você queria o lugar de outro, não se conformava com o seu e usurpou, causou guerra, morte, dor e miséria para o nosso povo. Tudo porque só estava pensando em si mesmo, não era capaz de aceitar que a sua ganância não seria atendida e usou a força. Mas lembre-se do que lhe ensinei quando pequeno: toda força empregada em um sentido reage em sentido contrário, volta para seu autor. É preciso tomar cuidado com as forças que mobilizamos, pois elas poderão cair todas sobre nós. Você mobilizou as forças dos gigantes mais densos que habitavam em você e, agora, a força deles o encarcera numa caverna escura por dentro e por fora. A própria teia que teceu o aprisionou. Procure não partir desta prisão carregando tantos sentimentos inferiores. Recorde as lições de seus ancestrais e dos amautas que o orientaram. Aproveite o que lhe foi dado e construa um pouco de paz em sua alma. Abandone a guerra, a morte, a violência. Abandone a ganância que gera todas essas coisas e o colocou aí no fundo desta sala, feito prisioneiro.

Khalil ouvia atentamente as palavras de Wanka; elas também se aplicavam ao período em que ficara isolado na cabana. Envolto em seus pensamentos, não registrou a aproximação sorrateira de Pizarro, empunhando uma faca.

A entrega do preço do resgate o fizera crer que aqueles selvagens realmente possuíam uma incalculável fortuna. Se haviam pago aquele valor exorbitante, e ainda ostentavam jóias como as que carregava Wanka, tinham ainda muito ouro e prata. Não havia razão para ele contentar-se com menos. A visão da peça repleta de metais valiosos o lembrara da intenção de mestre Yusef de atender ao pedido da rainha e colonizar aquelas terras, a Nova Espanha, como falavam; um vice-reinado com direito de explorar as minas que originavam aquela fartura de metais valiosos seria muito vantajoso. Acendera-se em seu íntimo o desejo de permanecer na terra dos selvagens; afinal encontrara o Eldorado, que tinha as riquezas proclamadas na Europa e muito mais. Precisava descobrir a montanha de prata; só a existência dela, segundo seu pensamento, justificava a quantidade de prata que via amontoada na sala.

Ao contemplar o tesouro entregue por Manco, decidiu-se a manter Athaualpa como prisioneiro e prosseguir na conquista do império do rei branco. Lentamente caminhou até o local onde se encontrava o emissário dos selvagens e, aproveitando que ele se postava de costas para o corredor, atacou-o à traição, cortando-lhe a garganta enquanto conversava com o prisioneiro.

Wanka não teve qualquer chance de defesa. Intimamente sabia, sentia que sua morte estava próxima; não soubera como ou quando, mas há bom tempo pressentia a partida e, quando deixara Cuzco, a sensação de que não retornaria fora muito forte. Ao caminhar para conversar com Athaualpa, sentia a vibração de seus amigos desencarnados, o pensamento de que a libertação que trazia ao rebelde filho de Huyna Cápac não era física, fora muito forte.

"Talvez eu seja a última voz, a última tentativa da espiritualidade para advertir Athaualpa a retomar o caminho da paz e do crescimento, baseados no respeito e no amor ao próximo", pensara Wanka ao vê-lo encarcerado como fera.

A última visão que seus olhos registraram foi o espanto e o grito de revolta de Khalil. O estrangeiro sacou a própria arma para defendê-lo; porém, essas imagens foram encobertas pelas mãos estendidas de Kuchikuchi e pelas palavras repassadas de ternura que pronunciava:

– Venha, Wanka. Sua jornada está concluída. Nós o esperamos e o recebemos com alegria, para juntos prosseguirmos trabalhando no esclarecimento dos povos. Venha, amigo.

Ciente do momento que transcorria, sentindo o sangue esvair-se rapidamente de seu corpo, as pernas amolecerem e a visão nublar-se, levando-o ao desmaio, Wanka reuniu as últimas forças e tentou falar, dizendo:

– Obrigado, meu Criador. Entrego-te meu corpo com a consciência de que bem o utilizei e cuidei. Obrigado pelo aprendizado que esta escola me trouxe. Regresso em paz à vida maior.

Khalil, enfurecido, atacou Pizarro, sendo surpreendido pela agilidade do capitão, que interceptou seu golpe, e o atingiu certeiramente na barriga, cravando-lhe a faca nas entranhas. A dor insuportável tirou os sentidos de Khalil e ele caiu. No chão, o sangue de Wanka se misturava ao de Khalil, numa poça vermelha onde não se distinguia qual era o sangue do civilizado e qual era o do selvagem.

Athaualpa presenciava a cena. Erguera-se com o grito de Khalil, correra à janela a tempo de ouvir as últimas palavras do amauta e, assustado, presenciar o ataque violento contra Chinkasqa.

Pizarro encarou o prisioneiro por um rápido instante e afastou-se apressado, deixando a cena hedionda como se nada houvesse acontecido. Não voltou imediatamente para junto dos homens; deixara Diego contabilizando os metais e os outros acompanhavam o afastamento dos carregadores incas, garantindo que não seriam atacados pelos selvagens.

Avançou em direção ao quarto que ocupava e tratou de apagar as marcas dos crimes que cometera, limpando as manchas de sangue fresco de suas roupas e armas.

* * *

Na mesma hora em que se desenrolavam esses fatos em Cajamarca, na capital Naira entregava-se ao exercício de seu ofício; após a morte de Kusisa, ela assumira a função de Mamacomas e orientava as jovens virgens do sol nas artes da tecelagem; algumas fiavam grandes novelos de lã de vicunha, outras de lhamas e alpacas, mais adiante outras tingiam e as mais experientes manejavam habilmente os teares.

Depois dos trágicos eventos que haviam culminado no desaparecimento de figuras notáveis do império, que lhe garantiam a estabilidade na transição de dirigentes, a classe das acclas do sol havia atravessado séria dificuldade; somente a consciência dos deveres para com a sociedade e as tradições que cultuavam as tinham mantido unidas na ausência de uma dirigente capaz. Tão logo se dera o regresso à capital, estabilizando-se precariamente uma rotina de governo, Naira assumira, por designação de Manco, em cumprimento ao desejo de Kusisa, a condição de líder das acclas, partilhando seu tempo entre a função de Mamacomas e a assistência que dava à Coya.

Naquela manhã acordara pensando insistentemente em Wanka, a cada segundo algo a lembrava dele; cansada de lutar com a lembrança, decidiu dedicar seu dia ao amauta. Feitas as atividades de adoração, o acompanhamento da educação e preparação das novas acclas, observando a regularidade e o bom andamento da casa, tomara seu lugar ao tear, trabalho que há tempos não executava e que sempre lhe enchia de paz. Tranqüilizando a mente, escolheu vários novelos de lã de vicunha, em tonalidades cru, amarelo e vermelho, as cores mais usadas no império, e pôs-se a traçar desenhos sobre uma folha de argila, compondo o motivo da capa que iria tecer.

Lembrando as conversas nos terraços da cidade sagrada e partes do sonho em que vira a pirâmide, moldou os desenhos da roupa com formas geométricas em tom amarelo, lhamas e meninas em tom cru em fundo vermelho; os desenhos corriam pelas laterais, enquanto no centro trançava as três cores, fazendo um delicado xadrez matizado.

Tecera durante toda a manhã, encontrando paz no trabalho. Contemplava feliz parte do belo tecido, sorrindo ao ouvir os elogios das mais jovens que se acercavam de seu tear comentando:

– Nunca conseguirei tecer algo tão lindo como a Mamacomas. Vejam que suavidade, as cores como ficaram bonitas tecidas juntas. É tão delicado!

Naira sorria, recordando os dias em que se acercava do tear de Kusisa e a observava correr os dedos com habilidade pelos fios; com ela aprendera a arte de desenhar, harmonizar as cores e tecer. Sentia a falta da irmã de coração, mas confiava que, da outra vida, ela a guiava, e prosseguia trabalhando. Assim superava a dor da separação e encontrava as pequenas alegrias do dia-a-dia, às vezes tão mal aproveitadas quando nos deixamos abater pelas perdas e dores da existência.

As acclas trabalhavam inteiramente voltadas ao cumprimento de suas tarefas com a sociedade; a manhã terminara e, após uma rápida refeição e breve descanso, elas reiniciavam os ofícios da tecelagem.

Naira abaixava-se para apanhar um grande novelo de lã vermelha, a fim de substituir o que chegava ao fim; tão logo se ergueu, colocando no colo o novelo novo e segurando sua ponta para uni-la à do novelo terminado, seu rosto empalideceu, seus olhos abriram-se um pouco mais, as mãos tremeram: em lugar do farto novelo de lã vermelha enxergava uma grande poça de sangue sobre um piso de pedras.

– Sangue! – exclamou baixinho, e fixou a atenção na imagem à sua frente até divisar um corpo caído com a garganta cortada. Ao reconhecer o rosto da pessoa ferida, não conteve um grito: – Não! Pachamama, tenha piedade, não deixe Wanka morrer.

A atenção das outras acclas prontamente voltou-se para sua mamacomas e elas correram para seu lado. Amamkaia, a mais experiente, conhecia as visões de Naira e ergueu a mão pedindo silêncio, não permitindo que se aproximassem da mamacomas.

A vidente, em transe, percebia vagamente a movimentação a seu redor. Concentrada na cena que se desenrolava a seus olhos, ouviu as últimas palavras de Wanka e, ao compreender que ele morria, grossas lágrimas correram por sua face.

Ela chorava e pedia a Pachamama que recolhesse o corpo do amauta, e a Inty que recebesse seu espírito na outra vida. As imagens foram se modificando e ela viu Manco aproximar-se de uma residência cercada por pessoas estranhas; seus guerreiros o protegiam e ele falava com um invasor, recebendo o corpo do amauta e informações que não conseguia captar. Viu Manco chorar ao depositar o corpo do amigo em sua liteira e cobri-lo com o manto real.

O estado de torpor que a acometia durante o fenômeno lentamente cedeu espaço a normalidade. Neste ínterim, identificou Wanka, recém liberto da matéria, acompanhado pelo amauta idoso, sorrindo a seu lado. Sentiu o beijo que ele depositava em seus lábios e o suave carinho em sua face e ouviu a voz dele quando a visão se apagava:

– Eu a amarei sempre, não importa onde eu esteja. Seja feliz, minha bela dos olhos grandes.

As lágrimas corriam por seu rosto pálido; nos olhos, a expressão de uma grande dor marcada de resignação. As mãos tremiam; a accla que conhecia o fenômeno acercou-se cautelosamente dela com uma taça com água e chamou suavemente:

– Mamacomas Naira, você está bem? – Como Naira erguesse as mãos para secar o rosto molhado, respirando fundo, Amamkaia ofereceu a taça, convidando-a: – Beba, vai lhe fazer bem.

Naira sorveu alguns goles da água; sentia-se vazia, solitária, frágil, como nunca antes se sentira. Tinha apenas o desejo de ficar quieta em algum lugar isolado, sem ninguém à sua volta, mas a razão lhe dizia que precisava reagir.

Bons momentos ela permaneceu assim, calada, chorando. Depois ergueu-se, olhou o tear e retomou o trabalho; seus dedos moviam-se ainda mais ágeis, úmidos pelas grossas lágrimas que vertiam de seus olhos e caíam sobre o tecido. Não dissera uma única palavra para as acclas, que, vendo sua atitude de retomar o trabalho, seguiram-lhe o exemplo, trocando olhares preocupados entre si e observando atentamente a conduta da mais experiente que se aproximara da Mamacomas. Ao final da tarde, a capa estava pronta e marcada com o pranto de sua criadora.

– Queridas auxiliares, não se assustem com o que viram hoje. Tive uma visão de um crime brutal que aconteceu em Cajamarca, vitimando nosso amauta Wanka – lágrimas ainda vertiam de seus olhos ao dar a explicação dos fatos da tarde. – Eu tecia essa capa para ele, na intenção de que a usasse nas noites frias da cidade sagrada, para onde pretendia retornar; agora, servir-lhe-á de última vestimenta. Meu presente o acompanhará na outra vida, juntamente com seus pertences.

Um murmúrio de espanto e tristeza acompanhou a notícia dada por Naira.

– Prossigam as atividades do fim da tarde sem mim. Preciso caminhar, depois vou ao palácio conversar com a nossa Coya; por favor, mandem alguém avisá-la de minha visita.

– Fique tranqüila – respondeu Amamkaia.

Após longa caminhada pelas plantações próximas, sentindo que as lágrimas haviam aliviado a perturbação maior dos sentimentos, restando agora apenas a tristeza e a dor da perda do homem que admirava e amava, Naira apresentou-se no palácio, carregando em uma bolsa o manto que tecera. Em seu rosto, a expressão grave do olhar fez Lawra compreender que não receberia boas notícias.

– Conte-me o que aconteceu – pediu a Coya, tomando as mãos da Mamacomas. – Por que está neste estado, Naira?

Com a voz rouca, Naira narrou detalhadamente as visões que tivera e pediu a Lawra que mandasse a capa que fizera para acompanhar o corpo de Wanka, após sua preparação para as cerimônias fúnebres.

– Claro, Naira, seu presente será o envoltório do corpo do amauta na eternidade – respondeu Lawra, recebendo o manto de Naira. – E Manco, você viu se algo aconteceu a ele?

– Manco está bem. Muito triste, mas não sofreu nenhum ferimento.

– Se sua visão espelha a realidade de um fato que ocorreu hoje, amanhã ou depois ele deve estar de volta.

– Não creio. Ele deve entregar o corpo do amauta aos sacerdotes mais próximos de Cajamarca, para preparo[2].

– Isso o fará atrasar-se apenas algumas horas, Naira. Manco não aguardará longe da capital o tempo necessário ao preparo de conservação do corpo de Wanka. Com certeza lembrará de que precisamos dele na capital e deixará para buscar o corpo quando estiver pronto para as cerimônias.

– É claro, tem razão – concordou Naira. – Não pensei racionalmente, deixei-me levar pela emoção; vou demorar algum tempo até restabelecer meu equilíbrio.

A Coya desconfiava dos sentimentos de Naira por Wanka,

[2] Referência à prática do povo inca de mumificação dos mortos – nm.

mas tinha absoluta convicção de que nenhum dos dois fugira aos deveres pessoais; por isso, puxou-a para si, confortando-a num abraço carinhoso. Sabia o que era perder alguém amado.

Lawra não se enganara quanto à linha de ação que Manco adotou; praticamente expirava o segundo dia depois das visões de Naira e ele reentrava em Cuzco com seus guerreiros. Vinham silenciosos, armas baixadas, em todos os rostos as marcas da tristeza.

O povo os via passar e cogitava o que teria acontecido; além da Coya e das virgens do sol, ninguém mais tivera conhecimento das visões com o anúncio da morte do estimado amauta.

A Coya descansava em seus aposentos quando foi surpreendida pelo som dos tambores saudando Manco; correu à janela, a tempo de acenar-lhe tão logo ele adentrou no grande pátio interno, acompanhado de seus guerreiros; estranhamente, ele dispensara a liteira e vinha caminhando; ergueu o rosto em direção à janela onde esperava encontrar a esposa; a simples visão de Lawra lhe aquecia o peito, renovando a disposição de lutar, embora a tristeza o acompanhasse; espontaneamente, seus lábios se distenderam em um amplo e caloroso sorriso, enquanto retribuía o aceno.

Cumpriu as formalidades rapidamente e correu ao encontro da esposa, ansioso por abraçá-la. Precisava de carinho e conforto; durante a longa viagem de volta pensara muito, e não conseguia evitar um certo temor pelo futuro que os aguardava.

Lawra o recebeu de braços abertos; assim que ele ingressara em seus aposentos, seus olhos se comunicaram trocando os sentimentos que abrigavam. Somente após um longo abraço foi que Lawra o arrastou até sua cama e, sentando-se, fê-lo deitar e apoiar a cabeça em seu colo. Enquanto acariciava-lhe os cabelos e sentia algumas lágrimas molharem seus joelhos, falou mansamente:

– Sei que aconteceu algo muito ruim. Fale sobre isso, se quiser.

– É algo horrível. Não é só a separação de um grande amigo, a quem aprendi a estimar e apreciar muito, é o contato com aqueles homens, esse povo invasor. Eles são maus, muito maus. Mataram mestre Wanka e disseram que foi ele que matou um dos guerreiros deles sob as ordens de Athaualpa, que será julgado e vão matá-lo, é quase certo. Talvez isso acabe resolvendo um problema nosso – informou Manco sem esconder a revolta e a indignação; somente ao referir-se ao provável destino do irmão usou de tom de desprezo: – Eles mentem, matam, parecem não ter respeito por nada nem por ninguém, eu sinto que eles não têm amor dentro de si, nem ao menos ao Criador, a Viracocha. Espalham dor, miséria, doença e morte por onde passam. Uma nova doença está matando tanto quanto as bexigas-d'água, principalmente nossas mulheres. Esse povo não se interessa por roupas, alimentos ou ferramentas de trabalho, só querem ouro e prata, mas não se adornam com eles, também não fazem enfeites ou objetos de arte. Um habitante do povoado próximo a Cajamarca disse que eles lançam nossos deuses, nossas jóias, taças e peças de adornos no fogo. Derretem tudo e fazem peças parecidas com tijolos. Eu não os entendo, mas senti que são maus, capazes de fazer qualquer coisa para ter ouro e prata, enchem salas com seus tijolos e brigam entre si para que um não tire do outro. Não se respeitam, pertencem a uma sociedade desorganizada.

– E como eles lutam? Temos chances de vencê-los? Somos maioria, afinal eles são poucos, segundo dizem – falou Lawra, interessada na narrativa do marido.

Manco ergueu levemente a cabeça, até o ponto onde podia encarar a mulher, ao responder:

– Usam armas diferentes, que matam a grande distância, são poderosas, mas acredito no potencial e na esperança de nossos homens; além disso, esses estranhos são pouco menos de duas centenas. Somente tenho medo que alguns povos rebeldes que apoiavam Athaualpa se juntem a eles, ignorando quem são esses invasores.

– Tenhamos fé e confiança em nossos deuses e ancestrais. Vamos manter as atividades normais – sugeriu Lawra. – Para evitar que surjam outros descontentes, até mesmo as honrarias fúnebres devidas ao amauta poderão ser transferidas.

– De jeito algum, minha consciência não me daria paz. O amauta ensinou-me a conhecer o que é o dever. Eu sinto necessidade de dar-lhe todas as honrarias que justamente ele merece, é a mínima demonstração da profunda gratidão que lhe voto – respondeu Manco, veemente. – Aliás, você aceitou sem fazer nenhuma pergunta; a morte de Wanka parece que não a surpreendeu.

– Não me surpreendeu hoje. Mas no dia em que recebi a notícia foi doloroso. Naira teve visões precisas do momento da morte de Wanka; relatou-me várias coisas que você está informando detalhadamente agora – esclareceu Lawra.

– Hã! – murmurou Manco, sinalizando a compreensão das palavras da Coya. – Como está a Mamacomas?

– Triste. Abatida. Mas prossegue suas atividades, sabemos que a vida continua para todos nós, tanto os que partem como os que ficam precisam continuar seus caminhos, entendendo que eles se cruzam por algum tempo e depois se separam, mais adiante voltarão a se cruzar; assim, cada um vai aprendendo as lições do viver – comentou a Coya, ainda acariciando os longos cabelos escuros do marido.

– Fico feliz em saber que Naira é forte. Não ficaria tranqüilo com ela dirigindo a casa das acclas se fosse uma mulher sem personalidade.

– Quisera que em todos os postos do império contássemos com pessoas como Naira – disse Lawra. – Mas preciso lhe dar uma boa notícia...

Manco girou rapidamente sobre o leito, interrompendo Lawra, ficando com a face voltada para o rosto da esposa, encarando-a, ansioso, sem nada dizer, aguardando que ela prosseguisse.

– Poderemos anunciar a chegada de nosso primeiro herdeiro.

Um amplo sorriso amainou as feições de Manco, devolvendo-lhe a jovialidade esquecida naqueles últimos anos. Permaneceu encarando a esposa e, cheio de ternura, acariciou-lhe a face e disse:

– Que os deuses abençoem você ainda mais. Sempre peço que

Inty e Mama Quilla a protejam a cada momento quando eu não estou a seu lado; agora farei disso meu pedido constante. Quanto tempo falta para nascer a criança? Sete, oito meses?

– Aproximadamente – confirmou Lawra. – Não contei a mais ninguém.

– Obrigado – agradeceu Manco. – Isso me diz que eu sou especial para você.

Ela sorriu e, baixando a cabeça, beijou o marido.

* * *

Pizarro, ao ser informado das mortes em frente à cela do prisioneiro, fingiu surpresa. Depois, quase imediatamente, culpou Athaualpa, dizendo que não se podia confiar nos "selvagens"; afinal, o homem negara a palavra empenhada e Khalil acabara pagando um preço alto por desobedecê-lo, que servisse de lição aos demais.

Reuniu todos os homens no pátio interno da casa ocupada e repetiu seu discurso. Diego o ouvia sentado sobre uma mureta que acompanhava a escadaria, no topo da qual discursava o capitão.

"É agora o momento de lembrá-lo do compromisso da Ordem com a Coroa", decidiu Diego e, quando o líder encerrou sua fala, ergueu a mão aberta pedindo a palavra.

– Fale, Diego – autorizou Pizarro.

– Acredito que tenha razão em tudo o que disse. Esses selvagens são muito estranhos, parecem inofensivos e, de repente, surge esse ataque dentro de nossos muros. São ousados. Apóio sua decisão de executar o tal Inca, servirá de lição aos outros – manifestou-se Diego, levantando-se e ficando apenas um degrau abaixo de Pizarro, a quem encarava diretamente enquanto falava. – Mas possuem realmente muito mais ouro e prata do que todas as histórias contadas na Europa. Só o que já recolhemos é suficiente para afirmar que nunca se viu tesouro igual; isso me faz ver que eles devem possuir minas riquíssimas, donde extraem essa fortuna, me fazendo pensar e analisar com olhos muito melhores a idéia de conquistar e colonizar essas terras. Afinal, o que temos talvez seja uma décima parte, ou menos, do que poderemos ter como colonizadores do local.

– Não esqueci o compromisso da Ordem com a Coroa. É benéfico aos nossos interesses honrá-lo; tenho também pensado como você – interrompeu Pizarro, olhando com interesse para Diego. – Mas temos um problema: somos menos de 200 homens e eles têm muitos guerreiros; mesmo com nossas armas, a desvantagem numérica é enorme e preocupante.

– Vamos tratar de ganhar tempo, enquanto vamos consolidando nossa permanência entre eles e descobrindo-lhes os segredos e métodos; enviaremos uma mensagem ao mestre Yusef requerendo o envio de tropas e armas.

– A idéia é válida. E quanto ao ouro e a prata que já temos? Será seguro deixá-la aqui ou, a fim de evitar que os "selvagens" tentem retomá-los, seria melhor enviarmos para a Espanha? – falou o capitão, notando que expressava o pensamento da unanimidade dos homens. Todos queriam o máximo de riqueza e poder que pudessem alcançar.

– É mais seguro enviá-los ao mestre Yusef. Servirá como mostra do que encontramos e o fará empenhar-se em reunir grande número de soldados. Enquanto isso, proponho que se faça algum tipo de trégua com os nativos, para garantir nossas vidas.

Um brado de concordância e alívio surgiu em meio aos homens. Intimamente, depois de ver a esmagadora maioria dos guerreiros incas, descobrindo que eles tinham algum tipo de inteligência, o medo de morrer brotou forte no peito dos homens. Não se sentiam dispostos a enfrentar uma guerra sozinhos, mas com reforços vindos da Espanha a situação se modificava.

– Brilhante idéia. Prepare um grupo de homens e organize o retorno de um dos navios à Espanha. Você é o homem indicado para conduzir essa fortuna e trazer-nos o reforço militar necessário. Parta o quanto antes – ordenou Pizarro, apoiando a mão sobre o ombro esquerdo de Diego, alguns centímetros acima da cruz que o identificava como um cavaleiro da Ordem. – Não demore para conseguir os reforços, vou tentar fazer algum pacto com o chefe que veio aqui e estabelecer garantias de paz. Só os atacaremos novamente com a chegada de reforços; até lá faremos apenas investigações.

– Não pensava em retornar à Espanha. Tinha idéia de enviar uma mensagem do porto mais próximo – retrucou Diego.

– Você é um cavaleiro da Ordem – lembrou Pizarro. – A quem mais posso confiar a condução desta fortuna senão a um irmão?

Refletindo que já assistira à violência por tempo suficiente a torná-lo indiferente à matança e sangue, Diego acabou, após um segundo, concordando com o capitão. Assim que manifestou seu acatamento à decisão, o capitão Estêvão pediu a oportunidade de conduzir o navio, alegando ser o mais experiente depois de Pizarro.

Diego sorriu, demonstrando gostar da companhia e da sugestão do capitão; sabia que ele faria o necessário a organização da viagem, restando apenas a supervisão do transporte, a guarda e a conferência do tesouro que levariam.

– Está feito – declarou Pizarro, observando o silêncio manifestado pelos demais marinheiros. – O capitão Estêvão e os homens que escolherem partirão com vocês quando determinarem. Espero que seja brevemente. Agora, aproveitando que estamos reunidos, desejo pedir o julgamento do prisioneiro Athaualpa; desejo pedir também que ele seja condenado à morte. O motivo vocês conhecem.

Novo silêncio se abateu sobre os expectadores, levando Pizarro a ordenar:

– Executem Athaualpa imediatamente. Rufem os tambores, isso fará com que esses nativos preguiçosos andem até a praça central.

Menos de 15 minutos depois, Ariel conduzia Athaualpa vendado e manietado pelos altos e frios corredores da residência do Caraca; quando chegaram à rua, Athaualpa, mesmo vendado, sentiu o brilho ofuscante do sol. Com a frieza que caracterizava todos os seus atos, Pizarro aguardou que uma pequena multidão se aglomerasse em torno da praça, e só então deu início à execução do preso, repetindo, enquanto ele subia os degraus da alta construção, o discurso sobre a culpa dos nativos.

Alheio ao enforcamento de Athaualpa, Diego guardava seus pertences, planejando a viagem de retorno e tudo que teria de supervisionar para a certeza das melhores expectativas quanto à viagem.

Reencontrou os livros que lhe haviam sido presenteados na partida e examinou-lhes as capas rapidamente, jogando-os sobre as roupas e pertences que acomodava em um baú. Retornaram em idêntica condição, sequer uma de suas páginas fora lida.

Dias depois, enquanto Pizarro enviava um mensageiro à capital, informando a Manco o desejo do invasor de negociar um acordo de paz, o navio capitaneado por Estêvão partia levando Diego e a primeira mostra da riqueza das novas terras ao continente europeu.

Era o fim do grande Tahuantinsuyo e o começo da América Espanhola. Desapareceriam as virgens do sol e o culto da religião solar; sobre os alicerces das grandes construções das antigas civilizações dos Andes se ergueriam as igrejas e fortes do período colonial. As alegres manifestações de religiosidade seriam transformadas em rituais satânicos e a inquisição condenaria praticantes dos antigos cultos, pois nesta época os padres espanhóis viam o rabo do diabo por toda parte.

A imagem do meigo nazareno seria apresentada e difundida por mãos cobertas de sangue, mentes ambiciosas, e, espelhando a própria religiosidade – seca, sem vida, apenas pró-forma –, a apresentariam em procissões ao Senhor Morto, exaltando sua paixão e morte.

A herança da cultura dos conquistadores constituía-se no culto ao ouro e à prata, na exaltação do egoísmo e dos interesses pessoais.

Do passado, restam as ruínas das grandes cidades, os cemitérios, os objetos que nos permitem vislumbrar palidamente todo o apogeu, glória e cultura de espiritualidade de povos avançados que habitaram o cume das montanhas, morando perto de seus deuses.

Epílogo

Em 1534, aportava em Sevilha o navio enviado por Pizarro; trazia o gigantesco resgate, mais de vinte mil marcos de prata fina, um milhão e trezentos e vinte e seis mil escudos de ouro finíssimo.

As comemorações na casa Oliva e Garcez estenderam-se por muitos dias, reinando entre seus membros perfeita afinidade de ideais. Diego retornou à Nova Espanha anos depois, acompanhado da esposa e pronto a assumir um dos muitos vice-reinados em que foi dividido o extenso território inca.

Yusef, embriagado pelo brilho do ouro que o tornava forte e poderoso ante os reis da Espanha, conseguiu todas as autorizações que necessitava para enviar um grande exército aos Andes; milhares de soldados e escravos negros lutaram para dizimar o império andino.

O desaparecimento da grande civilização da América pré-colombiana não teve nada de mítico ou inexplicável. A partida dos espíritos exilados que governavam o império desencadeou um período de decadência que facilitou a tarefa dos conquistadores, mas não pôde ser desconhecido o imenso derramamento de sangue para que se realizasse o maior saque que a história humana registra até os dias atuais.

As incalculáveis riquezas minerais das quais se apropriaram os conquistadores tornaram possível o desenvolvimento europeu. A Espanha recebia as quantias inacreditáveis de metais nobres, porém a Coroa estava hipotecada; praticamente todos os carregamentos eram repassados aos banqueiros alemães, genoveses, flamengos e aos próprios espanhóis que haviam patrocinado a aventura de conquista do Eldorado.

Uma pequena parte da riqueza americana se incorporava à economia espanhola. Havia uma grande ilusão de prosperidade na Espanha, e os monarcas fanáticos abriam frentes de guerras religiosas em prol do catolicismo em toda a Europa; a aristocracia vivia para desperdiçar; somente os padres, os guerreiros e os mendigos se multiplicavam em ritmo frenético no solo espanhol.

Numa triste ironia da história, o ouro e a prata que os incas usavam para embelezar-se e agradar ao Criador serviram nas mãos dos europeus, para patrocinar guerras religiosas e perseguições ao demônio.

A lei de ação e reação é inexorável. Nenhuma das atitudes humanas, individuais ou coletivas, fica sem o necessário aprendizado, fazendo realmente sentir o que causou a outrem, se os espíritos são endurecidos demais. Dois séculos depois da grande pilhagem do Tahuantinsuyo, a Espanha vivia a época da desonra, da fome e das pestes. Mendigos proliferavam pelas ruas, sua população tinha se reduzido à metade. A bancarrota era total: desemprego crônico, grandes latifúndios, moeda desvalorizada, a indústria – que pouco se desenvolvera – estava arruinada, guerras perdidas, o imenso tesouro roubado das Américas se esvaíra de suas mãos, não havia reconhecimento ao governo. Quando Felipe V assumiu o trono, era dito comum que a Espanha estava pouco menos defunta que seu amo morto.

Valia a velha lição de que o dinheiro mal ganho é mal gasto. O homem que o ganhou mal o fez por conta de seu caráter e este o fará desperdiçá-lo.

***

No sarcófago no alto de uma das montanhas dos Andes, o corpo conservado de Wanka, envolto no amoroso presente de Naira, repousa em paz. Seu espírito trabalha pelo conhecimento e pelo avanço da compreensão das verdades da vida entre os homens; imitando muitos de seus antigos amigos, não se afastou da Terra e permaneceu acompanhando e protegendo a trajetória de Naira e de seu povo nos dias difíceis que se seguiram à morte de Athaualpa.

Manco aceitou o acordo proposto por Pizarro e assumiu o império, tornando-se seu Inca. Entretanto, muitos povos rebeldes o acusavam de conivência com os invasores e foi muito difícil entenderem sua estratégia oculta de aliar-se aos brancos, capturando-lhes a confiança, para melhor combatê-los. Disseminou pela rede de informantes sua intenção e sucederam-se inúmeras batalhas, assumindo Manco o posto de primeiro nome da resistência à invasão espanhola. Entretanto, a cavalaria e as armas de fogo dos exércitos invasores apavoravam os nativos.

Em 1536, a cidade de Cuzco já havia sido totalmente saqueada e o Templo do Sol, com suas paredes revestidas em ouro e jardim de esculturas em ouro e prata, fora arrasado.

Manco fez a sua última tentativa: alegando necessidade de ir ao Vale Sagrado acompanhado da esposa, do filho e de uma comitiva, para as comemorações em memória de seu pai Huyna Cápac, prometeu trazer de lá a esfinge de ouro do antigo Inca; os espanhóis aceitaram a proposta e eles nunca mais retornaram.

Cumprindo as visões que os perseguiam, Naira e Atipaj embrenhavam-se pelas selvas na desesperada fuga, levando consigo o conhecimento e as tradições do povo inca às cidades de resistência criadas no interior das selvas, e que persistem até hoje na memória do povo das montanhas.

..*

Muitos espíritos, a exemplo de D. André, vinculados aos acontecimentos que vimos de narrar se mantém presos às estruturas que vivenciaram, às crenças ilusórias que abrigavam e, principalmente, permanecem endurecidos em seu orgulho, vaidade e ambição.

Por eles, só nos resta pedir ao Pai que lance um olhar de bondade sobre estes espíritos mergulhados nas trevas da ignorância e que O desconhecem.

E aguardar pacientemente que a "força das coisas" impulsione-os a romper o endurecimento de suas personalidades, para que possam encontrar o caminho do arrependimento e compreensão de seus erros do passado.

José Antônio
Inverno, agosto de 2003.

De Ana Cristina Vargas

O Herdeiro - Série "Os Quatro Cantos do Mundo"
ditado por José Antônio
Quando da Terra o homem apenas conhecia a Europa, a África e a Ásia, o velho mundo encheu-se de lendas. Naufrágios, tragédias e muita especulação sobre uma terra nova e muito rica em prata e ouro embalavam o sonho de homens aventureiros, sedentos de fortuna. Era o Eldorado – glória, liberdade e riqueza além dos mares conhecidos – que enchia a mente e despertava a cobiça de espanhóis e portugueses. Nas primeiras décadas de 1500, essa realidade ainda se mantinha e é em meio a ela que surgem grandes heranças, cavaleiros medievais, ordens religiosas e um jovem herdeiro disposto a bem viver envolvendo-se nas aventuras do mundo exterior. Primeiro volume da série.

A Virgem do Sol - Série "Os Quatro Cantos do Mundo"
ditado por José Antônio
Da vastidão dos Andes, num território ainda desconhecido do homem europeu, surge a história de uma sacerdotisa consagrada ao culto do Sol, mulher proibida de conhecer o amor de um homem e que vive a experiência da escolha entre os desejos de seu próprio coração e suas obrigações religiosas e sociais. Entre as tramas da narrativa o leitor encontrará também o conflito entre os irmãos Athaualpa e Huáscar, que travaram uma batalha sangrenta em busca do poder. Era o prenúncio dos dias difíceis que o povo Inca enfrentaria com a chegada das expedições espanholas. A história retrata a vivência de criaturas movidas pela ganância, pelo medo, pela religiosidade, pelo dever e pelo amor, numa vida ambientada nos últimos dias do magnífico império de "Os Quatro Cantos do Mundo". Terceiro volume da série.

O Bispo

ditado por José Antônio

Um romance inesquecível onde o cenário é a Itália do século XVII. Período em que paixões proibidas, intrigas religiosas, crimes, poder, ambição, rígidos conceitos geraram conflitos humanos que só o amor é capaz de curar. Essa obra nos mostra que muitos dos nossos problemas têm suas raízes na falta de nos amarmos e nos aceitarmos plenamente, livres de culpa, dispostos a cooperar com a evolução e aceitar novas oportunidades.

Escravo da Ilusão

ditado por José Antônio

Escravo é todo aquele que de alguma forma abdica de sua liberdade de agir, abandonando seus ideais e renegando sua individualidade, para se adaptar ao conjunto de regras externas. Essa obra propõe uma viagem ao reino da escravidão buscando encontrar caminhos de liberdade. É valiosa oportunidade para extrairmos lições de viver e conviver em sociedade e também para encontrarmos a autoliberdade.

Dramas da Paixão

ditado por José Antônio

Muito precisamos meditar sobre as mágoas afetivas que causamos aos nossos semelhantes quando, egoisticamente, envolvemo-nos com outra pessoa sem que nessa relação entrem afetos verdadeiros. Essa obra vem nos mostrar que sábias são as leis que regem a vida e que quando não escolhemos amar só nos resta como alternativa viver uma existência de dor, de solidão, de desalento e de angústia.

De Francisco do Espírito Santo Neto

Renovando Atitudes

ditado por Hammed

Hammed, nesse livro, diz que só podemos nos transformar até onde conseguimos nos perceber. Ensina-nos como ampliar a consciência para que possamos enxergar as verdadeiras intenções que motivaram nossos atos e atitudes e, por conseqüência, melhoraram nosso procedimento em relação à vida. Obra baseada em *O Evangelho Segundo o Espiritismo*.